경상북도 공공기관

직원 통합채용

기출동형 모의고사

제 1 회	영 역	직업기초능력평가
	문항수	총 50문항
	시 간	50분
	비 고	객관식 4지선다형

SEOWONGAK
(주)서원각

제1회 기출동형 모의고사

📝 문항수 : 50문항
⏰ 시 간 : 50분

1. 다음 육아휴직에 관한 글을 올바르게 이해하지 못한 설명은?

□ 육아휴직이란?

　육아휴직이란 근로자가 만 8세 이하 또는 초등학교 2학년 이하의 자녀를 양육하기 위하여 신청, 사용하는 휴직을 말합니다.

□ 육아휴직기간

육아휴직의 기간은 1년 이내입니다.

* 자녀 1명당 1년 사용 가능하므로 자녀가 2명이면 각각 1년씩 2년 사용 가능
* 근로자의 권리이므로 부모가 모두 근로자면 한 자녀에 대하여 아빠도 1년, 엄마도 1년 사용가능

□ 육아휴직급여 지급대상

– 사업주로부터 30일 이상 육아휴직을 부여받아야 합니다.

　※ ① 근로한 기간이 1년 미만인 근로자, ② 같은 자녀에 대하여 배우자가 육아휴직을 하고 있는 근로자에 대하여는 사업주가 육아휴직을 거부할 수 있으니 유의하세요.

– 육아휴직 개시일 이전에 피보험단위기간(재직하면서 임금 받은 기간)이 모두 합해서 180일 이상이 되어야 합니다.

　※ 단, 과거에 실업급여를 받았을 경우 인정받았던 피보험기간은 제외

– 같은 자녀에 대해서 피보험자인 배우자가 동시에 육아휴직(30일 미만은 제외) 중인 경우에는 중복된 기간에 대하여는 1명만 지급합니다.

□ 육아휴직급여 지급액

– 육아휴직기간 동안 매월 통상임금의 100분의 40을 육아휴직급여로 지급하고(상한액 : 월 100만 원, 하한액 : 월 50만 원), 육아휴직급여액 중 100분의 25는 직장복귀 6개월 후에 일시불로 지급합니다.

– 또한, 육아휴직 기간 중 사업주로부터 육아휴직을 이유로 금품을 지급받은 경우로서 매월 단위로 육아휴직기간 중 지급받은 금품과 육아휴직 급여의 100분의 75에 해당하는 금액(그 금액이 50만 원 미만인 경우에는 하한액 50만 원)을 합한 금액이 육아휴직 시작일 기준으로 한 월 통상임금을 초과한 경우에는 그 초과한 금액을 육아휴직급여의 100분의 75에 해당하는 금액에서 빼고 지급합니다.

– 육아 휴직 시작일이 2015년 7월 1일 이전은 육아휴직 급여의 100분의 85에 해당하는 금액(그 금액이 50만 원 미만인 경우에는 하한액 50만 원)을 합한 금액이 육아 휴직 시작일 기준으로 한 월 통상임금을 초과한 경우에는 그 초과한 금액을 육아휴직급여의 100분의 85에 해당하는 금액에서 빼고 지급합니다.

□ 신청 시기

　육아휴직을 시작한 날 이후 1개월부터 매월 단위로 신청하되, 당월 중에 실시한 육아휴직에 대한 급여의 지급 신청은 다음 달 말일까지 해야 합니다. 매월 신청하지 않고 기간을 적치하여 신청 가능합니다(사전 신청한 경우). 단, 육아휴직이 끝난 날 이후 12개월 이내에 신청하지 않을 경우 동 급여를 지급하지 않습니다.

① 해당 연령대 자녀가 2명인 부모가 사용할 수 있는 총 육아직직 합산 기간은 4년이다.

② 통상임금이 200만 원인 근로자의 경우, 직장복귀 6개월 후 50만 원을 지급받게 된다.

③ 육아휴직급여를 받기 위해서는 이전 재직기간이 최소한 180일 이상이어야 한다.

④ 통상임금이 200만 원인 근로자가 사업주로부터 육아휴직을 이유로 150만 원의 격려금을 지급받았을 경우, 해당 월의 육아휴직급여액은 50만 원이 된다.

2. 다음 중 밑줄 친 외래어의 표기가 올바르게 쓰인 것은?

① 그는 어제 오후 비행기를 타고 라스베가스로 출국하였다.

② 그런 넌센스를 내가 믿을 것 같냐?

③ 도안이 완료되는 즉시 팸플릿 제작에 착수해야 한다.

④ 백화점보다는 아울렛 매장에서 사는 것이 훨씬 싸다고 생각한다.

3. 다음 글의 문맥상 빈 칸에 들어갈 가장 적절한 말은?

여름이 빨리 오고 오래 가다보니 의류업계에서 '쿨링'을 콘셉트로 하는 옷들을 앞다퉈 내놓고 있다. 그물망 형태의 옷감에서 냉감(冷感)을 주는 멘톨(박하의 주성분)을 포함한 섬유까지 접근방식도 제각각이다. 그런데 가까운 미래에는 미생물을 포함한 옷이 이 대열에 합류할지도 모르겠다. 박테리아 같은 미생물은 여름철 땀 냄새의 원인이라는데 어떻게 옷에 쓰일 수 있을까.

생물계에서 흡습형태변형은 널리 관찰되는 현상이다. 솔방울이 대표적인 예로 습도가 높을 때는 비늘이 닫혀있어 표면이 매끈한 덩어리로 보이지만 습도가 떨어지면 비늘이 삐쭉삐쭉 튀어나온 형태로 바뀐다. 밀이나 보리의 열매(낟알) 끝에 달려 있는 까끄라기도 습도가 높을 때는 한 쌍이 거의 나란히 있지만 습도가 낮아지면 서로 벌어진다. 이런 현상은 한쪽 면에 있는 세포의 길이(크기)가 반대 쪽 면에 있는 세포에 비해 습도에 더 민감하게 변하기 때문이다. 즉 습도가 낮아져 세포 길이가 짧아지면 그쪽 면을 향해 휘어지는 것이다.

MIT의 연구자들은 미생물을 이용해서도 이런 흡습형태변형을 구현할 수 있는지 알아보기로 했다. 즉 습도에 영향을 받지 않는 재질인 천연라텍스 천에 농축된 대장균 배양액을 도포해 막을 형성했다. 대장균은 별도의 접착제 없이도 소수성 상호작용으로 라텍스에 잘 달라붙는다. 라텍스 천의 두께는 150~500 μm(마이크로미터). 1μm는 100만분의 1m)이고 대장균 막의 두께는 1~5μm다. 이 천을 상대습도 15%인 건조한 곳에 두자 대장균 세포에서 수분이 빠져나가며 대장균 막이 도포된 쪽으로 휘어졌다. 이 상태에서 상대습도 95%인 곳으로 옮기자 천이 서서히 펴지며 다시 평평해졌다. 이 과정을 여러 차례 반복해도 같은 현상이 재현됐다.

연구자들은 원자힘현미경(AFM)으로 대장균 막을 들여다봤고 상대습도에 따라 크기(부피)가 변한다는 사실을 확인했다. 즉 건조한 곳에서는 대장균 세포부피가 30% 정도 줄어드는데 이 효과가 천에서 세포들이 나란히 배열된 쪽을 수축시키는 현상으로 나타나 그 방향으로 휘어지는 것이다. 연구자들은 이런 흡습형태변형이 대장균만의 특성인지 미생물의 일반 특성인지 알아보기 위해 몇 가지 박테리아와 단세포 진핵생물인 효모에 대해서도 같은 실험을 해봤다. 그 결과 정도의 차이는 있었지만 패턴은 동일했다.

다음으로 연구자들은 양쪽 면에 미생물이 코팅된 천이 쿨링 소재로 얼마나 효과적인지 알아보기로 했다. 연구팀은 흡습형태변형이 효과를 낼 수 있도록 독특한 형태로 옷을 디자인했다 ( ).

그 결과 공간이 생기면서 땀의 배출을 돕는다. 측정 결과 미생물이 코팅된 천으로 만든 옷을 입을 경우 같은 형태의 일반 천으로 만든 옷에 비해 피부 표면 공기의 온도가 2도 정도 낮아 쿨링 효과가 있는 것으로 나타났다.

① 체온이 높은 등 쪽으로 천이 휘어지게 되는 성질을 이용해 평상시에는 옷이 바깥쪽으로 더 튀어나오도록 디자인했다.
② 미생물이 코팅된 천이 땀으로 인한 습도의 영향을 잘 받을 수 있도록 옷의 안쪽 면에 부착하여 옷의 바깥쪽과는 완전히 다른 환경을 유지할 수 있도록 디자인했다.
③ 땀이 많이 나는 등 쪽에 칼집을 낸 형태로 만들어 땀이 안 날 때는 평평하다가 땀이 나면 피부 쪽 면의 습도가 높아져 미생물이 팽창해 천이 바깥쪽으로 휘어지도록 디자인했다.
④ 땀이 나서 습도가 올라가면 등 쪽의 세포 길이가 짧아질 것을 고려해 천이 안쪽으로 휘어져 공간이 생길 수 있도록 디자인했다.

4. 다음은 경상북도개발공사의 신입사원 채용에 관한 안내문의 일부 내용이다. 다음 내용을 근거로 할 때, 경상북도개발공사가 안내문의 내용에 부합되게 취할 수 있는 행동이라고 볼 수 없는 것은?

○ 모든 응시자는 1인 1개 분야만 지원할 수 있습니다.
○ 응시희망자는 지역제한 등 응시 자격을 미리 확인하고 응시원서를 접수하여야 하며, 응시원서의 기재사항 착오·누락, 공인어학능력시험 점수·자격증·장애인·취업지원대상자 가산점수·가산비율 기재 착오, 연락불능 등으로 발생되는 불이익은 일체 응시자의 책임으로 합니다.
○ 입사지원서 작성내용은 추후 증빙서류 제출 및 관계기관에 조회할 예정이며 내용을 허위로 입력한 경우에는 합격이 취소됩니다.
○ 응시자는 시험장소 공고문, 답안지 등에서 안내하는 응시자 주의사항에 유의하여야 하며, 이를 준수하지 않을 경우에 본인에게 불이익이 될 수 있습니다.
○ 원서접수결과 지원자가 채용예정인원 수와 같거나 미달하더라도 적격자가 없는 경우 선발하지 않을 수 있습니다.
○ 시험일정은 사정에 의하여 변경될 수 있으며 변경내용은 7일 전까지 공사 채용홈페이지를 통해 공고할 계획입니다.
○ 제출된 서류는 본 채용목적 이외에는 사용하지 않으며, 채용절차의 공정화에 관한 법령에 따라 최종합격자 발표일 이후 180일 이내에 반환청구를 할 수 있습니다.
○ 최종합격자 중에서 신규임용후보자 등록을 하지 않거나 관계법령에 의한 신체검사에 불합격한 자 또는 공사 인사규정에 의한 응시자격 미달자는 신규임용후보자 자격을 상실하고 차순위자를 추가합격자로 선발할 수 있습니다.
○ 임용은 교육 성적을 포함한 채용시험 성적순으로 순차적으로 임용하되, 장애인 또는 경력자의 경우 성적순위에도 불구하고 우선 임용될 수 있습니다.
※ 공사 인사규정에 의거 신규임용후보자의 자격은 임용후보 등록일로부터 1년으로 하며, 필요에 따라 1년의 범위 안에서 연장될 수 있습니다.

① 동일한 응시자가 기계직과 운영직에 동시 응시를 한 사실이 뒤늦게 발견되어 임의로 기계직 응시 관련 사항 일체를 무효처리하였다.

② 대학 졸업예정자로 채용된 A씨는 마지막 학기 학점이 부족하여 졸업이 미뤄지는 바람에 채용이 취소되었다.

③ 50명 선발이 계획되어 있었고, 45명이 지원을 하였으나 42명만 선발하였다.

④ 최종합격자 중 신규임용후보자 자격을 상실한 자가 있어 불합격자 중 임의의 인원을 추가 선발하였다.

5. 다음에 제시된 글의 내용을 참고할 때, 〈보기〉에 제시된 정책의 성격과 목적이 나머지와 다른 두 가지를 올바르게 짝지은 것은?

우리나라 임금근로자의 1/3이 비정규직으로(2012년 8월 기준) OECD 국가 중 비정규직 근로자 비중이 높은 편이며, 법적 의무사항인 2년 이상 근무한 비정규직 근로자의 정규직 전환율도 높지 않은 상황이다. 이에 따라, 비정규직에 대한 불합리한 차별과 고용불안을 해소를 위해 대책을 마련하였다. 특히, 상시 · 지속적 업무에 정규직 고용관행을 정착시키고 비정규직에 대한 불합리한 차별 해소 등 기간제 근로자 보호를 위해 '16년 4월에는 「기간제 근로자 고용안정 가이드라인」을 신규로 제정하고, 더불어 「사내하도급 근로자 고용안정 가이드라인」을 개정하여 비정규직 보호를 강화하는 한편, 실효성 확보를 위해 민간 전문가로 구성된 비정규직 서포터스 활동과 근로감독 등을 연계하여 가이드라인 현장 확산 노력을 펼친 결과, 2016년에는 194개 업체와 가이드라인 준수협약을 체결하는 성과를 이루었다. 아울러, 2016년부터 모든 사업장(12천 개소) 근로감독 시 차별항목을 필수적으로 점검하고, 비교대상 근로자가 없는 경우라도 가이드라인 내용에 따라 각종 복리후생 등에 차별이 없도록 행정지도를 펼치는 한편, 사내하도급 다수활용 사업장에 대한 감독 강화로 불법파견 근절을 통한 사내하도급 근로자 보호에 노력하였다. 또한, 기간제 · 파견 근로자를 정규직으로 전환 시 임금상승분의 일부를 지원하는 정규직 전환지원금 사업의 지원요건을 완화하고, 지원 대상을 사내 하도급 근로자 및 특수형태업무 종사자까지 확대하여 중소기업의 정규직 전환여건을 제고하였다. 이와 함께 비정규직, 특수형태업무 종사자 등 취약계층 근로자에 대한 사회안전망을 지속 강화하여 2016년 3월부터 특수형태업무 종사자에 대한 산재보험가입 특례도 종전 6개 직종에서 9개 직종으로 확대 적용되었으며, 구직급여 수급기간을 국민연금 가입 기간으로 산입해주는 실업크레딧 지원제도가 2016년 8월부터 도입되었다. 2016년 7월에는 제1호 공동근로복지기금 법인이 탄생하기도 하였다.

〈보기〉
㉠ 기간제 근로자 고용안정 가이드라인
㉡ 산재보험가입 특례 확대 적용
㉢ 비정규직 서포터스 활동
㉣ 실업크레딧 지원제도
㉤ 정규직 전환지원금 사업의 지원요건을 완화

① ㉡, ㉣
② ㉡, ㉤
③ ㉢, ㉣
④ ㉣, ㉤

6. 다음 표준 임대차 계약서의 일부를 보고 추론할 수 없는 내용은?

[임대차계약서 계약조항]
제1조[보증금] 을(乙)은 상기 표시 부동산의 임대차보증금 및 차임(월세)을 다음과 같이 지불하기로 한다.
• 보증금 : 금○○원으로 한다.
• 계약금 : 금○○원은 계약 시에 지불한다.
• 중도금 : 금○○원은 2017년 ○월 ○일에 지불한다.
• 잔 금 : 금○○원은 건물명도와 동시에 지불한다.
• 차임(월세) : 금○○원은 매월 말일에 지불한다.
제4조[구조변경, 전대 등의 제한] 을(乙)은 갑(甲)의 동의 없이 상기 표시 부동산의 용도나 구조 등의 변경, 전대, 양도, 담보제공 등 임대차 목적 외에 사용할 수 없다.
제5조[계약의 해제] 을(乙)이 갑(甲)에게 중도금(중도금 약정이 없는 경우에는 잔금)을 지불하기 전까지는 본 계약을 해제할 수 있는 바, 갑(甲)이 해약할 경우에는 계약금의 2배액을 상환하며 을(乙)이 해약할 경우에는 계약금을 포기하는 것으로 한다.
제6조[원상회복의무] 을(乙)은 존속기간의 만료, 합의 해지 및 기타 해지사유가 발생하면 즉시 원상회복하여야 한다.

① 중도금 약정 없이 계약이 진행될 수도 있다.
② 부동산의 용도를 변경하려면 갑(甲)의 동의가 필요하다.
③ 을(乙)은 계약금, 중도금, 보증금의 순서대로 임대보증금을 지불해야 한다.
④ 중도금 혹은 잔금을 지불하기 전까지만 계약을 해제할 수 있다.

7. 다음 글을 통해 알 수 있는 내용은?

경제학자들은 환경자원을 보존하고 환경오염을 억제하는 방편으로 환경세 도입을 제안했다. 환경자원을 이용하거나 오염물질을 배출하는 제품에 환경세를 부과하면 제품 가격 상승으로 인해 그 제품의 소비가 감소함에 따라 환경자원을 아낄 수 있고 환경오염을 줄일 수 있다.

일부에서는 환경세가 소비자의 경제적 부담을 늘리고 소비와 생산의 위축을 가져올 수 있다고 우려한다. 그러나 많은 경제학자들은 환경세 세수만큼 근로소득세를 경감하는 경우 환경보존과 경제성장이 조화를 이룰 수 있다고 본다.

환경세는 환경오염을 유발하는 상품의 가격을 인상시킴으로써 가계의 경제적 부담을 늘려 실질소득을 떨어뜨리는 측면이 있다. 하지만 환경세 세수만큼 근로소득세를 경감하게 되면 근로자의 실질소득이 증대되고, 그 증대효과는 환경세 부과로 인한 상품가격 상승효과를 넘어설 정도로 크다. 왜냐하면 상품가격 상승으로 인한 경제적 부담은 연금생활자나 실업자처럼 고용된 근로자가 아닌 사람들 사이에도 분산되는 반면, 근로소득세 경감의 효과는 근로자에게 집중되기 때문이다. 근로자의 실질소득 증대는 사실상 근로자의 실질임금을 높이고, 이것은 대체로 노동공급을 증가시키는 경향이 있다.

또한 환경세가 부과되더라도 노동수요가 늘어날 수 있다. 근로소득세 경감은 기업의 입장에서 노동이 그만큼 저렴해지는 효과가 있다. 더욱이 환경세는 노동자원보다는 환경자원의 가격을 인상시켜 상대적으로 노동을 저렴하게 하는 효과가 있다. 이렇게 되면 기업의 노동수요가 늘어난다.

결국 환경세 세수를 근로소득세 경감으로 재순환시키는 조세구조 개편은 한편으로는 노동의 공급을 늘리고, 다른 한편으로는 노동에 대한 수요를 늘린다. 이것은 고용의 증대를 낳고, 결국 경제 활성화를 가져온다.

① 환경세의 환경오염 억제 효과는 근로소득세 경감에 의해 상쇄된다.
② 환경세를 부과하더라도 그만큼 근로소득세를 경감할 경우, 근로자의 실질소득은 늘어난다.
③ 환경세를 부과할 경우 근로소득세 경감이 기업의 고용 증대에 미치는 효과가 나타나지 않는다.
④ 환경세를 부과하더라도 노동집약적 상품의 상대가격이 낮아진다면 기업의 고용은 늘어나지 않는다.

8. 다음 밑줄 친 ㉠~㉣ 중 문맥상 의미가 나머지 넷과 다른 것은?

코페르니쿠스 이론은 그가 죽은 지 거의 1세기가 지나도록 소수의 ㉠전향자밖에 얻지 못했다. 뉴턴의 연구는 '프린키피아(principia)'의 출간 이후 반세기가 넘도록, 특히 대륙에서는 일반적으로 ㉡수용되지 못했다. 프리스틀리는 산소이론을 전혀 받아들이지 않았고, 켈빈 경 역시 전자기 이론을 ㉢인정하지 않았으며, 이 밖에도 그런 예는 계속된다. 다윈은 그의 '종의 기원' 마지막 부분의 유난히 깊은 통찰력이 드러나는 구절에서 이렇게 적었다. "나는 이 책에서 제시된 견해들이 진리임을 확신하지만…… 오랜 세월 동안 나의 견해와 정반대의 관점에서 보아 왔던 다수의 사실들로 머릿속이 꽉 채워진 노련한 자연사 학자들이 이것을 믿어주리 라고는 전혀 ㉣기대하지 않는다. 그러나 나는 확신을 갖고 미래를 바라본다. 편견 없이 이 문제의 양면을 모두 볼 수 있는 젊은 신진 자연사 학자들에게 기대를 건다." 그리고 플랑크는 그의 '과학적 자서전'에서 자신의 생애를 돌아보면서, 서글프게 다음과 같이 술회하고 있다. "새로운 과학적 진리는 그 반대자들을 납득시키고 그들을 이해시킴으로써 승리를 거두기보다는, 오히려 그 반대자들이 결국에 가서 죽고 그것에 익숙한 세대가 성장하기 때문에 승리하게 되는 것이다."

① ㉠   ② ㉡
③ ㉢   ④ ㉣

9. 다음 글에서 ⓐ : ⓑ의 의미 관계와 가장 유사한 것은?

역사적으로 볼 때 시민 혁명이나 민중 봉기 등의 배경에는 정부의 과다한 세금 징수도 하나의 요인으로 자리 잡고 있다. 현대에도 정부가 세금을 인상하여 어떤 재정 사업을 하려고 할 때, 국민들은 자신들에게 별로 혜택이 없거나 부당하다고 생각될 경우 ⓐ납세 거부 운동을 펼치거나 정치적 선택으로 조세 저항을 표출하기도 한다. 그래서 세계 대부분의 국가는 원활한 재정 활동을 위한 조세 정책에 골몰하고 있다.

경제학의 시조인 아담 스미스를 비롯한 많은 경제학자들이 제시하는 바람직한 조세 원칙 중 가장 대표적인 것이 공평과 효율의 원칙이라 할 수 있다. 공평의 원칙이란 특권 계급을 인정하지 않고 국민은 누구나 자신의 능력에 따라 세금을 부담해야 한다는 의미이고, 효율의 원칙이란 정부가 효율적인 제도로 세금을 과세해야 하며 납세자들로부터 불만을 최소화할 수 있는 방안으로 ⓑ징세해야 한다는 의미이다.

① 컴퓨터를 사용한 후에 반드시 전원을 꺼야 한다.
② 관객이 늘어남에 따라 극장이 점차 대형화되었다.
③ 자전거 타이어는 여름에 팽창하고 겨울에 수축한다.
④ 먼 바다에 나가기 위해서는 배를 먼저 수리해야 한다.

10. 다음 밑줄 친 단어와 바꿔 쓰기에 적절한 한자어가 아닌 것은?

> 과거는 지나가 버렸기 때문에 역사가가 과거의 사실과 직접 만나는 것은 불가능하다. 역사가는 사료를 매개로 과거와 만난다. 사료는 과거를 그대로 재현하는 것은 아니기 때문에 불완전하다. 사료의 불완전성은 역사 연구의 범위를 제한하지만, 그 불완전성 때문에 역사학이 학문이 될 수 있으며 역사는 끝없이 다시 서술된다. 매개를 거치지 않은 채 손실되지 않은 과거와 ㉠ 만날 수 있다면 역사학이 설 자리가 없을 것이다. 역사학은 전통적으로 문헌 사료를 주로 활용해 왔다. 그러나 유물, 그림, 구전 등 과거가 남긴 흔적은 모두 사료로 활용될 수 있다. 역사가들은 새로운 사료를 발굴하기 위해 노력한다. 알려지지 않았던 사료를 찾아내기도 하지만, 중요하지 않게 ㉡ 여겨졌던 자료를 새롭게 사료로 활용하거나 기존의 사료를 새로운 방향에서 파악하기도 한다. 평범한 사람들의 삶의 모습을 중점적인 주제로 다루었던 미시사 연구에서 재판 기록, 일기, 편지, 탄원서, 설화집 등의 이른바 '서사적' 자료에 주목한 것도 사료 발굴을 위한 노력의 결과이다.
> 시각 매체의 확장은 사료의 유형을 더욱 다양하게 했다. 이에 따라 역사학에서 영화를 통한 역사 서술에 대한 관심이 일고, 영화를 사료로 파악하는 경향도 ㉢ 나타났다. 역사가들이 주로 사용하는 문헌 사료의 언어는 대개 지시 대상과 물리적·논리적 연관이 없는 추상화된 상징적 기호이다. 반면 영화는 카메라 앞에 놓인 물리적 현실을 이미지화하기 때문에 그 자체로 물질성을 띤다. 즉, 영화의 이미지는 닮은꼴로 사물을 지시하는 도상적 기호가 된다. 광학적 메커니즘에 따라 피사체로부터 비롯된 영화의 이미지는 그 피사체가 있었음을 지시하는 지표적 기호이기도 하다. 예를 들어 다큐멘터리 영화는 피사체와 밀접한 연관성을 갖기 때문에 피사체의 진정성에 대한 믿음을 고양하여 언어적 서술에 비해 호소력 있는 서술로 비춰지게 된다.
> 그렇다면 영화는 역사와 어떻게 관계를 맺고 있을까? 역사에 대한 영화적 독해와 영화에 대한 역사적 독해는 영화와 역사의 관계에 대한 두 축을 ㉣ 이룬다. 역사에 대한 영화적 독해는 영화라는 매체로 자기 나름의 시선을 서사와 표현 기법으로 녹여내어 역사를 비평할 수 있다. 역사를 소재로 한 역사 영화는 역사적 고증에 충실한 개연적 역사 서술 방식을 취할 수 있다. 혹은 역사적 사실을 자원으로 삼되 상상력에 의존하여 가공의 인물과 사건을 덧대는 상상적 역사 서술 방식을 취할 수도 있다. 그러나 비단 역사 영화만이 역사를 재현하는 것은 아니다. 모든 영화는 명시적이거나 우회적인 방법으로 역사를 증언한다. 영화에 대한 역사적 독해는 영화에 담겨 있는 역사적 흔적과 맥락을 검토하는 것과 연관된다. 역사가는 영화 속에 나타난 풍속, 생활상 등을 통해 역사의 외연을 확장할 수 있다. 나아가 제작 당시 대중이 공유하던 욕망, 강박, 믿음, 좌절 등의 집단적 무의식과 더불어 이상, 지배적 이데올로기 같은 미처 파악하지 못했던 가려진 역사를 끌어내기도 한다. 영화는 주로 허구를 다루기 때문에 역사 서술과는 거리가 있다고 보는 사람도 있다. 왜냐하면 역사가들은 일차적으로 사실을 기록한 자료에 기반해서 연구를 펼치기 때문이다.

① 대면(對面)

② 간주(看做)

③ 대두(擡頭)

④ 결합(結合)

11. 생산라인 A만으로 먼저 32시간 가동해서 제품을 생산한 후, 다시 생산라인 B를 가동하여 두 생산라인으로 10,000개의 정상제품을 생산하였다. 생산성과 불량품 비율이 다음과 같을 때, 10,000개의 정상제품을 생산하기 위해 생산라인을 가동한 총 시간을 구하면?

> ㉠ 불량품 체크 전 단계의 시제품 100개를 만드는 데, 생산라인 A는 4시간이 걸리고, 생산라인 B로는 2시간이 걸린다.
> ㉡ 두 라인을 동시에 가동하면 시간당 정상제품 생산량이 각각 20%씩 상승한다.
> ㉢ 생산라인 A의 불량률은 20%이고, B의 불량률은 10%이다.

① 132시간

② 142시간

③ 152시간

④ 162시간

12. 서원각은 전일 온라인으로 주문받은 제품 케이스와 전자 제품을 별개로 포장하여 택배로 배송하였다. 제품 케이스 하나의 무게는 1.8kg으로 택배비용은 총 46,000원이고, 전자 제품은 무게가 개당 2.5kg으로 총 56,000원의 택배비용이 들었다. 배송처는 서울과 지방에 산재해 있으며, 각 배송처로 전자 제품과 제품 케이스가 각각 하나씩 배송되었다. 이 제품이 배달된 배송처는 모두 몇 곳인가? (단, 각 배송처에는 제품과 제품 케이스가 하나씩 배달되었고 택배 요금은 다음 표와 같다)

구분	2kg 이하	4kg 이하	6kg 이하	8kg 이하
서울	4,000원	5,000원	7,000원	9,000원
지방	5,000원	6,000원	8,000원	11,000원

① 4곳

② 8곳

③ 10곳

④ 12곳

13. 10km를 달리는 시합에서 출발 후 1시간 이내에 결승선을 통과해야 기념품을 받을 수 있다. 출발 후 처음 12분을 시속 8km로 달렸다면, 남은 거리를 적어도 얼마의 평균 속력으로 달려야 기념품을 받을 수 있는가?

① 시속 10.5km

② 시속 11.0km

③ 시속 11.5km

④ 시속 12.0km

14. 5% 설탕물 300g에서 일정량의 물을 증발시켰더니 10% 설탕물이 되었다. 증발된 물의 양은?

① 50g

② 100g

③ 150g

④ 200g

15. 다음은 세 골프 선수 갑, 을, 병의 9개 홀에 대한 경기결과를 나타낸 표이다. 이에 대한 설명으로 옳은 것을 모두 고른 것은?

홀번호	1	2	3	4	5	6	7	8	9	타수합계
기준타수	3	4	5	3	4	4	4	5	4	36
갑	0	x	0	0	0	0	x	0	0	34
을	x	0	0	0	y	0	0	y	0	( )
병	0	0	0	x	0	0	0	y	0	36

※ 기준 타수 : 홀마다 정해져 있는 타수를 말함

※ x, y는 개인 타수-기준 타수의 값

※ 0은 기준 타수와 개인 타수가 동일함을 의미

> ㉠ x는 기준 타수보다 1타를 적게 친 것을 의미한다.
> ㉡ 9개 홀의 타수의 합은 갑와 을이 동일하다.
> ㉢ 세 선수 중에서 타수의 합이 가장 적은 선수는 갑이다.

① ㉠

② ㉠, ㉡

③ ㉠, ㉢

④ ㉡, ㉢

|16~17| 다음 자료는 각국의 아프가니스탄 지원금 약속현황 및 집행현황을 나타낸 것이다. 물음에 답하시오.

(단위 : 백만 달러, %)

지원국	약속금액	집행금액	집행비율
미국	10,400	5,022	48.3
EU	1,721	㉠	62.4
세계은행	1,604	853	53.2
영국	1,455	1,266	87.0
일본	1,410	1,393	98.8
독일	1,226	768	62.6
캐나다	779	731	93.8
이탈리아	424	424	100.0
스페인	63	26	41.3

16. ㉠에 들어갈 값은 얼마인가?

① 647

② 840

③ 1,074

④ 1,348

17. 위의 표에 대한 설명으로 옳지 않은 것은?

① 집행비율이 가장 높은 나라는 이탈리아이다.

② 50% 미만의 집행비율을 나타내는 나라는 2개국이다.

③ 집행금액이 두 번째로 많은 나라는 일본이다.

④ 집행비율이 가장 낮은 나라는 미국이다.

18. 다음은 T공사의 단독주택용지 수의계약 공고문 중 일부이다. 공고문의 내용을 올바르게 이해한 것은?

○○ 블록형 단독주택용지(1필지) 수의계약 공고

1. 공급대상토지

블록	면적 (m²)	세대수 (호)	평균 규모	용적률 (%)	공급 가격 (천 원)	계약 보증금 (원)	토지사 용가능 시기
△△	25,479	63	400m²	100% 이하	36,944, 550	3,694,45 5,000	즉시

2. 공급일정 및 장소

일정	201X년 XX월 XX일 오전 10시부터 선착순 수의계약 (토·일요일 및 공휴일, 업무시간외는 제외)
장소	T공사 XX 지역본부 XX 사업본부 판매 1부

3. 신청자격

실수요자 : 공고일 현재 주택법에 의한 주택건설사업자로 등록한 자

3년 분할납부(무이자) 조건의 토지매입 신청자
* 납부조건 : 계약체결 시 계약금 10% 중도금 및 잔금 90%(6개월 단위 6회 납부)

4. 계약체결 시 구비서류
 – 법인등기부등본 및 사업자등록증 사본 각 1부
 – 법인인감증명서 1부 및 법인인감도장(사용인감계 및 사용인감)
 – 대표자 신분증 사본 1부(위임시 위임장 1부 및 대리인 신분증 제출)
 – 주택건설사업자등록증 1부
 – 계약금 납입영수증

① 계약 체결이 되면 즉시 해당 토지에 단독주택을 건설할 수 있다.
② 계약 체결 후 첫 번째 내야 할 중도금은 33,250,095,000원이다.
③ 규모 400m²의 단독주택용지를 일반 수요자에게 분양하는 공고이다.
④ 계약에 대한 보증금이 공급가격보다 더 높아 실수요자에게 부담을 줄 우려가 있다.

19. 다음은 T전자회사가 기획하고 있는 '전자제품 브랜드 인지도에 관한 설문조사'를 위하여 작성한 설문지의 표지 글이다. 다음 표지 글을 참고할 때, 설문조사의 항목에 포함되기에 가장 적절하지 않은 것은?

전자제품 브랜드 인지도에 관한 설문조사

안녕하세요? T전자회사 홍보팀입니다.
저희 T전자에서는 고객들에게 보다 나은 제품을 제공하기 위하여 전자제품 브랜드 인지도에 대한 고객 분들의 의견을 청취하고자 합니다. 전자제품 브랜드에 대한 여러분의 의견을 수렴하여 더 좋은 제품과 서비스를 공급하고자 하는 것이 설문조사의 목적입니다. 바쁘시더라도 잠시 시간을 내어 본 설문조사에 응해주시면 감사하겠습니다. 응답해 주신 사항에 대한 철저한 비밀 보장을 약속드립니다. 감사합니다.

T전자회사 홍보팀 담당자 홍길동
전화번호 : 1588-0000

①

귀하는 지난 1년 간 전자제품을 약 몇 회 구매하셨습니까?

( )회

②

귀하가 주로 이용하는 전자제품은 어느 회사 제품입니까?

㉠ T전자회사 ㉡ R전자회사 ㉢ M전자회사 ㉣ 기타 ( )

③

귀하에게 전자제품 브랜드 선택에 가장 큰 영향을 미치는 요인은 무엇입니까?

㉠ 광고 ㉡ 지인 추천 ㉢ 기존 사용 제품 ㉣ 기타 ( )

④

귀하가 일상생활에 가장 필수적이라고 생각하시는 전자제품은 무엇입니까?

㉠ TV ㉡ 통신기기 ㉢ 청소용품 ㉣ 주방용품

20. 다음 주어진 〈상황〉을 근거로 판단할 때, ○○씨가 지원받을 수 있는 주택보수비용의 최대 액수는?

- 주택을 소유하고 해당 주택에 거주하는 가구를 대상으로 주택 노후도 평가를 실시하여 그 결과(경·중·대보수)에 따라 다음과 같이 주택보수비용을 지원한다.

〈주택보수비용 지원 내용〉

구분	경보수	중보수	대보수
보수항목	도배 또는 장판	수도시설 또는 난방시설	지붕 또는 기둥
주택당 보수비용 지원한도액	350만 원	650만 원	950만 원

- 소득인정액에 따라 위 보수비용 지원한도액의 80 ~ 100% 차등 지원

구분	중위소득 25% 미만	중위소득 25% 이상 35% 미만	중위소득 35% 이상 43% 미만
지원율	100%	90%	80%

〈상황〉

○○씨는 현재 거주하고 있는 A주택의 소유자이며, 소득인정액이 중위 40%에 해당한다. A주택 노후도 평가 결과, 지붕의 수선이 필요한 주택보수비용지원 대상에 선정되었다.

① 520만 원   ② 650만 원
③ 760만 원   ④ 855만 원

---

21. 다음을 보고 옳은 것을 모두 고르면?

경상북도개발공사에서 문건 유출 사건이 발생하여 관련자 다섯 명을 소환하였다. 다섯 명의 이름을 편의상 갑, 을, 병, 정, 무라 부르기로 한다. 다음은 관련자들을 소환하여 조사한 결과 참으로 밝혀진 내용들이다.

㉠ 소환된 다섯 명이 모두 가담한 것은 아니다.
㉡ 갑과 을은 문건유출에 함께 가담하였거나 함께 가담하지 않았다.
㉢ 을이 가담했다면 병이 가담했거나 갑이 가담하지 않았다.
㉣ 갑이 가담하지 않았다면 정도 가담하지 않았다.
㉤ 정이 가담하지 않았다면 갑이 가담했고 병은 가담하지 않았다.
㉥ 갑이 가담하지 않았다면 무도 가담하지 않았다.
㉦ 무가 가담했다면 병은 가담하지 않았다.

① 가담한 사람은 갑, 을, 병 세 사람뿐이다.
② 가담하지 않은 사람은 무 한 사람뿐이다.
③ 가담한 사람은 을과 병 두 사람뿐이다.
④ 가담한 사람은 병과 정 두 사람뿐이다.

---

22. 아래의 제시된 사례를 읽고 이에 대한 내용의 연결로 가장 바르지 않은 것을 고르면?

〈사례 1〉
정수기를 판매하는 B회사는 중소규모 회사이다. B회사에 근무하는 K과장은 "포트형 정수기"라는 새로운 아이디어를 개발하였고, 이를 상품으로 개발하기 위해서 계획서를 제출하였다. 그러나 회사 측에서는 "정수기 시장은 대기업들이 차지하고 있기 때문에 진입이 어렵다", "개발비용이 너무 많이 든다."라는 이유로 신상품 개발에 미온적인 반응이었다.

〈사례 2〉
A회사는 국제 금융 위기를 맞이하여, 기업의 위기 상황에 처해 있다. 이러한 상황을 타개하기 위해서 중국에 있는 시장을 철수해서 비용을 절감하려고 하였다. 그러나 A회사가 중국에서 철수한 후 A회사의 제품이 중국에서 인기를 끌게 되었고, 결국 A회사는 비용을 절감한 게 아니라 수익을 버린 결과를 초래하게 되었다.

〈사례 3〉
설계, 기술, 영업, 서비스 각 부문의 핵심 인력들이 모여 최근에 경합하고 있는 B사에 추월당할 우려가 있다는 상황에 대해 회의가 열렸다. 설계부서에서는 우리 회사의 기술이 상대적으로 뒤처져 있는 것을 지적하였으며, 영업부서에서는 제품의 결합이 문제라고 지적하였다. 서비스 부서에서는 매상목표를 달성할 수 없다는 문제를 지적하였으며, 설계부서에는 고객의 클레임에 대한 대응이 너무 느리다는 지적이 있었다. 결국 이 회의에서는 회사 내의 내외부적인 자원을 활용하지 못한 채 서로의 문제만을 지적하고 특별한 해결책을 제시하지 못한 채 끝나고 말았다.

〈사례 4〉
C는 영업부서의 신입사원이다. C가 입사한 회사는 보험업에서 다른 기업에 비해 성과가 뒤떨어지는 회사였고, 그 기업에 근무하는 사람들은 모두 현실을 받아들이고 있었다. C는 이러한 상황에 불만을 느끼고 다른 기업과 자신의 기업과의 차이를 분석하게 되었다. 그 결과 C는 자신의 회사가 영업사원의 판매 교육이 부족하다는 것을 알게 되었고, 이를 문제, 원인, 해결안을 보고서로 제출하였지만, 결국 회사의 전략으로 채택되지 못했다.

① 사례 1은 내용으로 보아 발상의 전환이 필요하다는 것을 의미함을 알 수 있다.
② 사례 2는 내용으로 보아 전략적인 사고가 필요하다는 것을 나타내고 있다.
③ 사례 3은 기업 조직의 외부 자원에 대한 효과적인 활용이 중요하다는 것을 나타내고 있다.
④ 사례 4는 분석적 사고가 필요하다는 것을 나타내는 것으로 볼 수 있다.

23. 아래에 제시된 글을 읽고 문제해결과정 중 어느 부분에 위치하는 것이 적절한지를 고르면?

T사는 1950년대 이후 세계적인 자동차 생산 회사로서의 자리를 지켜 왔다. 그러나 최근 T사의 자동차 생산라인에서 문제가 발생하고 있었는데, 이 문제는 자동차 문에서 나타난 멍자국이었다. 문을 어느 쪽에서 보는가에 따라 다르기는 하지만, 이 멍자국은 눌린 것이거나 문을 만드는 과정에서 생긴 것 같았다.

문을 만들 때는 평평한 금속을 곡선으로 만들기 위해 강력한 프레스기에 넣고 누르게 되는데, 그 때 표면이 올라 온 것처럼 보였다. 실제적으로 아주 작은 먼지나 미세한 입자 같은 것도 프레스기 안에 들어가면 문짝의 표면에 자국을 남길 수 있을 것으로 추정되었다.

그러던 어느 날 공장의 생산라인 담당자 B로 부터 다음과 같은 푸념을 듣게 되었다.

"저는 매일 같이 문짝 때문에 재작업을 하느라 억만금이 들어간다고 말하는 재정 담당 사람들이나, 이 멍자국이 어떻게 해서 진열대까지 올라가면 고객들을 열 받게 해서 다 쫓아 버린다고 말하는 마케팅 직원들과 싸우고 있어요." 처음에 A는 이 말을 듣고도 '멍자국이 무슨 문제가 되겠어?'라고 별로 신경을 쓰지 않았다.

그러나 자기 감독 하에 있는 프레스기에서 나오는 멍자국의 수가 점점 증가하고 있다는 것을 알게 되었고, 그것 때문에 페인트 작업이나 조립 공정이 점점 늦어짐으로써 회사에 막대한 추가 비용과 시간이 든다는 문제를 인식하게 되었다.

① 문제에 대한 실행 및 평가 단계
② 문제해결안 단계
③ 문제처리 단계
④ 문제인식 단계

┃24～26┃ 다음 지문을 읽고 주어진 질문의 답을 고르시오.

당신은 소정그룹 영업부의 대리로 오늘 지방출장을 오후 1시에 대구에 도착하여 들려야 할 거래업체는 다음과 같다. 금일 내로 아래 목록의 거래업체를 모두 방문해야 하며, 하룻밤을 숙박한 후 다른 방으로 이동해야 한다. 도착 후 제일 먼저 숙박업소를 예약한 후 거래업체의 방문을 시작하도록 한다. 대구에서의 교통수단은 지하철로만 이동해야 하고, 지하철로 한 정거장을 이동할 때는 3분이 소요된다. 환승할 경우 환승하는 시간은 10분이다. 또한 한 정거장을 이동할 때마다 요금은 1,000원이 소요되고 환승할 경우 추가 요금은 없다.

대구지역의 숙박정보

호텔명	지하철역
그랜드 호텔	범어역
인터불고 호텔	아양교역
엘디스 리젠트 호텔	신남역
노보텔 엠베서더 호텔	중앙로역

거래업체 정보

거래업체명	지하철역	역에서 이동시간
A	상인역	5분
B	성서산업단지역	10분
C	고산역	2분
D	공단역	1분
E	대곡역	3분
F	지산역	7분

지하철노선도

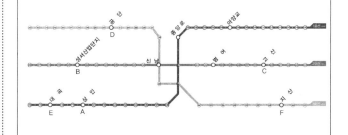

24. 당신이 숙박업소를 엘디스 리젠트 호텔로 정하고 체크인을 한 후 모든 거래업체를 방문한다고 할 때, 가장 시간이 적게 걸리는 순서는? (단, 역에서의 이동시간은 고려하지 않는다)

① B → D → F → E → A → C

② C → E → A → D → F → B

③ F → E → A → C → B → D

④ D → F → E → A → C → B

25. 마지막 거래처가 E일 경우 가장 가까운 숙박업소는 어디이며 소요시간은 얼마인가?

① 엘디스 리젠트 호텔 – 52분

② 노보텔 엠베서더 호텔 – 42분

③ 그랜드 호텔 – 58분

④ 인터불고 호텔 – 60분

26. 당신이 숙박정보를 고려하지 않고 하루 만에 A~F 거래업체를 모두 방문한다고 할 때, 다음 중 소요시간이 가장 적게 걸리는 순서는 무엇인가? (단, 역에서의 이동시간은 고려하지 않는다)

① E → A → C → B → D → F

② B → D → C → E → A → F

③ F → E → A → B → D → C

④ C → F → E → A → B → D

27. 다음은 지역 간의 시차를 계산하는 방법에 대한 설명이다. 다음을 참고할 때, 동경 135도에 위치한 인천에서 서경 120도에 위치한 로스앤젤레스로 출장을 가야 하는 최 과장이 도착지 공항에 현지 시각 7월 10일 오전 11시까지 도착하기 위해서 탑승해야 할 가장 늦은 항공편은 어느 것인가? (단, 비행시간 이외의 시간은 고려하지 않는다)

> 시차 계산 요령은 다음과 같은 3가지의 원칙을 적용할 수 있다.
> 1. 같은 경도(동경과 동경 혹은 서경과 서경)인 경우는 두 지점을 빼서 15로 나누되, 더 숫자가 큰 쪽이 동쪽에 위치한다는 뜻이므로 시간도 더 빠르다.
> 2. 또한, 본초자오선과의 시차는 한국이 영국보다 9시간 빠르다는 점을 적용하면 된다.
> 3. 경도가 다른 경우(동경과 서경)는 두 지점을 더해서 15로 나누면 되고 역시 동경이 서경보다 더 동쪽에 위치하므로 시간도 더 빠르게 된다.

항공편명	출발일	출발 시각	비행시간
KR107	7월 9일	오후 11시	
AE034	7월 9일	오후 2시	
KR202	7월 9일	오후 7시	12시간
AE037	7월 10일	오후 10시	
KR204	7월 10일	오후 4시	

① KR107

② AE034

③ KR202

④ KR204

28. 다음은 건축물의 에너지절약설계에 관한 기준의 일부를 발췌한 것이다. 아래 기준에 따라 에너지절약 계획서가 필요 없는 예외대상 건축물이 아닌 것은?

> 제3조(에너지절약계획서 제출 예외대상 등) ① 영 제10조제1항에 따라 에너지절약계획서를 첨부할 필요가 없는 건축물은 다음 각 호와 같다.
> 1. 「건축법 시행령」에 따른 변전소, 도시가스배관시설, 정수장, 양수장 중 냉·난방 설비를 설치하지 아니하는 건축물
> 2. 「건축법 시행령」에 따른 운동시설 중 냉·난방 설비를 설치하지 아니하는 건축물
> 3. 「건축법 시행령」에 따른 위락시설 중 냉·난방 설비를 설치하지 아니하는 건축물
> 4. 「건축법 시행령」에 따른 관광 휴게시설 중 냉·난방 설비를 설치하지 아니하는 건축물
> 5. 「주택법」 제16조제1항에 따라 사업계획 승인을 받아 건설하는 주택으로서 「주택건설기준 등에 관한 규정」 제64조제3항에 따라 「에너지절약형 친환경주택의 건설기준」에 적합한 건축물
>
> 제4조(적용예외) 다음 각 호에 해당하는 경우 이 기준의 전체 또는 일부를 적용하지 않을 수 있다.
> 1. 지방건축위원회 또는 관련 전문 연구기관 등에서 심의를 거친 결과, 새로운 기술이 적용되거나 연간 단위면적당 에너지소비총량에 근거하여 설계됨으로써 이 기준에서 정하는 수준 이상으로 에너지절약 성능이 있는 것으로 인정되는 건축물의 경우
> 2. 건축물 에너지 효율등급 인증 3등급 이상을 취득하는 경우. 다만, 공공기관이 신축하는 건축물은 그러하지 아니한다.

3. 건축물의 기능·설계조건 또는 시공 여건상의 특수성 등으로 인하여 이 기준의 적용이 불합리한 것으로 지방건축위원회가 심의를 거쳐 인정하는 경우에는 이 기준의 해당 규정을 적용하지 아니할 수 있다. 다만, 지방건축위원회 심의 시에는 「건축물 에너지효율 등급 인증에 관한 규칙」 제4조제4항 각 호의 어느 하나에 해당하는 건축물 에너지 관련 전문인력 1인 이상을 참여시켜 의견을 들어야 한다.

4. 건축물을 증축하거나 용도변경, 건축물대장의 기재내용을 변경하는 경우에는 적용하지 아니할 수 있다. 다만, 별동으로 건축물을 증축하는 경우와 기존 건축물 연면적의 100분의 50 이상을 증축하면서 해당 증축 연면적이 2,000제곱미터 이상인 경우에는 그러하지 아니한다.

5. 허가 또는 신고대상의 같은 대지 내 주거 또는 비주거를 구분한 제3조제2항 및 3항에 따른 연면적의 합계가 500제곱미터 이상이고 2,000제곱미터 미만인 건축물 중 개별 동의 연면적이 500제곱미터 미만인 경우

6. 열손실의 변동이 없는 증축, 용도변경 및 건축물대장의 기재내용을 변경하는 경우에는 별지 제1호 서식 에너지절약 설계 검토서를 제출하지 아니할 수 있다. 다만, 종전에 제2조제3항에 따른 열손실방지 등의 조치 예외대상이었으나 조치대상으로 용도변경 또는 건축물대장 기재 내용의 변경의 경우에는 그러하지 아니한다.

7. 「건축법」 제16조에 따라 허가와 신고사항을 변경하는 경우에는 변경하는 부분에 대해서만 규칙 제7조에 따른 에너지절약계획서 및 별지 제1호 서식에 따른 에너지절약 설계 검토서를 제출할 수 있다.

① 건설 기준 자체가 에너지절약형 주택으로 승인을 받은 건축물

② 연면적 5,000제곱미터인 기존 건물의 용도변경을 위해 절반에 해당하는 면적을 증축하는 건축물

③ 건축물 에너지 관련 전문 인력이 포함된 지방건축위원회 의가 인정하는 건축물

④ 개별 동의 연면적이 400제곱미터이며, 연면적이 1,800제곱미터인 건축물

29. 다음 연차수당 지급규정과 연차사용 내역을 참고로 할 때, 현재 지급받을 수 있는 연차수당의 금액이 같은 두 사람은 누구인가? (단, 일 통상임금=월 급여÷200시간×8시간, 만 원 미만 버림 처리함)

제60조(연차 유급휴가) ① 사용자는 1년간 80퍼센트 이상 출근한 근로자에게 15일의 유급휴가를 주어야 한다.

② 사용자는 계속하여 근로한 기간이 1년 미만인 근로자 또는 1년간 80퍼센트 미만 출근한 근로자에게 1개월 개근 시 1일의 유급휴가를 주어야 한다.

③ 사용자는 근로자의 최초 1년간의 근로에 대하여 유급휴가를 주는 경우에는 제2항에 따른 휴가를 포함하여 15일로 하고, 근로자가 제2항에 따른 휴가를 이미 사용한 경우에는 그 사용한 휴가 일수를 15일에서 뺀다.

④ 사용자는 3년 이상 계속하여 근로한 근로자에게는 제1항에 따른 휴가에 최초 1년을 초과하는 계속 근로 연수 매 2년에 대하여 1일을 가산한 유급휴가를 주어야 한다. 이 경우 가산휴가를 포함한 총 휴가 일수는 25일을 한도로 한다.

⑤ 사용자는 제1항부터 제4항까지의 규정에 따른 휴가를 근로자가 청구한 시기에 주어야 하고, 그 기간에 대하여는 취업규칙 등에서 정하는 통상임금 또는 평균임금을 지급하여야 한다. 다만, 근로자가 청구한 시기에 휴가를 주는 것이 사업 운영에 막대한 지장이 있는 경우에는 그 시기를 변경할 수 있다.

⑥ 제1항부터 제3항까지의 규정을 적용하는 경우 다음 각 호의 어느 하나에 해당하는 기간은 출근한 것으로 본다.
   1. 근로자가 업무상의 부상 또는 질병으로 휴업한 기간
   2. 임신 중의 여성이 제74조제1항부터 제3항까지의 규정에 따른 휴가로 휴업한 기간

⑦ 제1항부터 제4항까지의 규정에 따른 휴가는 1년간 행사하지 아니하면 소멸된다. 다만, 사용자의 귀책사유로 사용하지 못한 경우에는 그러하지 아니하다.

직원	근속년수	월 급여(만 원)	연차사용일수
김 부장	23년	500	19일
정 차장	14년	420	7일
곽 과장	7년	350	14일
남 대리	3년	300	5일
임 사원	2년	270	3일

① 김 부장, 임 사원

② 정 차장, 곽 과장

③ 곽 과장, 남 대리

④ 김 부장, 남 대리

30. 다음은 N국의 연도별 교육수준별 범죄자의 현황을 나타낸 자료이다. 다음 자료를 올바르게 해석한 것은?

(단위 : %, 명)

구분 연도	교육수준별 범죄자 비율					범죄자 수
	무학	초등학교	중학교	고등학교	대학이상	
1970	12.4	44.3	18.7	18.2	6.4	252,229
1975	8.5	41.5	22.4	21.1	6.5	355,416
1980	5.2	39.5	24.4	24.8	6.1	491,699
1985	4.2	27.6	24.4	34.3	9.5	462,199
1990	3.0	18.9	23.8	42.5	11.8	472,129
1995	1.7	11.4	16.9	38.4	31.6	796,726
2000	1.7	11.0	16.3	41.5	29.5	1,036,280

① 중학교 졸업자와 고등학교 졸업자인 범죄자 수는 매 시기 전체 범죄자 수의 절반에 미치지 못하고 있다.

② 1970~1980년 기간 동안 초등학교 졸업자인 범죄자의 수는 계속 감소하였다.

③ 1990년과 1995년의 대학 이상 졸업자인 범죄자의 수는 약 3배가 조금 못 되게 증가하였다.

④ 매 시기 가장 많은 비중을 차지하는 범죄자들의 학력은 최소한 유지되거나 높아지고 있다.

31. 다음은 A씨가 알아본 여행지의 관광 상품 비교표이다. 월요일에 A씨 부부가 여행을 갈 경우 하루 평균 가격이 가장 비싼 여행지부터 순서대로 올바르게 나열한 것은? (단, 출발일도 일정에 포함, 1인당 가격은 할인 전 가격이며, 가격 계산은 버림 처리하여 정수로 표시함)

관광지	일정	1인당 가격	비고
갑지	5일	599,000원	–
을지	6일	799,000원	주중 20% 할인
병지	8일	999,000원	동반자 20% 할인
정지	10일	1,999,000원	동반자 50% 할인

① 을지-갑지-병지-정지

② 정지-병지-갑지-을지

③ 정지-갑지-을지-병지

④ 정지-갑지-병지-을지

32. 제시된 다음 박 대리의 소비 패턴을 보고 적절하게 추론할 수 있는 것을 〈보기〉에서 모두 고른 것은?

> 합리적인 선택을 하는 박 대리는 외식, 책, 의류 구입을 위한 소비를 하였다. 지난주 외식, 책, 의류 구입 가격은 각각 2만 원, 3만 원, 2만 원이었고, 박 대리의 소비 횟수는 각각 7회, 3회, 6회였다. 지난 주말에 외식, 책, 의류 구입의 가격이 각각 3만 원, 2만 원, 3만 원으로 변하였고, 이에 따라 박 대리의 이번 주 소비 횟수도 5회, 4회, 4회로 바뀌었다.
> 박 대리는 매주 정해진 동일한 금액을 책정하여 남기지 않고 모두 사용한다.

〈보기〉

(가) 지난주에 박 대리가 이번 주와 동일한 소비를 하기에는 책정한 돈이 부족하다.

(나) 이번 주에 박 대리가 지난주와 동일한 소비를 하기에는 책정한 돈이 부족하다.

(다) 박 대리가 이번 주 소비에서 얻는 만족도는 지난주 소비에서보다 높거나 같다.

(라) 박 대리가 지난주 소비에서 얻는 만족도는 이번 주 소비에서보다 높거나 같다.

① (가), (나)

② (가), (다)

③ (가), (라)

④ (나), (라)

33. 에너지 자원 운용 정책과 관련된 다음 글에서 알 수 있는 사항이 아닌 것은?

중국의 정책목표는 더 이상 방치할 수 없을 정도로 악화된 국내 대기오염의 개선과 온실가스 감축을 위한 탈석탄으로 요약할 수 있다. 원자력, 천연가스, 신재생의 확대는 탈석탄 목표를 달성하기 위한 수단으로 이해된다. 반면, 일본은 후쿠시마 사고 이후 악화된 에너지자립도 향상과 온실가스 감축을 목표로 삼고, 이를 달성하기 위해 신재생을 확대함과 동시에 원자력의 과거 역할을 상당부분 회복시키려는 계획을 갖고 있다. 이 과정에서 후쿠시마 원전사태 이후 급증한 석탄, 석유, 천연가스 등의 화석연료는 자연스럽게 비중이 축소될 것으로 보인다. 이와는 대조적으로 우리나라는 에너지 공급의 안전성 향상과 청정에너지 확대를 목표로 신재생에너지와 천연가스 비중을 확대하는 대신 원자력과 석탄을 대폭 줄이는 방향의 에너지전환을 계획 중이다.

모든 나라에 일률적으로 적용할 수 있는 최적 에너지믹스는 결코 존재하지 않는다. 각국의 에너지전환 정책은 현재의 에너지믹스뿐만 아니라 에너지자원의 여건, 국내 여론 등을 반영하여 결정된다. 중국에서 스모그를 비롯한 대기환경문제는 더 이상 미룰 수 없는 당면 과제이다. 따라서 그 동안 지나치게 의존했던 석탄을 줄이고, 국내에 막대한 매장량과 잠재량을 갖고 있는 천연가스와 신재생에너지의 역할을 강화하는 방향은 너무도 당연해 보인다. 반면에 일본은 우리나라와 마찬가지로 자원 빈국으로서 2030년까지 25%의 에너지자립도를 목표로 신재생에너지의 이용확대를 도모하고 있다. 또한 지난 2011년 후쿠시마 원전사태로 에너지정책에서 무엇보다 안전문제를 최우선시하고 있으며 동일본 대지진 이후에 이어진 장기적인 경기침체 여파로 경제적 측면도 매우 중요하게 고려하는 것으로 보인다. 이 때문에 과거에 비해 대폭 강화된 안전기준을 바탕으로 후쿠시마 원전사태 직후 제로 상태였던 원전 가동을 조금씩 재개하고 있는 중이다. 또한 수입에 대부분 의존하는 화석에너지원의 역할 비중을 축소하는 것은 에너지자립도 차원에서 뿐만이 아니라 기후변화 대응을 위한 포석이기도 하다.

우리나라는 최근 급증하고 있는 미세먼지와 경주 지진으로 야기된 원전 안전성 이슈를 해결하는 차원에서 원전과 석탄 비중을 줄이고 신재생과 천연가스 비중을 높이는 정책 방향을 잡은 것이다. 매우 자연스럽고 세계적 추세와도 맞는 정책 방향이다. 하지만, 경로의존적일 수밖에 없는 에너지믹스라는 점에서, 기저 전원을 담당하고 있는 원전과 석탄을 상대적으로 비싸고 변동성이 높은 천연가스와 간헐성의 약점을 갖는 신재생으로 대체할 수 있는 범위는 현재의 기술 수준과 지리적 여건을 고려할 때 제한적으로 보인다. 따라서 천연가스 수급을 좀 더 안정시킬 수 있는 도입선 다변화와 신재생의 간헐성을 완화할 수 있는 인접국과의 계통연결 등이 보완된다면 현재의 에너지전환정책이 좀 더 탄력을 받을 수 있을 것이다.

① 에너지 정책은 각국의 특성에 맞게 모두 다 다른 양상을 갖는다.

② 일본은 후쿠시마 원전 사태 이후 지속적으로 원전 사용을 줄여가고 있다.

③ 한국은 천연가스 수급과 관련된 개선의 여지가 있다.

④ 한국, 중국, 일본은 공히 탈석탄을 에너지 정책으로 삼고 있다.

34. 길동이는 크리스마스를 맞아 그동안 카드 사용 실적에 따라 적립해 온 마일리지를 이용해 국내 여행(편도)을 가려고 한다. 길동이의 카드 사용 실적과 마일리지 관련 내역이 다음과 같을 때의 상황에 대한 올바른 설명은?

〈카드 적립 혜택〉
- 연간 결제금액이 300만 원 이하 : 10,000원당 30마일리지
- 연간 결제금액이 600만 원 이하 : 10,000원당 40마일리지
- 연간 결제금액이 800만 원 이하 : 10,000원당 50마일리지
- 연간 결제금액이 1,000만 원 이하 : 10,000원당 70마일리지

* 마일리지 사용 시점으로부터 3년 전까지의 카드 실적을 기준으로 함.

〈길동이의 카드 사용 내역〉
- 재작년 결제 금액 : 월 평균 45만 원
- 작년 결제 금액 : 월 평균 65만 원

〈마일리지 이용 가능 구간〉

목적지	일반석	프레스티지석	일등석
울산	70,000	90,000	95,000
광주	80,000	100,000	120,000
부산	85,000	110,000	125,000
제주	90,000	115,000	130,000

① 올해 카드 결제 금액이 월 평균 80만 원이라면, 일등석을 이용하여 제주로 갈 수 있다.

② 올해 카드 결제 금액이 월 평균 60만 원이라면, 일등석을 이용하여 광주로 갈 수 없다.

③ 올해에 카드 결제 금액이 전무해도 일반석을 이용하여 울산으로 갈 수 있다.

④ 올해 카드 결제 금액이 월 평균 70만 원이라면 프레스티지석을 이용하여 제주로 갈 수 없다.

〈입장료 안내〉

좌석명	입장권가격		K팀 성인회원		K팀 어린이회원	
	주중	주말/공휴일	주중	주말/공휴일	주중	주말/공휴일
프리미엄석	70,000원					
테이블석	40,000원					
블루석	12,000원	15,000원	10,000원	13,000원	6,000원	7,500원
레드석	10,000원	12,000원	8,000원	10,000원	5,000원	6,000원
옐로석	9,000원	10,000원	7,000원	8,000원	4,500원	5,000원
그린석 (외야)	7,000원	8,000원	5,000원	6,000원	무료입장	

〈S카드 할인〉

구분	할인내용	비고
K팀 S카드	3,000원/장 할인	청구 시 할인(카드계산서 청구 시 반영)
K팀 L카드	3,000원/장 할인	결제 시 할인
S카드	2,000원/장 할인	청구 시 할인(카드계산서 청구 시 반영)
L카드	2,000원/장 할인	결제 시 할인

1. 주말 가격은 금/토/일 및 공휴일 경기에 적용됩니다.(임시 공휴일 포함)
2. 어린이 회원은 만 15세 이하이며, 본인에 한해 할인이 적용됩니다.(매표소에서 회원카드 제시)
3. 국가유공자, 장애우, 경로우대자(65세 이상)는 국가유공자 증, 복지카드 및 신분증 제시 후 본인에 한하여 외야석 50% 할인됩니다. On-line 인증 문제로 예매 시에는 혜택 이 제공되지 않습니다.
4. 우천 취소 시 예매 및 카드구입은 자동 결제 취소되며, 현 장 현금 구매분은 매표소에서 환불 받으실 수 있습니다.
5. 보호자 동반 미취학 아동(7세 이하)은 무료입장이 가능하 나, 좌석은 제공되지 않습니다.
6. 암표 구입 시 입장이 제한됩니다.
* 올 시즌 변경사항(취소수수료 청구)
  → 다양한 회원들의 관람을 위해 금년부터 예매 익일 취소 할 경우 결제금액의 10%에 해당하는 취소수수료가 청구 됩니다.(최소 취소수수료 1,000원 청구) 단, 예매일과 취 소일이 같을 경우 취소수수료는 청구되지 않습니다.

35. 다음 중 위의 안내 사항에 대한 올바른 판단이 아닌 것은?

① "내일 경기 관람을 위해 오늘 예매한 입장권을 수수료 없 이 취소하려면 오늘 중에 취소해야 하는 거구나."
② "여보, 우리 애는 5살이니까 당신이 데려 가면 무료입장 도 가능하네요. 외야 자리만 가능하다니까 그린석으로 당 신 표 얼른 예매하세요."
③ "다음 주 월요일이 공휴일이니까 연속 4일 간은 주말 요 금이 적용되겠구나."
④ "난 K팀 L카드가 있는 성인회원이니까, 주중에 레드석에 서 관람하려면 5,000원밖에 안 들겠구나."

36. 김 과장은 여름 휴가철을 맞아 아이들과 함께 평소 좋아하던 K팀의 야구 경기를 보러가려 한다. 다음 인원이 함께 야구 관람을 할 경우, 카드 결제를 해야 할 전 인원의 총 입장료 지불 금액은?

- 관람일 15일 금요일, 전원 블루석에서 관람 예정
- 김 과장(K팀 성인회원), 김 과장 아내(비회원), 김 과장 노부 (72세, 비회원)
- 큰 아들(18세, 비회원), 작은 아들(14세, K팀 어린이 회원)
- 작은 아들 친구 2명(K팀 어린이 회원)
- 김 과장의 가족 5인은 김 과장이 K팀 L카드로 결제하며, 작 은 아들의 친구 2명은 각각 S카드로 결제함

① 58,000원 　　　　② 60,500원
③ 61,000원 　　　　④ 65,500원

37. 다음 네 명의 임원들은 회의 참석차 한국으로 출장을 오고자 한다. 이들의 현지 이동 일정과 이동 시간을 참고할 때, 한국에 도 착하는 시간이 빠른 순서대로 올바르게 나열한 것은?

구분	출발국가	출발시각(현지시간)	소요시간
H상무	네덜란드	12월 12일 17:20	13시간
P전무	미국 동부	12월 12일 08:30	14시간
E전무	미국 서부	12월 12일 09:15	11시간
M이사	터키	12월 12일 22:30	9시간

※ 현지시간 기준 한국은 네덜란드보다 8시간, 미국 동부보다 14시간, 미국 서부보 다 16시간, 터키보다 6시간이 빠르다. 예를 들어, 한국이 11월 11일 20시인 경우 네덜란드는 11월 11일 12시가 된다.

① P전무 – E전무 – M이사 – H상무
② E전무 – P전무 – H상무 – M이사
③ E전무 – P전무 – M이사 – H상무
④ E전무 – M이사 – P전무 – H상무

① 갑, 을, 병, 정, 무
② 갑, 을, 병, 무, 정
③ 을, 갑, 정, 병, 무
④ 을, 갑, 병, 무, 정

38. 다음은 ○○회사 직원들 갑, 을, 병, 정, 무의 국외 출장 현황과 출장 국가별 여비 기준을 나타낸 자료이다. 이 자료를 근거로 출장 여비를 지급받을 때, 출장 여비를 가장 많이 지급받는 출장자부터 순서대로 바르게 나열한 것은?

〈갑, 을, 병, 정, 무의 국외 출장 현황〉

출장자	출장 국가	출장 기간	숙박비 지급 유형	1박 실지출 비용($/박)	출장 시 개인 마일리지 사용여부
갑	A	3박 4일	실비지급	145	미사용
을	A	3박 4일	정액지급	130	사용
병	B	3박 5일	실비지급	110	사용
정	C	4박 6일	정액지급	75	미사용
무	D	5박 6일	실비지급	75	사용

※ 각 출장자의 출장 기간 중 매박 실지출 비용은 변동 없음

〈출장 국가별 1인당 여비 지급 기준액〉

구분 출장국가	1일 숙박비 상한액($/박)	1일 식비($/일)
A	170	72
B	140	60
C	100	45
D	85	35

⊙ 출장 여비($) = 숙박비 + 식비
ⓛ 숙박비는 숙박 실지출 비용을 지급하는 실비지급 유형과 출장국가 숙박비 상한액의 80%를 지급하는 정액지급 유형으로 구분
  • 실비지급 숙박비($) = (1박 실지출 비용) × ('박' 수)
  • 정액지급 숙박비($) = (출장국가 1일 숙박비 상한액) × ('박' 수) × 0.8
ⓒ 식비는 출장 시 개인 마일리지 사용여부에 따라 출장 중 식비의 20% 추가지급
  • 개인 마일리지 미사용 시 지급 식비($) = (출장국가 1일 식비) × ('일' 수)
  • 개인 마일리지 사용 시 지급 식비($) = (출장국가 1일 식비) × ('일' 수) × 1.2

39. 다음은 N사 판매관리비의 2분기 집행 내역과 3분기 배정 내역이다. 자료를 참고하여 판매관리비 집행과 배정 내역을 올바르게 파악하지 못한 것은?

〈판매관리비 집행 및 배정 내역〉

(단위 : 원)

항목	2분기	3분기
판매비와 관리비	236,820,000	226,370,000
직원급여	200,850,000	195,000,000
상여금	6,700,000	5,700,000
보험료	1,850,000	1,850,000
세금과 공과금	1,500,000	1,350,000
수도광열비	750,000	800,000
잡비	1,000,000	1,250,000
사무용품비	230,000	180,000
여비교통비	7,650,000	5,350,000
퇴직급여충당금	15,300,000	13,500,000
통신비	460,000	620,000
광고선전비	530,000	770,000

① 직접비와 간접비를 합산한 3분기의 예산 배정액은 전 분기보다 10% 이내로 감소하였다.
② 간접비는 전 분기의 5%에 조금 못 미치는 금액이 증가하였다.
③ 2분기와 3분기 모두 간접비에서 가장 큰 비중을 차지하는 항목은 보험료이다.
④ 3분기에는 직접비와 간접비가 모두 2분기 집행 내역보다 더 많이 배정되었다.

40. 다음 C사의 수당지급과 관련한 자료를 참고할 때, 갑, 을, 병세 직원의 추가근무수당의 합계액이 100만 원을 넘지 않는 한도 내에서 '갑'의 최대 시간외 근무 시간은 몇 시간인가?

〈추가수당지급 기준표〉

종류	지급 산식	지급 기준
시간외 근무수당	통상임금×1.5/200×근무시간	
야간 근무수당	통상임금×0.5/200×근무시간	시간외 근무와 중복 시 시간외 근무수당에 적용
휴일 근무수당	통상임금×0.5/200×근무시간	

〈통상임금표〉

직급	3급	4급	5급	6급
통상임금(원)	2,400,000	2,000,000	1,800,000	1,600,000

〈직원별 근로시간 내역〉

직원	직급	시간외 근무(H)	야간 근무(H)	휴일 근무(H)
갑	4급	( )	6	15
을	6급	16	5	14
병	5급	20	3	10

① 16시간
② 17시간
③ 18시간
④ 19시간

41. 21세기의 많은 기업 조직들은 불투명한 경영환경을 이겨내기 위해 많은 방법들을 활용하곤 한다. 이 중 브레인스토밍은 일정한 테마에 관하여 회의형식을 채택하고, 구성원의 자유발언을 통한 아이디어의 제시를 요구해 발상의 전환을 이루고 해법을 찾아내려는 방법인데 아래의 글을 참고하여 브레인스토밍에 관련한 것으로 보기 가장 어려운 것을 고르면?

> 전라남도는 지역 중소·벤처기업, 소상공인들이 튼튼한 지역경제의 버팀목으로 성장하도록 지원하는 정책 아이디어를 발굴하기 위해 27일 전문가 브레인스토밍 회의를 개최했다. 이날 회의는 정부의 경제성장 패러다임이 대기업 중심에서 중소·벤처기업 중심으로 전환됨에 따라 지역 차원에서 기업 지원 관련 기관, 교수, 상공인연합회, 중소기업 대표 등 관련 전문가들을 초청해 이뤄졌다. 회의에서는 중소·벤처기업, 소상공인 육성·지원과 청년 창업 활성화를 위한 70여 건의 다양한 제안이 쏟아졌으며, 제안된 내용에 대해 구체적 실행 방안도 토론했다. 회의에 참석한 전문가들은 "중소·벤처기업이 변화를 주도하고, 혁신적 아이디어로 창업해 튼튼한 기업으로 성장하도록 정부와 지자체가 충분한 환경을 구축해주는 시스템의 변화가 필요하다"고 입을 모았다.

① 쉽게 실행할 수 있고, 다양한 주제를 가지고 실행할 수 있다.
② 이러한 기법의 경우 아이디어의 양보다 질에 초점을 맞춘 것으로 볼 수 있다.
③ 집단의 작은 의사결정부터 큰 의사결정까지 복잡하지 않은 절차를 통해 팀의 구성원들과 아이디어를 공유가 가능하다.
④ 비판 및 비난을 자제하는 것을 원칙으로 하고 있으므로 집단의 구성원들이 비교적 부담 없이 의견을 표출할 수 있다는 이점이 있다.

42. 다음의 그림을 보고 이와 관련한 내용으로 가장 거리가 먼 것은?

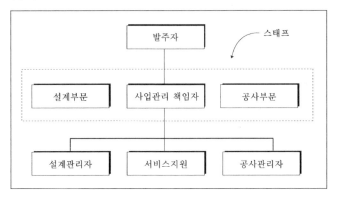

① 복수의 기능식 라인조직의 결함을 보완한 형태이다.

② 단일 라인조직의 장점을 살릴 수 있는 일종의 혼합형 조직형태로 볼 수 있다.

③ 라인 및 스태프의 분화에 의한 전문화의 이점을 살리지 못하는 문제점이 있다.

④ 라인이 명령권을 가지고 있으며, 스태프는 권고, 조언, 자문 등의 기능을 수행하는 형태이다.

43. 다음의 조직도에 대한 설명으로 가장 옳지 않은 것은?

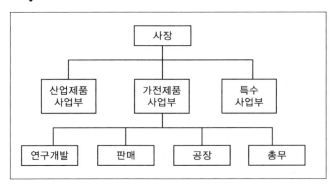

① 위 조직의 경우 제품별 명확한 업적평가, 자원의 배분 및 통제 등이 용이하다는 장점이 있다.

② 위 조직의 경우 사업부별 신축성 및 창의성을 확보하면서 집권적인 스태프와 서비스에 의한 규모의 이익도 추구한다.

③ 위 조직의 경우 전문직 상호 간 커뮤니케이션의 저해가 나타나기도 한다.

④ 위 조직의 경우 부문 간의 조정이 상당히 어렵다.

44. 다음은 조직 업무와 연결되어 실행되고 있는 업무 기능과 세부 활동 영역을 나타낸 표이다. 다음 표를 참고로 할 때, 〈보기〉의 A, B 업무를 수행하는 조직을 순서대로 알맞게 나열한 것은 어느 것인가?

관리 업무	세부 활동 내역
조달부	원자재의 납기 내 조달 및 검수
구매관리부	원자재의 구매, 품질 검사
생산관리부	제품의 최적 생산 관리
공정관리부	효율적인 제품 생산 지원을 위한 공정관리
창고관리부	생산된 제품의 일시적인 보관을 위한 창고 관리
재고관리부	최적 재고와 안전 재고 확보
마케팅관리부	생산된 제품의 판매와 마케팅 관리
영업관리부	영업사원을 통한 세일즈
고객관리부	고객 DB 및 만족도, 고객관계관리 업무
회계관리부	자금 조달, 현금 흐름, 원가관리, 세무관리
인사관리부	근태관리, 채용 및 급여관리, 업적평가, 복리후생 관리
정보관리부	IT기반 정보기술, ERP, WEB기반 정보기술
기타관리부	기업 외부의 이해관계자 집단과의 관리 업무

〈보기〉

A. 교육, 업무 평가, 모집, 선발, 고용, 직무배치, 교육훈련

B. 조직의 매출을 분석하여 손익계산서, 대차대조표 등의 재무제표를 작성

① 생산관리부, 공정관리부

② 조달부, 영업관리부

③ 인사관리부, 정보관리부

④ 인사관리부, 회계관리부

팀	주요 업무	필요 자질
영업관리	영업전략 수립, 단위조직 손익 관리, 영업인력 관리 및 지원	마케팅/유통/회계지식, 대외 섭외력, 분석력
생산관리	원가/재고/외주 관리, 생산계획 수립	제조공정/회계/통계/제품 지식, 분석력, 계산력
생산기술	공정/시설 관리, 품질 안정화, 생산 검증, 생산력 향상	기계/전기 지식, 창의력, 논리력, 분석력
연구개발	신제품 개발, 제품 개선, 원재료 분석 및 기초 연구	연구 분야 전문지식, 외국어 능력, 기획력, 시장분석력, 창의/집중력
기획	중장기 경영전략 수립, 경영정보 수집 및 분석, 투자사 관리, 손익 분석	재무/회계/경제/경영 지식, 창의력, 분석력, 전략적 사고
영업(국내/해외)	신시장 및 신규고객 발굴, 네트워크 구축, 거래선 관리	제품지식, 협상력, 프리젠테이션 능력, 정보력, 도전정신
마케팅	시장조사, 마케팅 전략수립, 성과 관리, 브랜드 관리	마케팅/제품/통계지식, 분석력, 통찰력, 의사결정력
총무	자산관리, 문서관리, 의전 및 비서, 행사 업무, 환경 등 위생관리	책임감, 협조성, 대외 섭외력, 부동산 및 보험 등 일반지식
인사/교육	채용, 승진, 평가, 보상, 교육, 인재개발	조직구성 및 노사 이해력, 교육학 지식, 객관성, 사회성
홍보/광고	홍보, 광고, 언론/사내 PR, 커뮤니케이션	창의력, 문장력, 기획력, 매체의 이해

45. 위의 업무분장표를 참고할 때, 창의력과 분석력을 겸비한 경영학도인 신입사원이 배치되기에 가장 적합한 팀은?

① 연구개발팀

② 홍보/광고팀

③ 마케팅팀

④ 기획팀

46. 다음 중 해당 팀 자체의 업무보다 타 팀 및 전사적인 업무 활동에 도움을 주는 업무가 주된 역할인 팀으로 묶인 것은?

① 총무팀, 마케팅팀

② 생산기술팀, 영업팀

③ 인사/교육팀, 생산관리팀

④ 홍보/광고팀, 총무팀

47. 다음 사례에서와 같은 조직 문화의 긍정적인 기능이라고 보기 어려운 것은?

영업3팀은 팀원 모두가 야구광이다. 신 부장은 아들이 고교 야구선수라서 프로 선수를 꿈꾸는 아들을 위해 야구광이 되었다. 남 차장은 큰 딸이 프로야구 D팀의 한 선수를 너무 좋아하여 주말에 딸과 야구장을 가려면 자신부터 야구팬이 되지 않을 수 없다. 이 대리는 고등학교 때까지 야구 선수 생활을 했었고, 요즘 젊은 친구답지 않게 승현 씨는 야구를 게임보다 좋아한다. 영업3팀 직원들의 취향이 이렇다 보니 팀 여기저기엔 야구 관련 장식품들이 쉽게 눈에 띄고, 점심시간과 티타임에 나누는 대화는 온통 야구 이야기이다. 다른 부서에서는 우스갯소리로 야구를 좋아하지 않으면 아예 영업3팀 근처에 얼씬거릴 생각도 말라고 할 정도다.

부서 회식이나 단합대회를 야구장에서 하는 것은 물론이고 주말에도 식사 내기, 입장권 내기 등으로 직원들은 거의 매일 야구에 묻혀 산다. 영업3팀은 현재 인사처 자료에 의하면 사내에서 부서 이동률이 가장 낮은 조직이다.

① 구성원들에게 일체감과 정체성을 부여한다.

② 조직이 변해야 할 시기에 일치단결된 모습을 보여준다.

③ 조직의 몰입도를 높여준다.

④ 조직의 안정성을 가져온다.

48. 해외 주재원으로 근무하는 김 과장은 현지 거래처 중요 인사들을 초청하여 저녁 식사 자리를 갖게 되었다. 식사 자리에서의 김 과장의 다음과 같은 행동 중 상황에 따른 국제 매너에 비추어 적절하지 않은 것은?

① 테이블의 모양과 좌석의 배치 등이 매우 중요하므로 사전에 이메일로 정확한 참석자의 테이블 배치를 통보해 주었다.

② 부부동반 모임이 아니므로 지사장 바로 옆 자리에 거래처 대표의 자리를 마련하였다.

③ 주최 측에서 참석한 여직원 박 사원은 메뉴 선택에 익숙하지 않아 거래처 손님의 주문을 지켜본 후 "같은 것으로 하겠다."고 하였다.

④ 식사 중 김 과장은 포크를 테이블 위에 올려놓을 때는 날이 위를 향하도록 놓으며 뒤집어 놓지 않도록 주의하였다.

제15조(평정기준) 직원의 경력평정은 회사의 근무경력으로 평정한다.

제16조(경력평정 방법) ① 평정기준일 현재 근무경력이 6개월 이상인 직원에 대하여 별첨 서식에 의거 기본경력과 초과경력으로 구분하여 평정한다.

② 경력평정은 당해 직급에 한하되 기본경력과 초과경력으로 구분하여 평정한다.

③ 기본경력은 3년으로 하고, 초과경력은 기본경력을 초과한 경력으로 한다.

④ 당해 직급에 해당하는 휴직, 직위해제, 정직기간은 경력기간에 산입하지 아니한다.

⑤ 경력은 1개월 단위로 평정하되, 15일 이상은 1개월로 계산하고, 15일 미만은 산입하지 아니한다.

제17조(경력평정 점수) 평가에 의한 경력평정 총점은 30점으로 하며, 다음 각 호의 기준으로 평정한다.

1. 기본경력은 월 0.5점씩 가산하여 총 18점을 만점으로 한다.
2. 초과경력은 월 0.4점씩 가산하여 총 12점을 만점으로 한다.

제18조(가산점) ① 가산점은 5점을 만점으로 한다.

1. 정부포상 및 자체 포상 등(대통령 이상 3점, 총리 2점, 장관 및 시장 1점, 사장 1점, 기타 0.5점)
2. 회사가 장려하는 분야에 자격증을 취득한 자(자격증의 범위와 가점은 사장이 정하여 고시한다)

② 가산점은 당해 직급에 적용한다.

---

49. 다음 중 위의 규정을 올바르게 이해하지 못한 설명은?

① 과장 직책인 자는 대리 시기의 경력을 인정받을 수 없다.

② 휴직과 가산점 등의 요인 없이 해당 직급에서 4년간 근무한 직원은 경력평정 점수 23점이 될 수 없다.

③ 대리 직급으로 2년간 근무한 자가 국무총리상을 수상한 경우, 경력평정 점수는 14점이다.

④ 대리 직급 시 휴직 1개월을 하였으며 사장 포상을 받은 자가 과장 근무 1년을 마친 경우, 경력평정 점수는 6.5점이다.

---

50. 다음 각 직원의 경력평가 내역을 참고할 때, 경력평정 점수가 가장 높은 직원과 가장 낮은 직원의 점수 차이는 몇 점인가? (단, 모두 해당 직급 연차의 말일을 기준으로 한다)

구분	직급 연차	휴직 등	가산점 여부
조 과장	2	–	자격증 2점, 국무총리 포상
남 대리	4	작년 1개월 휴가	사장 포상
권 부장	5	올해 정직 3개월	–
강 대리	3	사원 시절 4개월 휴가	장관 포상

① 9.6점
② 10.0점
③ 10.2점
④ 10.4점

경상북도 공공기관

직원 통합채용

기출동형 모의고사

제 2 회	영 역	직업기초능력평가
	문항수	총 50문항
	시 간	50분
	비 고	객관식 4지선다형

SEOWONGAK
(주)서원각

제 2 회 기출동형 모의고사

📝 문항수 : 50문항
⏰ 시 간 : 50분

1. 다음 문장의 빈 칸에 들어갈 단어로 가장 적절한 것은 어느 것인가?

> 포괄임금제는 회사가 노동자의 야·특근을 미리 계산해 연봉에 포함시키는 제도다. 몇 시간을 일하든 정해진 돈을 받기 때문에 '무제한 노동'을 ( )한다는 비판을 받는다.

① 권장

② 조장

③ 권유

④ 위장

2. 다음 글의 문맥을 참고할 때, 빈 칸에 들어갈 단어로 가장 적절한 것은?

> 최근 과학기술 평준화시대에 접어들며 의약품과 의료기술 성장은 인구 구조의 고령화를 촉진하여 노인인구의 급증은 치매를 포함한 신경계 질환 (   ) 증가에 영향을 주고 있다. 따라서 질병치료 이후의 재활, 입원기간동안의 삶의 질 등 노년층의 건강한 생활에 대한 사회적 관심이 증가되고 있다. 사회적 통합 기능이 특징인 음악은 사람의 감정과 기분에 강한 영향을 주는 매체로 단순한 생활 소음과는 차별되어 아동기, 청소년기의 음악교과 활동뿐만 아니라 다양한 임상 분야와 심리치료 현장에서 활용되고 있다. 일반적으로 부정적 심리상태를 안정시키는 역할로 사용되던 음악은 최근 들어 구체적인 인체 부위의 생리적 기전(physiological mechanisms)에 미치는 효과에 관심을 갖게 되었다.

① 유병률

② 전염률

③ 발병률

④ 점유율

3. 다음 글의 문맥으로 보아 밑줄 친 단어의 쓰임이 올바른 것은?

> 우리나라의 저임금근로자가 소규모사업체 또는 자영업자에게 많이 고용되어 있기 때문에 최저임금의 급하고 과도한 인상은 많은 자영업자의 추가적인 인건비 인상을 ㉠표출할 것이다. 이것은 최저임금위원회의 심의 과정에서 지속적으로 논의된 사안이며 ㉡급박한 최저임금 인상에 대한 가장 강력한 반대 논리이기도 하다. 아마도 정부가 최저임금 결정 직후에 매우 포괄적인 자영업 지원대책을 발표한 이유도 이것 때문으로 보인다. 정부의 대책에는 기존의 자영업 지원 대책을 비롯하여 1차 분배를 개선하기 위한 장·단기적인 대책과 단기적 충격완화를 위한 현금지원까지 포함되어 있다. 현금지원의 1차적인 목적은 자영업자 보호이지만 최저임금제도가 근로자 보호를 위한 제도이기 때문에 궁극적인 목적은 근로자의 고용 안정 도모이다. 현금지원에 고용안정자금이라는 꼬리표가 달린 이유도 이 때문일 것이다.
>
> 정부의 현금지원 발표 이후 이에 대한 비판이 쏟아졌다. 비판의 요지는 자영업자에게 최저임금 인상으로 인한 추가적인 인건비 부담을 현금으로 지원할거면 최저임금을 덜 올리고 현금지원 예산으로 근로 장려세제를 ㉢축소하면 되지 않느냐는 것이다. 그러나 이는 두 정책의 대상을 ㉣혼동하기 때문에 제기되는 주장이라고 판단된다. 최저임금은 1차 분배 단계에서 임금근로자를 보호하기 위한 제도적 틀이고 근로 장려세제는 취업의 의지가 낮은 노동자의 노동시장 참여를 유보하기 위해 고안된 사회부조(2차 분배)라는 점을 기억해야 할 것이다. 물론 현실적으로 두 정책의 적절한 조합이 필요할 것이다.

① ㉠

② ㉡

③ ㉢

④ ㉣

4. 다음 글의 단락 ㈎~㈑를 문맥에 맞는 순서로 적절하게 재배열한 것은?

㈎ 가벼울수록 에너지 소모가 줄어들기 때문에 철도차량은 끊임없이 경량화를 추구하고 있다. 물론 차량속도를 높이기 위해서는 추진 장치의 성능을 높일 수도 있지만, 이는 가격상승과 더 많은 전력 손실을 가져온다. 또한 차량이 무거울수록 축중이 증가해 궤도와 차륜의 유지보수 비용도 증가하고, 고속화했을 때 그만큼 안전성이 떨어지는 등 문제가 있어 경량화는 열차의 설계에 있어서 필수적인 사항이 되었다.

㈏ 이를 위해 한 종류의 소재로 전체 차체구조에 적용하는 것이 아니라, 소재의 기계적 특성과 해당 부재의 기능적 역할에 맞게 2종류 이상의 소재를 동시에 적용하는 하이브리드형 차체가 개발되었다. 예를 들면 차체 지붕은 탄소섬유강화플라스틱(CFRP)과 알루미늄 압출재, 하부구조는 스테인리스 스틸 또는 고장력강 조합 등으로 구성되는 등 다양한 소재를 병용해 사용하고 있다. 이렇게 복합재료를 사용하는 것은 두 가지 이상의 독립된 재료가 서로 합해져서 보다 우수한 기계적 특성을 나타낼 수 있기 때문이다.

㈐ 초기의 철도 차량은 오늘날과 전혀 다른 소재와 모양을 하고 있었다. 열차가 원래 마차를 토대로 하여 만들어졌고, 증기기관의 성능도 뛰어나지 못해 대형 차량을 끌 수 없었기 때문이다. 하지만 크기가 커지면서 구조적으로 집과 유사한 형태를 가지게 되어, 철도 차량은 벽과 기둥이 만들어지고 창문이 설치되면서 집과 유사한 구조를 가지게 되었다. 열차의 차체는 가벼운 목재에서 제철산업이 발달하면서 강재로 변화되었다. 차체 소재가 목재에서 금속재로 변경된 이유는 충돌, 탈선 및 전복, 화재 등의 사고가 발생했을 때 목재 차체는 충분한 안전을 확보하는데 어렵기 때문이다. 물론 생산제조 기술의 발전으로 금속재료 차체들의 소재원가 및 제조비용이 낮아졌다는 것도 중요하다고 할 수 있다.

㈑ 철강 기술이 발달하면서 다양한 부위에 녹이 슬지 않는 스테인리스를 사용하게 되었다. 그리고 구조적으로도 변화가 생겼다. 단순한 상자모양에서 차량은 프레임 위에 상자 모양의 차체를 얹어서 만드는 형태로 진화했고, 위치에 따라 작용하는 힘의 크기를 계산해 다양한 재료를 사용하기에 이르렀다. 강재나 SUS(스테인리스 스틸), 알루미늄 합금 등 다양한 금속재료를 활용하는 등 소재의 종류도 크게 증가했다. 그리고 금속소재뿐만 아니라 엔지니어링 플라스틱이나 섬유강화복합(FRP, Fiber Reinforced Polymer) 소재와 같은 비금속 재료도 많이 활용되고 있다. FRP는 우수한 내식성과 성형성을 가진 에폭시나 폴리에스터와 같은 수지를 유리나 탄소섬유와 같이 뛰어난 인장과 압축강도를 가진 강화재로 강도를 보강해 두 가지 재료의 강점만 가지도록 만든 것이다.

① ㈐ - ㈑ - ㈎ - ㈏
② ㈑ - ㈐ - ㈎ - ㈏
③ ㈐ - ㈑ - ㈏ - ㈎
④ ㈏ - ㈑ - ㈎ - ㈐

5. 다음에 제시된 문장의 빈 칸 ㉠~㉢에 들어갈 알맞은 말을 순서대로 나열한 것은?

- 선약이 있어서 모임에 (㉠)이㈎ 어렵게 되었다.
- 홍보가 부족했는지 사람들의 (㉡)이㈎ 너무 적었다.
- 그 모임에는 (㉢)하는 데에 의의를 두자.
- 손을 뗀다고 했으면 (㉣)을(를) 말아라.
- 애 학교에서 하는 공개수업에 (㉤)할 예정이다.

① 참여, 참석, 참가, 참견, 참관
② 참석, 참여, 참관, 참견, 참가
③ 참석, 참가, 참여, 참견, 참관
④ 참석, 참여, 참가, 참견, 참관

6. 다음 글은 비정규직 보호 및 차별해소 정책에 관한 글이다. 글에서 언급된 필자의 의견에 부합하지 않는 것은?

우리나라 임금근로자의 1/3이 비정규직으로(2012년 8월 기준) OECD 국가 중 비정규직 근로자 비중이 높은 편이며, 법적 의무사항인 2년 이상 근무한 비정규직 근로자의 정규직 전환률도 높지 않은 상황이다. 이에 따라, 비정규직에 대한 불합리한 차별과 고용불안을 해소를 위해 대책을 마련하였다. 특히, 상시·지속적 업무에 정규직 고용관행을 정착시키고 비정규직에 대한 불합리한 차별 해소 등 기간제 근로자 보호를 위해 '16년 4월에는 「기간제 근로자 고용안정 가이드라인」을 신규로 제정하고, 더불어 「사내하도급 근로자 고용안정 가이드라인」을 개정하여 비정규직 보호를 강화하는 한편, 실효성 확보를 위해 민간 전문가로 구성된 비정규직 서포터스 활동과 근로감독 등을 연계하여 가이드라인 현장 확산 노력을 펼친 결과, 2016년에는 194개 업체와 가이드라인 준수협약을 체결하는 성과를 이루었다. 아울러, 2016년부터 모든 사업장(12천 개소) 근로감독 시 차별항목을 필수적으로 점검하고, 비교대상 근로자가 없는 경우라도 가이드라인 내용에 따라 각종 복리후생 등에 차별이 없도록 행정지도를 펼치는 한편, 사내하도급 다수활용 사업장에 대한 감독 강화로 불법파견 근절을 통한 사내하도급 근로자 보호에 노력하였다. 또한, 기간제·파견 근로자를 정규직으로 전환 시 임금상승분의 일부를 지원하는 정규직 전환지원금 사업의 지원요건을 완화하고, 지원대상을 사내 하도급 근로자 및 특수형태업무 종사자까지 확대하여 중소기업의 정규직 전환여건을 제고하였다. 이와 함께 비정규직, 특수형태업무 종사자 등 취약계층 근로자에 대한 사회안전망을 지속 강화하여 2016년 3월부터 특수형태업무 종사자에 대한 산재보험가입 특례도 종전 6개 직종에서 9개 직종으로 확대 적용되었으며, 구직급여 수급기간을 국민연금 가입 기간으로 산입해주는 실업크레딧 지원제도가 2016년 8월부터 도입되었다. 2016년 7월에는 제1호 공동근로복지기금 법인이 탄생하기도 하였다.

① 우리나라는 법적 의무사항으로 비정규직 생활 2년이 경과하면 정규직으로 전환이 되어야 한다.

② 상시 업무에 정규직 고용관행을 정착시키면 정규직으로의 전환을 촉진할 수 있다.

③ 제정된 가이드라인의 실효성을 높이기 위한 서포터스 활동은 성공적이었다.

④ 특수형태업무 종사자들은 종전에는 산재보험 가입이 되지 못하였다.

7. 다음 지문이 미세먼지 관련 공공기관의 대국민 안내문일 경우, 연결되어 설명될 내용으로 가장 적절한 것은?

> 미세먼지의 건강 유해성에 대한 경각심이 높아지고 있다. 미세먼지는 눈에 안 보이는 지름 $10\mu m$ 이하(머리카락 굵기의 최대 7~8분의 1)의 작은 먼지로, 황산염, 질산염 등과 같은 독성물질이 들어 있다. 국립환경과학원 자료에 따르면 만성질환자, 고령자, 어린이는 미세먼지 농도가 $30\mu g/m^3$을 넘으면 기침, 안구 따가움, 피부 트러블 등의 증상이 나타난다. 미세먼지보다 입자가 작은(지름 $2.5\mu m$ 이하) 초미세먼지는 인체에 더 잘 침투하고, 건강에도 더 해롭다. 2013년 기준 서울의 미세먼지 농도는 $45\mu g/m^3$, 초미세먼지는 $25\mu g/m^3$였다. 미세먼지는 인체 위해성이 있는 만큼, 미세먼지를 피하고 미세먼지의 발생을 줄이는 것이 절실하다.
>
> 미세먼지는 눈, 피부, 폐 등 호흡기에 직접적인 영향을 미친다. 미세 먼지가 안구에 붙으면 염증과 가려움증을 유발하고, 피부는 모공 속으로 들어가 모공을 확대하고 피부염을 일으킨다. 폐로 들어가면 폐포를 손상시키고 염증반응을 일으킨다. 이로 인해 기침이나 천식이 악화된다. 미세먼지는 혈관을 뚫고 들어가 심장이나 뇌도 망가뜨린다.
>
> 캐나다 토론토종합병원 심장내과 연구팀이 건강한 성인 25명을 선정, 고농도의 미세먼지($150\mu g/m^3$)를 주입한 밀폐 공간에 2시간 동안 머물게 한 뒤 심전도 검사를 한 결과, 심장박동이 불규칙해지는 것으로 나타났다. 세브란스 심장내과 연구팀이 쥐 110마리의 혈액 속에 고농도의 미세먼지($200\mu g/mL$)를 주입했더니 혈액 속 산화 스트레스 농도가 39% 증가했다. 이에 따라 세포 속에 칼슘이 과도하게 많아지는 등 칼슘 대사 장애가 발생, 부정맥(심장박동이 불규칙한 병)이 생겼다.
>
> 미세먼지는 뇌에도 영향을 미친다. 뇌는 미세먼지와 같은 유해물질이 침투하기 가장 어려운 곳으로 알려져 있다. 혈액이 뇌 조직으로 들어갈 때 유해물질을 걸러내는 장벽(혈액-뇌장벽·BBB)이 있기 때문이다. 하지만 미세먼지가 이 장벽을 뚫고 뇌로 직접 침투할 수 있다는 사실이 동물실험에서 밝혀졌다. 미세먼지가 뇌 속으로 들어가면 염증반응이 일어나고 혈전이 생겨 뇌졸중이 유발될 수 있다. 신경세포 손상으로 인지기능도 떨어진다. 미세먼지 농도가 높은 곳에 사는 사람일수록 뇌 인지기능 퇴화 속도가 빠르다는 연구도 있다.

① 미세먼지의 예방과 발생 시 행동요령

② 중국발 황사와 미세먼지의 연관성

③ 선진국의 미세먼지 대처 방법 소개

④ 최근 미세먼지 질환의 발병률과 사례

8. 다음 글에서 제시한 '자유무역이 가져다주는 이득'과 거리가 먼 것은?

> 오늘날 세계경제의 개방화가 진전되면서 국제무역이 계속해서 크게 늘어나고 있다. 국가 간의 무역 규모는 수출과 수입을 합한 금액이 국민총소득(GNI)에서 차지하는 비율로 측정할 수 있다. 우리나라의 2014년 '수출입의 대 GNI 비율'은 99.5%로 미국이나 일본 등의 선진국과 비교할 때 매우 높은 편에 속한다.
>
> 그렇다면 국가 간의 무역은 왜 발생하는 것일까? 가까운 곳에서 먼저 예를 찾아보자. 어떤 사람이 복숭아를 제외한 여러 가지 과일을 재배하고 있다. 만약 이 사람이 복숭아가 먹고 싶을 때 이를 다른 사람에게서 사야만 한다. 이와 같은 맥락에서 나라 간의 무역도 부존자원의 유무와 양적 차이에서 일차적으로 발생할 수 있다. 헌데 이러한 무역을 통해 얻을 수 있는 이득이 크다면 왜 선진국에서조차 완전한 자유무역이 실행되고 있지 않을까? 세계 각국에 자유무역을 확대할 것을 주장하는 미국도 자국의 이익에 따라 관세 부과 등의 방법으로 무역에 개입하고 있는 실정이다. 그렇다면 비교우위에 따른 자유무역이 교역 당사국 모두에게 이익을 가져다준다는 것은 이상에 불과한 것일까?
>
> 세계 각국이 보호무역을 취하는 것은 무엇보다 자국 산업을 보호하기 위한 것이다. 비교우위가 없는 산업을 외국기업과의 경쟁으로부터 어느 정도의 경쟁력을 갖출 때까지 일정 기간 보호하려는 데 그 목적이 있는 것이다.
>
> 우리나라의 경우 쌀 농업에서 특히 보호주의가 강력히 주장되고 있다. 우리의 주식인 쌀을 생산하는 농업이 비교우위가 없다고 해서 쌀을 모두 외국에서 수입한다면 식량안보 차원에서 문제가 될 수 있으므로 국내 농사를 전면적으로 포기할 수 없다는 논리이다.
>
> 교역 당사국 각자는 비교우위가 있는 재화의 생산에 특화해서 자유무역을 통해 서로 교환할 경우 기본적으로 거래의 이득을 보게 된다. 자유무역은 이러한 경제적 잉여의 증가 이외에 다음과 같은 측면에서도 이득을 가져다준다.

① 각국 소비자들에게 다양한 소비 기회를 제공한다.

② 비교우위에 있는 재화의 수출을 통한 규모의 경제를 이루어 생산비를 절감할 수 있다.

③ 비교우위에 의한 자유무역의 이득은 결국 한 나라 내의 모든 경제주체가 누리게 된다.

④ 경쟁을 활성화하여 경제 전체의 후생 수준을 높일 수 있다.

9. 다음은 산유국과 세계 주요 원유 소비국들을 둘러싼 국제석유시장의 전망을 제시하고 있는 글이다. 다음 글에서 전망하는 국제석유시장의 동향을 가장 적절하게 요약한 것은?

2018년에도 세계석유 수요의 증가세 둔화가 계속될 전망이다. 완만한 세계경제 성장세가 지속됨에도 불구하고 높아진 유가와 각국의 석유 수요 대체 노력이 석유 수요 확대를 제약할 것으로 보이기 때문이다.

세계경제는 미국의 경기 회복세 지속과 자원가격 상승에 따른 신흥국의 회복 등에 힘입어 2018년에도 3% 중후반의 성장률을 유지할 것으로 예상되고 있다. 미국은 완만한 긴축에도 불구하고 고용시장 호조와 이로 인한 민간소비 확대가 경기 회복세를 계속 견인할 것으로 예상된다. 중국은 공급측면의 구조조정이 계속되고 안정적 성장을 위한 내수주도 성장으로의 전환이 이어지면서 완만한 성장 둔화가 계속될 것이다. 2016년 말 화폐개혁과 2017년 7월 단일부가가치세 도입으로 실물경제가 위축되었던 인도는 2018년에 점차 안정적 회복흐름이 재개될 것으로 기대되고 있다. 브라질과 러시아 등 원자재 가격에 크게 영향을 받는 신흥국들은 원유와 비철금속 가격 상승에 힘입어 경기회복이 나타날 것이다.

다만, 세계경제 회복에도 불구하고 세계석유 수요 증가세가 높아지기는 힘들 것으로 보인다. 세계 각국에서 전개되고 있는 탈석유와 유가 상승이 세계석유 수요 확대를 제약할 것이기 때문이다. 저유가 국면이 이어지고 있지만, 미국 등 선진국과 중국 등 개도국에서는 연비규제가 지속적으로 강화되고 있고 전기차 등 내연기관을 대체하는 자동차 보급도 계속 확대되고 있다. 전기차는 이미 1회 충전 당 300km가 넘는 2세대가 시판되고 있으며 일부 유럽 선진국들은 2025년 전후로 내연기관 자동차 판매를 중단할 계획인 가운데 중국도 최근 내연기관 자동차 판매 중단을 검토하고 있다. 이러한 수송부문을 중심으로 한 석유대체 노력의 결과, 세계경제 성장에 필요한 석유소비량은 지속적으로 줄어들고 있다. 2000년 0.83배럴을 기록한 석유 원단위(세계 GDP 1천 달러 창출을 위한 석유 투입량)가 2018년에는 0.43배럴로 줄어들 전망이다. 또한 2017년에 높아진 유가도 석유수입국의 상대적 구매력을 저하시키면서 석유수요 확대를 제약할 것이다. 두바이유 가격은 최근(11월 23일) 배럴당 61.1달러로 전년 대비 32.6%(15$/bbl)로 높게 상승했다.

① 유가 상승에 따른 구매력 약화로 석유 수요가 하락세를 이어갈 것이다.
② 미국의 경기 회복과 고용시장 호조로 인해 국제석유시장의 높은 성장세가 지속될 것이다.
③ 전기차 등장, 연비규제 등으로 인해 인도, 브라질 등 신흥국의 경기회복이 더뎌질 것이다.
④ 세계경제 회복에도 불구, 탈석유 움직임에 따라 석유 수요의 증가세가 둔화될 것이다.

10. 다음과 같은 정부의 정책을 근거로 한 실행 계획으로 보기 어려운 것은?

정부는 상인들이 자발적으로 안전관리와 변화·혁신을 꾀하는 전통시장을 집중 지원할 계획이다. 20xx년도 전통시장 지원방향의 가장 큰 특징은 '화재걱정이 없는 전통시장 만들기' 차원에서 시장의 자발적인 화재안전노력과 지원사업 간 연계를 강화한다는 것이며, 이를 위해 다음과 같은 세부 특징을 갖는 활동들을 전개할 방침이다

– '18년에는 화재안전등급 취약시장 약 32천개점포에 우선적으로 IoT 기반 화재알림시설 설치(180억 원)를 지원하고, 2022년까지는 모든 시장으로 확대할 계획이다.
– 시설현대화 추진 시, 화재안전 취약시설의 개·보수를 의무화하고, 주요 화재원인인 노후 전기설비 교체·정비(~2021, 300여 곳)도 추진한다.
– 자율소방대 운영, 화재보험·공제 가입, 소화 및 화재예방설비 설치 등 자율적 화재예방 노력 우수시장은 최우선 지원한다.
– 사업기획부터 상인들의 독특한 아이디어 등 창의성과 자율성이 최대한 발휘되도록 지원 제외 항목을 최소화하였으며, 상인들이 원하는 프로젝트와 연관 사업들을 패키지로 묶어서 지원한다. (총 25곳)
– '첫걸음 컨설팅'은 여건이 취약해서 당장 사업추진이 곤란한 곳에 전문가를 투입, 전략수립 및 기초역량 배양 등을 지원한 뒤에 '첫걸음 기반조성' 또는 '희망사업 프로젝트'를 후속 지원한다.
– '18년 '청년몰'사업부터 상생협약 체결을 의무화하고 시설현대화 등 타 사업으로 확대할 예정이며, '상생협약 가이드라인' 보급 및 이행점검을 통해 자발적 확산과 이행력을 제고해 나갈 계획이다(예시 : 2년간 임대료 동결 → 이후 3년간 2% 이내 인상 등).
– 정부사업 종료 후 5년간 매출현황, 객단가, 이용 고객 수, 주차장 이용률 등 데이터 제공 의무화를 추진하고, 성과 미흡시장은 향후 지원 사업 참여를 배제할 계획이다.

① 화재안전평가제도 도입, 전통시장 화재알림시설 설치, 노후전기설비 정비 등 총체적 화재예방 및 안전체계를 구축한다.
② 상인들의 관점에서 가장 필요하고 원하는 아이디어에 기반한 '희망사업 프로젝트'를 도입한다.
③ '화재안전평가제도'를 전면 도입하여 안전등급이 낮은 시장이 전통시장 지원사업에 선정되는 일이 없도록 사업 관리에 만전을 기한다.
④ 임대료 인상방지를 위한 임대료 상생협약(점포주-임차상인 간) 체결 의무화를 추진한다.

11. 다음 자료를 참고할 때, H사의 차량을 2년 사용 했을 때와 같은 경비는 F사의 차량을 사용한 지 몇 개월째에 발생하는가? (단, 매달 주행거리는 동일하다고 가정함)

〈자동차 종류별 특성〉

제조사	차량 가격 (만 원)	연료 용량(L)	연비 (km/L)	연료 종류
H사	2,000	55	13	LPG
F사	2,100	60	10	휘발유
S사	2,050	60	12	경유

〈종류별 연료가격/L〉

LPG	800원
휘발유	1,500원
경유	1,200원

* 자동차 이용에 따른 총 경비는 구매가격과 연료비의 합으로 산정하고, 5년 간 연료비 변동은 없다고 가정함.

① 4개월
② 5개월
③ 6개월
④ 7개월

12. 다음은 서식처별 현황파악 및 관련 예산에 대한 표이다. 이에 대한 설명으로 적합하지 않은 것은?

(단위 : 억 원)

항목 / 서식처	현황파악 비용	장기관찰비용	연구 및 보전비용	복구비용	기타비용	합계
산림생태계	100	90	1,000	640	1,000	2,830
해양생태계	100	112	1,500	800	500	3,012
호소생태계	80	140	200	200	200	820
하천생태계	30	5	15	100	150	300
국립공원	10	198	30	50	300	588
농경생태계	50	100	950	750	100	1,950
도시 및 산업생태계	50	50	50	500	100	750
계	420	695	3,745	3,040	2,350	10,250

※ 서식처 크기는 현황파악 비용, 장기관찰비용, 복구비용의 합과 비례하며, 각 서식처의 생물다양성 파악정도는 '현황파악 비용'에 대한 '연구 및 보전 비용'의 비율에 반비례한다.

① 서식처 크기는 해양생태계가 가장 크다.
② 비용합계에서 차지하는 장기관찰비용의 비중이 가장 큰 서식처는 장기관찰비용 역시 가장 크다.
③ 생물다양성 파악정도가 가장 큰 것은 하천생태계로 산림생태계보다 20배나 크다.
④ 생물다양성 파악정도가 가장 낮은 서식처는 해양생태계이다.

13. 4차 산업혁명 관련 기술을 개발 또는 활용하고 있는 기업에 대한 다음 자료를 올바르게 해석한 설명은?

〈표 1〉

(단위 : 원)

| | 기업수 | 산업 대분류 | | | | | | | | | | | |
		농림어업	광업제조업	제조업	전기가스업	건설업	도소매업	운수·창고업	숙박음식업	정보통신업	부동산업	기타서비스업	금융보험업
조사대상 기업수	12,579	26	6,119	6,106	59	543	1,401	715	323	1,047	246	1,773	327
구성비	100.0	0.2	48.6	48.5	0.5	4.3	11.1	5.7	2.6	8.3	2.0	14.1	2.6
4차 산업 기술 개발·활용 기업수	1,014	–	408	408	9	28	94	22	19	265	3	114	52
구성비	100.0	–	40.2	40.2	0.9	2.8	9.3	2.2	1.9	26.1	0.3	11.2	5.1

〈표 2〉

(단위 : 개, %)

| 4차 산업 기술 개발·활용 기업수 | 분야(복수응답) | | | | | | | | | |
	계	사물인터넷	클라우드	빅데이터	모바일(5G)	인공지능	블록체인	3D프린팅	로봇공학	가상증강현실
1,014	1,993	288	332	346	438	174	95	119	96	105
	100.0	14.5	16.7	17.4	22.0	8.7	4.8	6.0	4.8	5.3

① 4차 산업 기술을 활용하는 전기가스업 기업은 모두 사물인터넷을 활용한다.
② 조사대상 기업체 중 4차 산업 기술을 활용하는 기업의 비중은 금융보험업이 전기가스업보다 더 높다.
③ 전체 조사대상 기업 중 4차 산업 기술을 활용하는 기업의 수는 1,993개이다.
④ 가장 많이 활용되고 있는 3가지 4차 산업 기술은 5G 모바일, 빅데이터, 사물인터넷이다.

14. 다음 자료를 올바르게 판단한 의견을 〈보기〉에서 모두 고른 것은?

종사자 규모별	사업체수				종사자수			
	2016년	2017년	증감률	기여율	2016년	2017년	증감률	기여율
합계	3,950,192	4,020,477	1.8	100.0	21,259,243	21,591,398	1.6	100.0
	(100.0)	(100.0)			(100.0)	(100.0)		
1~4인	3,173,203	3,224,683	1.6	73.2	5,705,551	5,834,290	2.3	38.8
	(80.3)	(80.2)	(-0.1)		(26.8)	(27.0)	(0.2)	
5~99인	758,333	776,922	2.5	26.4	10,211,699	10,281,826	0.7	21.1
	(19.2)	(19.3)	(0.1)		(48.0)	(47.6)	(-0.4)	
100~299인	14,710	14,846	0.9	0.2	2,292,599	2,318,203	1.1	7.7
	(0.4)	(0.4)	(0.0)		(10.8)	(10.7)	(-0.1)	
300인 이상	3,946	4,026	2.0	0.1	3,049,394	3,157,079	3.5	32.4
	(0.1)	(0.1)	(0.0)		(14.3)	(14.6)	(0.3)	

〈보기〉

㉮ "종사자 규모 변동에 따른 사업체수와 종사자수의 증감 내역이 연도별로 다르네."

㉯ "기여율은 '구성비'와 같은 개념의 수치로군."

㉰ "사업체 1개당 평균 종사자수는 사업체 규모가 커질수록 더 많네."

㉱ "2016년보다 종사자수가 더 적어진 사업체는 없군."

① ㉰, ㉱

② ㉮, ㉰

③ ㉯, ㉱

④ ㉮, ㉯, ㉰

15~16 다음은 우리나라 고령 인구의 전망치를 나타낸 자료이다. 다음을 보고 이어지는 물음에 답하시오.

〈인구 고령화 전망치〉

(단위 : 천 명, %, 해당인구 100명당 명)

	총인구	65세 이상	비율	노령화지수	노년부양비
1990	42,869	2,195	5.1	20.0	7.4
2000	47,008	3,395	7.2	34.3	10.1
2010	49,554	5,366	10.8	67.2	14.8
2017	51,446	7,076	13.8	104.8	18.8
2020	51,974	8,134	15.6	123.7	21.8
2030	52,941	12,955	24.5	212.1	38.2
2040	52,198	17,120	32.8	303.2	58.2
2050	49,433	18,813	38.1	399.0	72.6
2060	45,246	18,536	41.0	434.6	( )

* 노령화지수=(65세 이상 인구÷0~14세 인구)×100

노년부양비=(65세 이상 인구÷15~64세 인구)×100

15. 위의 자료를 참고할 때, 2060년 노년부양비로 알맞은 것은 어느 것인가?

① 81.8

② 82.6

③ 84.5

④ 85.2

16. 위의 자료에 대한 올바른 해석으로 볼 수 없는 것은?

① 15~64세 인구 100명 당 부양해야 할 고령인구의 수는 1990년 대비 2050년에 10배 가까이 증가할 전망이다.

② 고령인구를 부양하는 인구의 수를 측정할 경우에는 14세 이하 인구의 수는 제외한다.

③ 노령화 지수는 전체 인구의 수에서 65세 이상 인구가 차지하는 비율을 의미한다.

④ 0~14세 인구 100명당 고령인구의 수는 2040년 대비 2050년에 30% 이상 증가할 전망이다.

17. A, B, C, D, E 5명의 직원은 회사와 집과의 거리가 다음과 같으며, 교통상황을 감안한 오늘 아침의 버스, 전철, 승용차의 평균 주행 속도가 주어진 표와 같다. 5명 모두 출근 시각 30분 전인 8시에 출발하였으며, 오늘 아침 지각을 한 사람이 2명일 경우, 이들이 이용한 교통편에 대하여 올바르게 설명하지 못한 것은? (단, 교통수단 주행 시간만 고려한다)

〈집과 회사와의 거리〉

갑	을	병	정	무
18km	23km	34km	41km	55km

〈오늘 아침의 교통수단별 평균 주행 속도〉

버스	전철	승용차
40km/h	100km/h	60km/h

① 어떠한 교통편을 이용했어도 갑은 지각하지 않았다.
② 을과 병이 전철을 이용했다면 정은 전철을 이용하지 않았다.
③ 을이 승용차를 이용했다면 병과 정 모두 버스를 이용하였다.
④ 정이 전철을 이용했다면 을과 병 중 적어도 한 명은 버스를 이용하지 않았다.

18. A사원은 30장의 문서를 워드로 옮기는데 2시간 30분이 걸린다. 동일한 문서를 B사원이 워드로 옮겼더니 4시간이 걸렸다. B사원이 다른 문서 60장을 워드로 옮기는 시간에 A사원은 몇 장의 동일한 문서를 워드로 옮길 수 있는가?

① 24장
② 48장
③ 66장
④ 96장

19. 다음 최저임금과 관련된 자료를 참고할 때, 2018년 A씨의 급여명세서 상 '급여 합계액'을 기준으로 한 시급과 최저임금 지급 규정에 따른 시급과의 차액은 얼마인가? (단, 금액은 절삭하여 정수로 표시함)

〈최저임금 비교〉

	2017년	2018년
시급	6,470원	7,530원
일급(1일 8시간 기준)	51,760원	60,240원
월급(1주 40시간, 월 209시간 기준)	1,352,230원	1,573,770원

〈최저임금 계산에 포함되지 않는 임금〉
- 매월 지급되지 않는 임금(정기 상여금, 명절 수당 등)
- 기본급 성격이 없는 임금(초과근무수당, 숙직수당, 연차수당 등)
- 복리후생비 성격을 가진 임금(식대, 가족수당, 통근수당 등)

〈2018년 A씨의 1월 급여명세서〉

기본급	1,300,000원
식대	100,000원
직무수당	100,000원
시간 외 수당	82,500원
가족 수당	30,000원
급여 합계액	1,612,500원

* A씨는 1월 209시간 근무한 것으로 가정함.

① 826원
② 832원
③ 838원
④ 845원

20. 다음 자료에 대한 판단으로 올바른 것은?

〈연도별 자전거 도로 현황〉

(단위 : 개, km)

구분	자전거 전용도로		자전거-보행자 겸용도로		자전거 전용차로	
	노선 수	총 길이	노선 수	총 길이	노선 수	총 길이
2009년	471	1,428	4,109	9,770	67	189
2010년	622	1,841	4,687	10,960	83	235
2011년	599	2,353	4,764	12,534	126	420
2012년	932	2,975	5,269	13,432	190	659
2013년	1,015	3,222	5,766	14,233	188	826
2014년	1,001	3,099	7,936	14,912	251	613

* 자전거 전용차로는 차량과 도로가 함께 통행하나, 통행 구간이 구분되어 있는 차로
* 평균 길이는 총 길이를 노선 수로 나눈 값을 의미함

① 세 종류의 도로(차로) 모두 해마다 노선 수가 증가하였다.
② 자전거 전용도로의 총 길이가 가장 크게 증가한 해는 2011년이다.
③ 자전거-보행자 겸용도로의 2014년 평균 길이는 2013년보다 1km 이상 줄어들었다.
④ 세 종류의 도로(차로) 노선 수의 합은 해마다 증가하였다.

21. 은행, 식당, 편의점, 부동산, 커피전문점, 통신사 6개의 상점이 아래에 제시된 조건을 모두 만족하며 위치할 때, 오른쪽에서 세 번째 상점은?

⊙ 모든 상점은 옆으로 나란히 연이어 위치하고 있으며, 사이에 다른 상점은 없다.
⊙ 편의점과 식당과의 거리는 두 번째로 멀다.
⊙ 커피전문점과 편의점 사이에는 한 개의 상점이 있다.
⊙ 왼쪽에서 두 번째 상점은 통신사이다.
⊙ 식당의 바로 오른쪽 상점은 부동산이다.

① 식당
② 통신사
③ 은행
④ 편의점

22. 홍 부장은 이번 출장에 계약 실무를 담당케 하기 위해 팀 내 직원 서 과장, 이 대리, 최 사원, 엄 대리, 조 사원 5명 중 2명을 선정하려고 한다. 다음 조건을 만족할 때 홍 부장이 선정하게 될 직원 2명으로 알맞게 짝지어진 것은?

• 서 과장이 선정되면 반드시 이 대리도 선정된다.
• 이 대리가 선정되지 않아야만 엄 대리가 선정된다.
• 최 사원이 선정되면 서 과장은 반드시 선정된다.
• 조 사원이 선정되지 않으면 엄 대리도 선정되지 않는다.

① 서 과장, 최 사원
② 엄 대리, 조 사원
③ 서 과장, 조 사원
④ 이 대리, 엄 대리

23. 다음 글을 참고할 때, '미국이 중국에 한해에 수출하는 대두의 양이 세계 대두시장에서 차지하는 비중'(⊙)과 '3세대(3G) 가입자의 5월의 데이터 사용량'(ⓒ)을 올바르게 나열한 것은?

(가) 중국은 한해 세계 대두시장의 60%에 달하는 1억 톤 가량의 대두를 수입하는데 그 중 절반은 브라질에서, 3분의 1은 미국에서 들어오고 있다. 나머지 러시아, 우크라이나, 카자흐스탄 등은 합쳐도 1%도 되지 않는다. 수입되는 대두는 식용유 원료 외에도 대부분 가축용 사료로 가공된다. 중국인들의 소득증가에 따라 육류 소비가 급증하고 있는 추세에 맞춘 것이다.

(나) 국내 4세대(4G) 이동전화 롱텀에볼루션(LTE) 가입자 1인당 월평균 무선데이터 사용량이 8기가바이트(GB)에 육박하고 있다. 1일 과학기술정보통신부가 5월 무선데이터 이용량을 집계한 결과, 데이터 총 사용량이 전월보다 7.81% 증가한 36만 5,034테라바이트(TB)에 달했다. 이 가운데 4G 가입자들의 사용량이 36만 4,407TB로, 전체 사용량의 99.8%를 차지했다. 3G와 4G 전체 이동전화 가입자 6,506만8,680명 중 80.8%에 달하는 5,262만4,352명의 4G LTE 가입자가 데이터의 대부분을 소비한다는 얘기다. LTE 가입자 1인당 5월의 데이터 사용량은 7,091MB에 이른다. 1GB가 1,024MB이므로, 8GB에 육박하는 수준이다.

	⊙	ⓒ
①	약 26.8%	약 125MB
②	약 19.8%	약 85MB
③	약 19.8%	약 52MB
④	약 15.7%	약 85MB

24. 다음 조건을 만족할 때, 백 대리의 비밀번호에 쓰일 수 없는 숫자는 어느 것인가?

- 백 대리는 회사 컴퓨터에 비밀번호를 설정해 두었으며, 비밀번호는 1~9까지의 숫자 중 중복되지 않은 네 개의 숫자이다.
- 네 자리의 비밀번호는 오름차순으로 정리되어 있으며, 네 자릿수의 합은 20이다.
- 가장 큰 숫자는 8이며, 짝수가 2개, 홀수가 2개이다.
- 짝수 2개는 연이은 자릿수에 쓰이지 않았다.

① 3
② 4
③ 5
④ 6

25. 바둑 애호가인 정 대리, 서 대리, 홍 대리 3명은 각각 상대방과 16판씩 총 32판의 대국을 두었다. 이들의 올해 계절별 바둑 결과가 다음과 같다. 정 대리와 서 대리 상호 간의 결과가 네 시기 모두 우열을 가리지 못하고 동일하였을 경우에 대한 설명으로 올바른 것은 어느 것인가?

시기	정 대리 전적	서 대리 전적	홍 대리 전적
봄	19승 13패	14승 18패	15승 17패
여름	10승 22패	20승 12패	18승 14패
가을	17승 15패	14승 18패	17승 15패
겨울	17승 15패	21승 11패	10승 22패

〈3명의 바둑 대국 결과〉

* 무승부는 한 차례도 없는 것으로 가정한다.

① 정 대리는 봄에 홍 대리에게 10승 이하의 성적을 거두었다.
② 홍 대리에게 우세를 보인 시기는 정 대리가 서 대리보다 더 많다.
③ 홍 대리가 서 대리에게 네 시기에 거둔 승수는 모두 30승이 넘는다.
④ 홍 대리가 한 사람에게 당한 패수가 가장 많은 시기는 봄이다.

26. 다음은 영철이가 작성한 A, B, C, D 네 개 핸드폰의 제품별 사양과 사양에 대한 점수표이다. 다음 표를 본 영미가 〈보기〉와 같은 상황에서 선택하기에 가장 적절한 제품과 가장 적절하지 않은 제품은 각각 어느 것인가?

구분	A	B	C	D
크기	153.2×76.1 ×7.6	154.4×76 ×7.8	154.4×75. 8×6.9	139.2×68. 5×8.9
무게	171g	181g	165g	150g
RAM	4GB	3GB	4GB	3GB
저장공간	64GB	64GB	32GB	32GB
카메라	16Mp	16Mp	8Mp	16Mp
배터리	3,000mAh	3,000mAh	3,000mAh	3,000mAh
가격	653,000원	616,000원	599,000원	549,000원

〈사양별 점수표〉

무게	160g 이하	161~180g	181~200g	200g 이상
	20점	18점	16점	14점
RAM	3GB		4GB	
	15점		20점	
저장 공간	32GB		64GB	
	18점		20점	
카메라	8Mp		16Mp	
	8점		20점	
가격	550,000원 미만	550,000~ 600,000원 미만	600,000~ 650,000원 미만	650,000원 이상
	20점	18점	16점	14점

"나도 이번에 핸드폰을 바꾸려 하는데, 내가 가장 중요하게 생각하는 조건은 저장 공간이야. 그 다음으로는 무게가 가벼웠으면 좋겠고, 다음 카메라 기능이 좋은 걸 원하지. 음... 다른 기능은 전혀 고려하지 않지만, 저장 공간, 무게, 카메라 기능에 각각 가중치를 30%, 20%, 10% 추가 부여하는 정도라고 볼 수 있어."

① A제품과 D제품
② B제품과 C제품
③ A제품과 C제품
④ B제품과 A제품

27. 다음 16진법에 대한 설명을 참고할 때, 10진법의 45를 나타내는 수를 16진법으로 올바르게 표기한 것은?

10진법이 0~9까지 10개의 숫자를 사용하여 모든 수를 나타내듯이 16진법은 0~15까지의 16개 숫자를 사용하며, 이후부터는 다시 10진법과 마찬가지로 '10'이라는 숫자로 16번째 수를 나타내게 된다. 그런데, 9 이후의 숫자가 존재하지 않기 때문에 알파벳을 사용하여 다음과 같이 부족한 수를 나타내게 된다.

10진법	10	11	12	13	14	15
16진법	A	B	C	D	E	F

따라서 알파벳 C는 10진법의 12를 나타내며, 16진법으로 쓰인 '13'이라는 표기는 10진법의 19를 나타낸다.

① 1D
② 1E
③ 2C
④ 2D

28. 다음은 부당노동행위 사건처리 및 감독 현황에 대한 고용노동부 자료의 일부이다. 다음 자료를 참고할 때, 〈보기〉에 제시된 부당노동행위의 형태를 주어진 서로 다른 세 가지의 유형으로 적절히 나눈 것은?

고용노동부에서는 산업현장을 중심으로 부당노동행위가 지속되고 있다는 현실을 감안하여, 지난 한 해 부당노동행위를 근절하기 위한 신고사건 처리 및 사업장 감독을 실시하고 그 결과를 발표하였다.

부당노동행위는 사용자가 근로자의 노동3권을 침해하는 행위로 현행 「노동조합 및 노동관계 조정법」에서도 금지되어 있으며, 노동현장에서 반드시 근절되어야 할 범죄행위라는 점에서, 고용노동부는 부당노동행위 근절을 노동행정의 최우선순위에 두고 지속적인 감독을 실시해 오고 있다.

※ (노조법 제81조 부당노동행위) 사용자는 다음 각 호의 행위를 할 수 없다
① 노조가입·조직, 정당한 조합활동·단체행동 등을 이유로 한 불이익 취급
② 특정 노조에의 가입·탈퇴를 고용조건으로 하는 경우
③ 정당한 이유 없는 단체교섭 거부
④ 노동조합의 조직·운영에 대한 지배·개입 및 운영비 원조
⑤ 행정관청·노동위원회에 신고 또는 증거제출 등을 이유로 한 불이익 취급

* 위반 시 2년 이하 징역 또는 2천만 원 이하 벌금(법 제90조)

〈보기〉
⑺ 노조활동을 약화시키기 위한 목적으로 노조원 9명에게 권고사직 및 전적 등을 요구하였고, 이를 거부하자 프로젝트 점검팀을 신설하여 전보 인사 발령
⑻ 조합원을 △△△개발센터 등으로 전보하여 특별한 업무가 없거나 본연의 업무와 무관한 업무(예 : 스케이트장, 주차장 관리 등)를 수행토록 함
⑼ 회사는 창구단일화 절차를 진행하면서 노동조합의 교섭요구 사실을 전체 사업장에 공고하여야 함에도 본사에만 공고하고, 전국에 산재해 있는 지사에는 교섭요구사실을 공고하지 않음
⑽ 회사는 '16.3월경 조합원 A대리에게 기존노조에 대항하는 신규노조를 설립토록 지도하고, 노사협의회 등 근로자대표를 노동조합에 준하여 지원하고, 이를 이용해 노노간 갈등을 부추김
⑾ 회사는 ○○노조 소속 조합원들의 노동조합 탈퇴계획을 수립하고 이를 조직적으로 실행토록 지시

① ⑺ / ⑻, ⑼ / ⑽, ⑾
② ⑺, ⑻, ⑼ / ⑽ / ⑾
③ ⑺, ⑻ / ⑼, ⑽ / ⑾
④ ⑺, ⑻ / ⑼ / ⑽, ⑾

29. 어느 하천의 A 지점에서 B 지점을 통과하여 C 지점으로 흐르는 물의 세 지점에 대한 수질 오염 정도를 측정한 결과, 아래 〈결과〉와 같은 표를 작성하였다. 다음 글의 내용을 참고할 때, 〈보기〉중 수질 오염 결과를 올바르게 판단한 것을 모두 고른 것은?

수질 오염의 정도를 알아보는 지표로 사용되는 것들은 수소 이온 농도 지수, 용존 산소량, 생화학적 산소 요구량, 화학적 산소 요구량 등이 있다.

수소 이온 농도 지수(pH)는 용액의 산성 및 알칼리성의 세기를 나타내는 값으로 중성은 7, 7보다 작을수록 산성이, 7보다 클수록 알칼리성이 강한 것을 의미한다.

용존 산소량(DO)은 물속에 녹아 있는 산소의 양을 의미하며, 수온이 높을수록, 플랑크톤 등의 생물이 이상 증식할수록 수질이 나빠지게 된다.

생화학적 산소 요구량(BOD)은 물속의 유기 물질을 호기성 박테리아가 분해하는 데 필요한 산소의 양으로, 생물학적으로 분해 가능한 유기물의 총량을 파악하는 데 유용한 지표가 된다.

화학적 산소 요구량(COD)은 물속의 유기 물질을 화학적 산화제를 사용하여 분해, 산화하는 데 필요한 산소의 양으로, 오염 물질 중 생물학적으로 분해할 수 없는 유기 물질의 양을 파악하는 데 유용한 지표로 쓰인다.

〈결과〉

	pH	DO	BOD	COD
A 지점	5.5	6.0	1.5	4.5
B 지점	8.3	5.0	5.0	4.9
C 지점	7.8	4.6	4.5	4.3

〈보기〉

(가) A 지점은 B 지점보다 산성이 강하다.

(나) 용존 산소량으로 판단하면, A 지점은 C 지점보다 맑고 깨끗한 물이다.

(다) 생화학적 산소 요구량으로 판단한 수질은 B 지점이 가장 나쁘다.

(라) 상류에서 하류로 이동하면서 생물학적으로 분해할 수 없는 유기물의 양은 증가하다가 감소하였다.

① (가), (나), (다), (라)   ② (나), (다), (라)

③ (가), (다), (라)   ④ (가), (나), (라)

---

30. 홍보팀 백 대리는 회사 행사를 위해 연회장을 예약하려 한다. 연회장의 현황과 예약 상황이 다음과 같을 때, 연회장에 예약 문의를 한 백 대리의 아래 질문에 대한 연회장 측의 회신 내용에 포함되기에 적절하지 않은 것은?

〈연회장 시설 현황〉

구분	최대 수용 인원(명)	대여 비용(원)	대여 가능 시간
A	250	500,000	3시간
B	250	450,000	2시간
C	200	400,000	3시간
D	150	350,000	2시간

* 연회장 정리 직원은 오후 10시에 퇴근함

* 시작 전과 후 준비 및 청소 시간 각각 1시간 소요, 연이은 사용의 경우 중간 1시간 소요.

〈연회장 예약 현황〉

일	월	화	수	목	금	토
			1 A 10시 B 16시	2 B 19시 D 18시	3 C 15시 D 16시	4 A 11시 B 12시
5	6 B 17시 C 18시	7	8 A 18시 D 16시	9 C 15시	10 C 16시 D 11시	11
12	13 C 15시 D 16시	14 A 16시	15 D 18시 A 15시	16	17 B 18시 D 17시	18

〈백 대리 요청 사항〉

안녕하세요?

연회장 예약을 하려 합니다. 주말과 화, 목요일을 제외하고 가능한 날이면 언제든 좋습니다. 참석 인원은 180~220명 정도 될 것 같고요, 오후 6시에 저녁 식사를 겸해서 2시간 정도 사용하게 될 것 같습니다. 물론 가급적 저렴한 연회장이면 더 좋겠습니다. 회신 부탁드립니다.

① 가능한 연회장 중 가장 저렴한 가격을 원하신다면 월요일은 좀 어렵겠습니다.

② 6일은 가장 비싼 연회장만 가능한 상황입니다.

③ 인원이 200명을 넘지 않으신다면 가장 저렴한 연회장을 사용하실 수 있는 기회가 네 번 있습니다.

④ A, B 연회장은 원하시는 날짜에 언제든 가능합니다.

---

31. 다음은 R기관의 직원 승진 평가 자료와 평가 기준에 관한 자료이다. 다음 자료를 참고할 때, 최종 승진자로 선정될 사람은 누구인가?

〈승진대상자 평가 내역〉

	매출실적(점)	대인관계(점)	제안실적(점)
A직원	7 / 8	8 / 8	8 / 7
B직원	9 / 9	9 / 8	7 / 7
C직원	9 / 8	7 / 9	6 / 8
D직원	7 / 7	7 / 6	8 / 7
E직원	7 / 8	8 / 8	7 / 6
F직원	8 / 7	7 / 8	8 / 9

〈최종 승진자 평가 기준〉

* 각 항목 점수는 '선임자 부여점수 / 팀장 부여점수'임.

* 최종 승진은 종합 점수 최고 득점자 2명으로 하며, 동점자 순위는 팀장의 평가점수 합산이 높은 득점자를 우선으로 한다. 팀장의 평가점수 합산이 동일할 경우, 팀장이 부여한 매출→대인관계→제안 점수 고득점자 순으로 우선순위를 결정한다.

* 평가 점수 산정 기준

- 각 항목 선임자와 팀장의 점수 중, 고점 부여자의 점수를 반영함.

- 매출실적 점수 + 대인관계 점수 + 제안실적 점수 = 최종 평가 점수

① C직원, F직원

② B직원, F직원

③ B직원, D직원

④ C직원, B직원

32. Q사 직원들은 회사 주변 문화센터에서 개최하는 체육 프로그램 강좌를 수강하고자 한다. 체육 프로그램 강좌 내역이 다음과 같을 때, 본인이 희망하는 강좌를 모두 신청할 수 있는 사람은?

〈체육 프로그램 강좌 안내문〉

			과정	정원	교육 기간	비고
1	자전거	A	기초반	30	8주	매월 1일 개강
		B	중급반	25	8주	매 짝수 달 1일 개강
		C	심화반	20	6주	매 홀수 달 1일 개강
2	근력 강화	A	기초반	25	6주	매월 1일 개강
		B	중급반	20	6주	매 홀수 달 1일 개강
		C	심화반	20	4주	매 짝수 달 1일 개강
3	유산소 운동	A	기초반	25	4주	매월 1일 개강
		B	중급반	25	6주	매 짝수 달 1일 개강
		C	심화반	20	6주	매 홀수 달 1일 개강
4	구기 종목	A	기초반	30	4주	매월 1일 개강
		B	중급반	25	4주	매 홀수 달 1일 개강
		C	심화반	25	4주	매 짝수 달 1일 개강

- 개설기간 : 20xx년 6월 ~ 20xx년 12월
- 6월 1일(화) 첫 강좌가 시작됩니다. (홀수 달 개강 강좌는 7월 1일 개강)
- 강좌는 매일 19 : 00 ~ 21 : 00까지 진행됩니다.
- 1회에 1개의 강좌만 신청할 수 있습니다.

〈Q사 직원 중 프로그램 신청예정자〉

구분	희망 신청 과정	비고
강 대리	자전거A, 구기 종목B	7월 둘째 주 세미나 참석
엄 과장	근력강화B, 유산소 운동B	8월 첫째 주 여름휴가
변 사원	자전거C, 근력강화C	6월 10일~15일 야근
차 과장	유산소 운동A, 구기 종목B	10월 15일~25일 지방 출장

① 강 대리
② 엄 과장
③ 변 사원
④ 차 과장

33. 조 과장은 200만 원의 여윳돈을 PF상품, JR상품 중 JR상품에 투자하기로 결정하였다. 다음 조건을 고려할 때, 조 과장의 선택이 합리적이기 위한 JR상품 연간 예상 수익률의 최저 수준으로 가장 적절한 것은? (단, 각 두 상품의 투자 기간은 1년으로 가정한다)

- PF상품은 200만 원의 투자 자금이 소요되고, 연 9.0%의 수익률이 예상된다.
- JR상품은 400만 원의 투자 자금이 소요되고, 부족한 돈은 연 5.0%의 금리로 대출받을 수 있다.

① 8.1%
② 7.1%
③ 6.1%
④ 5.1%

34. 다음과 같은 조건을 만족할 때, 정 과장의 연차 휴가에 속할 수 없는 요일은 언제인가?

- 홍보팀 정 과장은 이번 달에 2박 3일 간의 연차 휴가를 사용하려 한다.
- 이번 달은 1일이 수요일인 6월 달이다.
- 둘째 주엔 정 과장의 휴가가, 넷째 주엔 홍보팀 워크숍이 계획되어 있어 휴가를 쓰기 어렵다.
- 15일은 기자 간담회가 예정되어 있으며, 27일은 2/4분기 실적 마감일이라 가장 바쁜 날이다.

① 월요일
② 화요일
③ 수요일
④ 목요일

35. 다음 자료를 참고할 때, A, B 두 사업부의 경영 상황에 대한 올바른 설명이 아닌 것은?

〈A, B 사업부의 경영 실적〉
(단위 : 억 원)

구분	A 사업부	B 사업부
매출액	25	30
매출원가	20	26
판관비	2.5	2.2
이자비용	1.5	1.8

* 매출총이익=매출액-매출원가
* 영업이익=매출총이익-판관비
* 금융비용부담률=이자비용÷매출액×100
* 이자보상비율=영업이익÷이자비용×100

① 매출총이익과 영업이익은 A 사업부가 B 사업부보다 더 많다.
② 금융비용부담률은 두 사업부가 동일하다.
③ 이자보상비율은 A 사업부가 B 사업부보다 더 높다.
④ B 사업부의 이자비용이 A 사업부와 동일해진다면 B 사업부의 금융비용부담률과 이자보상비율은 모두 더 낮아진다.

36. 총무팀 박 과장은 A물품 200개와 B물품 150개를 구매할 예정이며, 다음 두 업체로부터 견적을 받아 총 물품 구매 금액을 비교 중이다. 견적 내용에 대한 올바른 설명을 〈보기〉에서 모두 고른 것은?

	대한 무역	한국 물산
A물품	13,000원/개, 30개 세트 판매	15,000원/개, 개별 판매
B물품	22,000원/개, 20개 세트 판매	25,000원/개, 개별 판매
기타사항	총 구매 금액 600만 원 이상 시 총액의 3% 할인	총 구매 금액 600만 원 이상 시 총액의 10% 할인

* 필요 물품의 수량 이상은 반드시 두 업체 중 한 군데에서 모두 구매한다.

〈보기〉
㈎ 박 과장은 대한 무역에서 구매하는 것이 더 비경제적이다.
㈏ 두 업체에서 구매할 경우의 구매 금액 차이는 2만 원 이상이다.
㈐ 두 업체 중 어느 곳이든 할인율을 0.5%만 조정하면 박 과장이 경제적인 선택을 하게 될 업체가 바뀐다.
㈑ 할인이 적용되기 전에는 두 업체로부터의 구매 금액이 50만 원 차이난다.

① ㈎, ㈐
② ㈏, ㈐
③ ㈎, ㈑
④ ㈐, ㈑

【37~38】 A공사의 출장 및 여비에 관한 다음 규정을 참고하여 이어지는 물음에 답하시오.

제2장 국내출장
제12조(국내출장신청) 국내출장 시에는 출장신청서를 작성하여 출장승인권자의 승인을 얻은 후 부득이한 경우를 제외하고는 출발 24시간 전까지 출장담당부서에 제출하여야 한다.
제13조(국내여비) ① 철도여행에는 철도운임, 수로여행에는 선박운임, 항로여행에는 항공운임, 철도 이외의 육로여행에는 자동차운임을 지급하며, 운임의 지급은 별도 책정된 기준에 의한다. 다만, 전철구간에 있어서 철도운임 외에 전철요금이 따로 책정되어 있는 때에는 철도운임에 갈음하여 전철요금을 지급한다.
② 회사 소유의 교통수단을 이용하거나 요금지불이 필요 없는 경우에는 교통비를 지급하지 아니한다. 이 경우 유류대, 도로사용료, 주차료 등은 귀임 후 정산할 수 있다.
③ 직원의 항공여행은 일정 등을 고려하여 필요하다고 인정되는 경우로 부득이 항공편을 이용하여야 할 경우에는 출장신청 시 항공여행 사유를 명시하고 출장결과 보고서에 영수증을 첨부하여야 하며, 출장신청 후 출발 전 기상악화 등으로 항공편 이용이 불가한 경우 사후 그 사유를 명시하여야 한다.
④ 국내출장자의 일비 및 식비는 〈별표1〉에서 정하는 바에 따라 출발일과 도착일을 포함한 일수를 기준으로 정액 지급하고 숙박비는 상한액 범위 내에서 사후 실비로 정산한다. 다만, 업무형편, 그 밖에 부득이한 사유로 인하여 숙박비를 초과하여 지출한 때에는 숙박비 상한의 10분의 3을 넘지 아니하는 범위에서 추가로 지급할 수 있다.
⑤ 일비는 출장일수에 따라 지급하되, 공용차량 또는 공용차량에 준하는 별도의 차량을 이용하거나 차량을 임차하여 사용하는 경우에는 일비의 2분의 1을 지급한다.
⑥ 친지 집 등에 숙박하거나 2인 이상이 공동으로 숙박하는 경우 출장자가 출장 이행 후 숙박비에 대한 정산을 신청하면 회계담당자는 숙박비를 지출하지 않은 인원에 대해 1일 숙박당 20,000원을 지급 할 수 있다. 단, 출장자의 출장에 대한 증빙은 첨부하여야 한다.
제14조(장기체재) ① 동일지역에 장기간 체재하는 경우에 일비는 도착 다음날로부터 기산하여 15일 초과 시는 그 초과 일수에 대하여 1할을, 30일 초과 시는 그 초과 일수에 대하여 2할을, 60일 이상 초과 시는 그 초과일수에 대하여 3할을 각각 감액한다.

② 제1항의 경우에 장기체재기간 중 일시 다른 지역에 업무상 출장하는 경우에는 장기체재 계획서에 출장 내역을 포함시켜야 하며, 그 출장기간을 장기체재기간에서 공제하고 잔여 체재기간을 계산한다.

제15조(국내파견자의 여비) 업무수행을 목적으로 회사 및 회사 사무소 외 지역 또는 유관기관에 파견근무를 하는 직원의 여비는 파견승인 시 승인권자의 결재를 받아 지급할 수 있다. 다만, 파견지에서 여비조로 실비를 지급하거나 숙박시설을 제공하는 경우에는 이에 상당하는 금액을 차감 지급한다.

〈별표1〉

구분	일비/일	식비/일	숙박비 상한액/박
임원	50,000원	30,000원	60,000원
부장~차장	40,000원	25,000원	50,000원
과장~사원	35,000원	25,000원	40,000원

37. 다음 중 위의 규정에 대한 올바른 설명이 아닌 것은?

① 출장지까지의 철도요금이 25,000원일 경우, 전철요금이 18,000원으로 책정되어 있다면 철도운임 25,000원의 여비를 신청해야 한다.

② 출장자가 친지, 친구 등의 집에 머무르게 되어 숙박비를 지불하지 않은 경우에도 일정 금액은 숙박비로 지급될 수 있다.

③ 출장지 도착 다음날부터 한 곳에서만 35일 간 장기 출장을 하게 될 L차장은 총 130만 원의 일비를 지급받게 된다.

④ T과장의 출장 시 부득이한 사유로 숙소 예약에 차질이 생겨 하루 숙박비가 60,000원인 숙소를 이용하게 될 경우, A과장은 1박당 8,000원의 숙박비를 자비로 부담하게 된다.

38. 다음과 같은 출장의 경우, 출장자들에게 지급되는 일비의 총액은 얼마인가?

- 출장 인원: A본부장, B부장, C대리
- 출장 기간: 2박 3일
- 출장지 지사 차량으로 전 일정 이동함.

① 180,000원

② 185,000원

③ 187,500원

④ 188,000원

▌39~40▌ 다음 자료를 읽고 이어지는 물음에 답하시오.

〈등급별 성과급 지급액〉

성과평가 종합점수	성과 등급	등급별 성과급
95점 이상	S	기본급의 30%
90점 이상~95점 미만	A	기본급의 25%
85점 이상~90점 미만	B	기본급의 20%
80점 이상~85점 미만	C	기본급의 15%
75점 이상~80점 미만	D	기본급의 10%

〈항목별 평가 점수〉

	영업 1팀	영업 2팀	영업 3팀	영업 4팀	영업 5팀
수익 달성률	90	93	72	85	83
매출 실적	92	78	90	88	87
근태 및 부서평가	90	89	82	77	93

* 항목별 평가 종합점수는 수익 달성률 점수의 40%, 매출 실적 점수의 40%, 근태 및 부서평가 점수의 20%를 합산해서 구함.

〈각 팀별 직원의 기본급〉

직원	기본급
곽 대리(영업 1팀)	210만 원
엄 과장(영업 2팀)	260만 원
신 차장(영업 3팀)	320만 원
남 사원(영업 4팀)	180만 원
권 대리(영업 5팀)	220만 원

* 팀별 성과급은 해당 팀의 모든 직원에게 적용된다.

39. 위의 자료를 참고할 때, 항목별 평가 종합점수 순위가 두 번째와 세 번째인 팀을 순서대로 짝지은 것은?

① 영업2팀, 영업3팀　　　　② 영업3팀, 영업4팀

③ 영업5팀, 영업2팀　　　　④ 영업3팀, 영업2팀

40. 영업1팀의 곽 대리와 영업3팀의 신 차장이 받게 될 성과급은 각각 얼마인가?

① 55만 5천 원, 44만 원

② 54만 2천 원, 46만 원

③ 52만 5천 원, 48만 원

④ 51만 8천 원, 49만 원

구분		배점	배분방법
기본과제		100점	• 책임, 외부, 공동, 위촉연구원 기여율 각각 산정하여 배분 – 위촉연구원 비중은 10% 산정
기획과제		150점	• 총점에서 연구책임량에 따라 안배 • 기한 미준수 시 감점 – 1개월 미만 : 10% 감점 – 1개월~2개월 : 30% 감점 – 2개월 초과 : 50% 감점 ※ 공동연구에 대해서는 연구책임자가 지연사유를 보고할 경우 해당 연구자에 대해서만 감점 조치 • 타 기관과 공동수행 시 현안과제로 간주하여 배점
현안과제	보고서 작성 (100p 이상)	70점	
	보고서 작성 (100p 미만)	50점	
	시책검토 추가	10점	
수탁과제 (기한 미준수 감점 동일 적용)			• 배점기준 –용역비 1천만 원 이상 : 기본과제로 배점 –용역비 1천만 원 미만 : 현안과제 수준으로 배점 –기획과제는 내부회의에서 심의·결정된 경우에 적용 • 가점기준 –용역비 1천만 원 이상 : 1천만 원당 10점 –용역비 1천만 원 미만 : 100만 원당 1점 –가점은 100점을 상한점으로 함

41. 다음 중 위의 근무성적평정 기준을 올바르게 이해하지 못한 것은?

① 기획과제의 책임연구원 기여율이 40%인 경우, 해당 책임연구원의 평정 점수는 60점이다.

② 200p 분량의 현안과제 보고서를 20일 늦게 제출한 경우의 평정 점수는 63점이다.

③ 외부 기관과 공동 작업한 150p 분량의 기획과제 보고서를 제출하면 70점의 점수를 얻게 된다.

④ 용역비 2천만 원의 수탁과제를 수행한 경우 20점이 부여된다.

42. T연구원의 강 책임연구원이 수행한 다음 세 가지 연구과제에 대한 근무성적평정 점수가 각각 순서대로 올바르게 나열된 것은?

A. 외부 기관으로부터 우리나라 원자력 발전의 현황과 관련된 연구 보고서를 의뢰받아 진행하였으며, 보고서 용역비로 3,500만 원이 책정되어 230p 분량의 보고서를 완성하였다.

B. 김 외부연구원, 정 위촉연구원과 현안과제를 공동으로 연구하여 85p 분량의 보고서를 완성하였으나, 마감 기한을 25일 넘긴 시점에 제출하였다(지연사유 미보고). 강 책임연구원의 기여율은 70%로 책정되었다.

C. 김 외부연구원, 정 위촉연구원과 함께 기획과제를 수행하면서 180p 분량의 보고서를 작성하였고 마감 기일을 35일 넘겨 제출하였으며, 지연사유 보고 시 강 책임연구원 본인의 귀책사유로 인정되었다. 이 과제의 강 책임연구원 기여율은 50%이다.

A	B	C
① 120점	30.5점	53.5점
② 130점	31.5점	53.5점
③ 130점	30.5점	52.5점
④ 130점	31.5점	52.5점

43. 다음은 각 지역에 사무소를 운영하고 있는 A사의 임직원 행동강령의 일부이다. 다음 내용에 부합되지 않는 설명은?

제5조【이해관계직무의 회피】 ① 임직원은 자신이 수행하는 직무가 다음 각 호의 어느 하나에 해당하는 경우에는 그 직무의 회피 여부 등에 관하여 지역관할 행동강령책임관과 상담한 후 처리하여야 한다. 다만, 사무소장이 공정한 직무수행에 영향을 받지 아니한다고 판단하여 정하는 단순 민원업무의 경우에는 그러하지 아니한다.
　1. 자신, 자신의 직계 존속·비속, 배우자 및 배우자의 직계 존속·비속의 금전적 이해와 직접적인 관련이 있는 경우
　2. 4촌 이내의 친족이 직무관련자인 경우
　3. 자신이 2년 이내에 재직하였던 단체 또는 그 단체의 대리인이 직무관련자이거나 혈연, 학연, 지연, 종교 등으로 지속적인 친분관계에 있어 공정한 직무수행이 어렵다고 판단되는 자가 직무관련자인 경우
　4. 그 밖에 지역관할 행동강령책임관이 공정한 직무수행이 어려운 관계에 있다고 정한 자가 직무관련자인 경우

② 제1항에 따라 상담요청을 받은 지역관할 행동강령책임관은 해당 임직원이 그 직무를 계속 수행하는 것이 적절하지 아니하다고 판단되면 본사 행동강령책임관에게 보고하여야 한다. 다만, 지역관할 행동강령책임관이 그 권한의 범위에서 그 임직원의 직무를 일시적으로 재배정할 수 있는 경우에는 그 직무를 재배정하고 본사 행동강령책임관에게 보고하지 아니할 수 있다.

③ 제2항에 따라 보고를 받은 본사 행동강령책임관은 직무가 공정하게 처리될 수 있도록 인력을 재배치하는 등 필요한 조치를 하여야 한다.

제6조【특혜의 배제】 임직원은 직무를 수행함에 있어 지연·혈연·학연·종교 등을 이유로 특정인에게 특혜를 주거나 특정인을 차별하여서는 아니 된다.

제6조의2【직무관련자와의 사적인 접촉 제한】 ① 임직원은 소관업무와 관련하여 우월적 지위에 있는 경우 그 상대방인 직무관련자(직무관련자인 퇴직자를 포함한다)와 당해 직무 개시시점부터 종결시점까지 사적인 접촉을 하여서는 아니 된다. 다만, 부득이한 사유로 접촉할 경우에는 사전에 소속 사무소장에게 보고(부재 시 등 사후보고) 하여야 하고, 이 경우에도 내부정보 누설 등의 행위를 하여서는 아니 된다.

② 제1항의 "사적인 접촉"이란 다음 각 호의 어느 하나에 해당하는 것을 말한다.
1. 직무관련자와 사적으로 여행을 함께하는 경우
2. 직무관련자와 함께 사행성 오락(마작, 화투, 카드 등)을 하는 경우

③ 제1항의 "부득이한 사유"는 다음 각 호의 어느 하나에 해당하는 경우를 말한다.(제2항 제2호 제외)
1. 직무관련자인 친족과 가족 모임을 함께하는 경우
2. 동창회 등 친목단체에 직무관련자가 있어 부득이하게 함께하는 경우
3. 사업추진을 위한 협의 등을 사유로 계열사 임직원과 함께하는 경우
4. 사전에 직무관련자가 참석한 사실을 알지 못한 상태에서 그가 참석한 행사 등에서 접촉한 경우

① 이전 직장의 퇴직이 2년이 경과하지 않은 시점에서 이전 직장의 이해관계와 연관 있는 업무는 회피하여야 한다.

② 이해관계 직무를 회피하기 위해 임직원의 업무가 재배정된 경우 이것이 반드시 본사 행동강령책임관에게 보고되는 것은 아니다.

③ 임직원이 직무 관련 우월적 지위에 있는 경우, 소속 사무소장에게 보고하지 않는(사후보고 제외) 직무 상대방과의 '사적인 접촉'은 어떠한 경우에도 허용되지 않는다.

④ 지역관할 행동강령책임관은 공정한 직무수행이 가능한 직무관련자인지의 여부를 본인의 판단으로 결정할 수 없다.

44. 경영전략의 유형으로 흔히 차별화, 원가 우위, 집중화 전략을 꼽을 수 있다. 다음에 제시된 내용들 중, 차별화 전략의 특징으로 볼 수 없는 설명을 모두 고른 것은?

> ㉠ 브랜드 강화를 위한 광고비용이 증가할 수 있다.
> ㉡ 견고한 유통망은 제품 차별화와 관계가 없다.
> ㉢ 차별화로 인한 규모의 경제 활용에 제약이 있을 수 있다.
> ㉣ 신규기업 진입에 대한 효과적인 억제가 어렵다.
> ㉤ 제품에 대한 소비자의 선호체계가 확연히 구분될 경우 효과적인 차별화가 가능하다.

① ㉠, ㉡
② ㉡, ㉣
③ ㉡, ㉢
④ ㉣, ㉡

45. '경영참가제도'는 노사협의제, 이윤분배제, 종업원지주제 등의 형태로 나타난다. 다음에 제시된 항목 중, 이러한 경영참가제도가 발전하게 된 배경으로 보기 어려운 두 가지가 알맞게 짝지어진 것은?

> ㉠ 근로자들의 경영참가 욕구 증대
> ㉡ 노동조합을 적대적 존재로서가 아니라 파트너로서 역할을 인정하게 된 사용자 측의 변화
> ㉢ 노동조합의 다양한 기능의 점진적 축소
> ㉣ 기술혁신과 생산성 향상
> ㉤ 근로자의 자발적, 능동적 참여가 사기와 만족도를 높이고 생산성 향상에 기여하게 된다는 의식이 확산됨
> ㉥ 노사 양측의 조직규모가 축소됨에 따라 기업의 사회적 책임의식이 약해짐

① ㉠, ㉢
② ㉡, ㉥
③ ㉡, ㉣
④ ㉢, ㉥

46. 다음과 같은 팀장의 지시를 받은 오 대리가 업무를 처리하기 위해 들러야 하는 조직의 명칭이 순서대로 올바르게 나열된 것은?

"오 대리, 갑자기 본부장님의 급한 지시 사항을 처리해야 하는데, 나 좀 도와줄 수 있겠나? 어제 사장님께 보고 드릴 자료를 완성했는데, 자네가 혹시 오류나 수정 사항이 있는지를 좀 확인해 주고 남 비서에게 전달을 좀 해 주게. 그리고 모레 있을 바이어 미팅은 대형 계약 성사를 위해 매우 중요한 일이 될 테니 계약서 초안 검토 작업이 어느 정도 되고 있는지도 한 번 알아봐 주게. 오는 길에 바이어 픽업 관련 배차 현황도 다시 한 번 확인해 주고, 다음 주 선적해야 할 물량 통관 작업에는 문제없는 지 확인해서 박 과장에게 알려줘야 하네. 실수 없도록 잘 좀 부탁하네."

① 총무팀, 회계팀, 인사팀, 법무팀
② 자금팀, 기획팀, 인사팀, 회계팀
③ 기획팀, 총무팀, 홍보팀, 물류팀
④ 비서실, 법무팀, 총무팀, 물류팀

47. 다음과 같은 B사의 국내 출장 관련 규정의 일부를 보고 올바른 판단을 하지 못한 것은?

제2장 국내출장
제12조(국내출장신청) 국내출장 시에는 출장신청서를 작성하여 출장승인권자의 승인을 얻은 후 부득이한 경우를 제외하고는 출발 24시간 전까지 출장담당부서에 제출하여야 한다.
제13조(국내여비) ① 철도여행에는 철도운임, 수로여행에는 선박운임, 항로여행에는 항공운임, 철도 이외의 육로여행에는 자동차운임을 지급하며, 운임의 지급은 별도 규정에 의한다. 다만, 전철구간에 있어서 철도운임 외에 전철요금이 따로 책정되어 있는 때에는 철도운임에 갈음하여 전철요금을 지급할 수 있다.
② 회사 소유의 교통수단을 이용하거나 요금지불이 필요 없는 경우에는 교통비를 지급하지 아니한다. 이 경우 유류대, 도로사용료, 주차료 등은 귀임 후 정산할 수 있다.
③ 직원의 항공여행은 일정 등을 고려하여 필요하다고 인정되는 경우로 부득이 항공편을 이용하여야 할 경우에는 출장신청 시 항공여행 사유를 명시하고 출장결과 보고서에 영수증을 첨부하여야 하며, 기상악화 등으로 항공편 이용이 불가한 경우 사후 그 사유를 명시하여야 한다.
④ 국내출장자의 일비 및 식비는 별도 규정에서 정하는 바에 따라 정액 지급하고(사후 실비 정산 가능) 숙박비는 상한액 범위 내에서 실비로 지급한다. 다만, 업무형편, 그 밖에 부득이한 사유로 인하여 숙박비를 초과하여 지출한 때에는 숙박비 상한액의 10분의 3을 넘지 아니하는 범위에서 추가로 지급할 수 있다.
⑤ 일비는 출장일수에 따라 지급하되, 공용차량 또는 공용차량에 준하는 별도의 차량을 이용하거나 차량을 임차하여 사용하는 경우에는 일비의 2분의 1을 지급한다.
⑥ 친지 집 등에 숙박하거나 2인 이상이 공동으로 숙박하는 경우 출장자가 출장 이행 후 숙박비에 대한 정산을 신청하면 회계담당자는 숙박비를 지출하지 않은 인원에 대해 1일 숙박당 20,000원을 지급 할 수 있다. 단, 출장자의 출장에 대한 증빙은 첨부하여야 한다.

① 특정 이동 구간에 철도운임보다 비싼 전철요금이 책정되어 있을 경우, 전철요금을 여비로 지급받을 수 있다.
② 회사 차량을 이용하여 출장을 다녀온 경우, 연료비, 톨게이트 비용, 주차비용 등은 모두 사후에 지급받을 수 있다.
③ 숙박비 상한액이 5만 원인 경우, 부득이한 사유로 10만 원을 지불하고 호텔에서 숙박하였다면 결국 자비로 3만 5천 원을 지불한 것이 된다.
④ 1일 숙박비 4만 원씩을 지급받은 갑과 을이 출장 시 공동 숙박에 의해 갑의 비용으로 숙박료 3만 원만 지출하였다면, 을은 사후 미사용 숙박비 중 1만 원을 회사에 반납하게 된다.

48. 다음 위임전결규정을 참고할 때, 바이어에게 저녁식사 접대를 하기 위해 법인카드를 사용하고자 하는 남 대리가 작성해야 할 결재 서류의 양식으로 적절한 것은?

[위임전결규정]

• 결재를 받으려면 업무에 대해서는 최고결정권자(조합장)를 포함한 이하 직책자의 결재를 받아야 한다.
• 전결이라 함은 조합의 경영활동이나 관리활동을 수행함에 있어 의사결정이나 판단을 요하는 일에 대하여 최고결재권자의 결재를 생략하고, 자신의 책임 하에 최종적으로 의사결정이나, 판단을 하는 행위를 말한다.
• 전결사항에 대해서도 위임 받은 자를 포함한 이하 직책자의 결재를 받아야 한다.
• 표시내용 : 결재를 올리는 자는 최고결재권자로부터 전결사항을 위임 받은 자가 있는 경우 전결이라고 표시하고 최종 결재권자에 위임 받은 자를 표시한다. 다만, 결재가 불필요한 직책자의 결재란은 상향대각선으로 표시한다.
• 최고결재권자의 결재사항 및 최고결재권자로부터 위임된 전결사항은 다음의 표에 따른다.

업무내용	결재권자			
	사장	부사장	본부장	팀장
주간업무보고				○
팀장급 인수인계		○		
일반예산집행	잔업수당	○			
	회식비			○	
	업무활동비			○	
	교육비		○		
	해외연수비	○			
	시내교통비			○	
	출장비	○			
	도서인쇄비				○
	법인카드사용		○		
	소모품비				○
	접대비(식대)			○	
	접대비(기타)				
이사회 위원 위촉	○			
임직원 해외 출장	○ (임원)		○ (직원)	
임직원 휴가	○ (임원)		○ (직원)	
노조관련 협의사항		○		

* 위의 업무내용에 필요한 결재서류는 다음과 같다.
품의서, 주간업무보고서, 인수인계서, 예산집행내역서(예산사용계획서), 위촉장, 출장보고서(계획서), 휴가신청서, 노조협의사항 보고서

①

출 장 보 고 서					
결재	담당	팀장	본부장	부사장	사장
				전결	부사장

②

예 산 사 용 계 획 서					
결재	담당	팀장	본부장	부사장	사장
				전결	부사장

③

품 의 서					
결재	담당	팀장	본부장	부사장	사장

④

예 산 사 용 계 획 서					
결재	담당	팀장	본부장	부사장	사장
					부사장

┃49~50┃ 'SWOT 분석'에 대한 다음 설명을 읽고 이어지는 물음에 답하시오.

SWOT이란, 강점(Strength), 약점(Weakness), 기회(Opportunity), 위험(Threat)의 머리말을 모아 만든 단어로 경영전략을 수립하기 위한 분석도구이다. SWOT분석을 통해 도출된 조직의 외부/내부 환경을 분석 결과를 통해 각각에 대응하는 도출하게 된다.
SO 전략이란 기회를 활용하면서 강점을 더욱 강화하는 공격적인 전략이고, WO 전략이란 외부환경의 기회를 활용하면서 자신의 약점을 보완하는 전략으로 이를 통해 기업이 처한 국면의 전환을 가능하게 할 수 있다. ST 전략은 외부환경의 위험요소를 회피하면서 강점을 활용하는 전략이며, WT 전략이란 외부환경의 위협요인을 회피하고 자사의 약점을 보완하는 전략으로 방어적 성격을 갖는다.

내/외부환경 구분	강점(Strength)	약점(Weakness)
기회(Opportunity)	① SO 전략(강점, 기회전략)	② WO 전략(약점, 기회전략)
위협(Threat)	③ ST 전략(강점, 위협전략)	④ WT 전략(약점, 위협전략)

49. 휴대폰 제조업체가 실시한 아래 환경 분석결과에 대응하는 전략을 적절하게 분석한 것은?

강점 (Strength)	• 다양한 부가기능 탑재를 통한 성능 우위 • 기타 디지털기기 기능의 흡수를 통한 영역확대
약점 (Weakness)	• 제품의 수익성 악화 • 제품 간 성능, 디자인의 평준화 • 국산 제품의 가격경쟁력 약화
기회 (Opportunity)	• 신흥시장의 잠재적 수요 • 개인 휴대용기기의 대중화
위협(Threat)	• 전자제품의 사용기간 단축 • MP3폰 등 기타 디지털기기와의 경쟁 심화

내/외부환경 구분	강점(Strength)	약점(Weakness)
기회(Opportunity)	① 기능의 다양화로 잠재 시장의 수요 창출	② 휴대기기의 대중화에 힘입어 MP3폰의 성능 강화
위협(Threat)	③ 다양한 기능을 추가한 판매 신장으로 이익 확대	④ 휴대용 기기 보급 확대에 따라 디지털기기와 차별화된 제품 개발

50. 전기차 배터리 제조업체가 실시한 아래 환경 분석결과에 대응하는 전략을 적절하게 분석한 것은?

강점(Strength)	• 전기차용 전지의 경쟁력 및 인프라 확보 • 연구개발 비용 확보
약점(Weakness)	• 핵심, 원천기술의 미비 • 높은 국외 생산 의존도로 환율변동에 민감
기회(Opportunity)	• 고유가 시대, 환경규제 강화에 따른 개발 필요성 증대 • 새로운 시장 진입에서의 공평한 경쟁
위협(Threat)	• 선진업체의 시장 진입 시도 강화 • 전기차 시장의 불확실성 • 소재가격 상승

내/외부환경 구분	강점(Strength)	약점(Weakness)
기회 (Opportunity)	① 충분한 개발비용을 이용해 경쟁력 있는 소재 개발	② 환경오염을 우려하는 시대적 분위기에 맞춰 전기차 시장 활성화를 위한 홍보 강화
위협(Threat)	③ 충전소 건설 및 개인용 충전기 보급을 통해 시장 개척	④ 저개발 지역에 구축한 자사의 설비 인프라를 활용하여 생산기지 국내 이전 시도

경상북도 공공기관

직원 통합채용

기출동형 모의고사

제 3 회	영 역	직업기초능력평가
	문항수	총 50문항
	시 간	50분
	비 고	객관식 4지선다형

SEOWONGAK

(주)서원각

제 3 회 기출동형 모의고사

▌1~2▐ 다음에 제시된 단어의 관계와 유사한 것을 고르시오.

1.

달변 : 능언
① 굴종 : 불복   ② 가녘 : 고갱이
③ 한데 : 옥내   ④ 유린 : 침손

2.

잠정 : 경상
① 재건 : 회복   ② 상망 : 획득
③ 고착 : 불변   ④ 외지 : 타방

3. 다음에 밑줄 친 단어와 같은 의미로 사용된 것을 고르시오.

> 매가 병아리를 <u>차서</u> 하늘 높이 날아갔다.

① 들어오는 복을 <u>차다</u>.
② 그는 상대편 선수를 발로 <u>찼다</u>.
③ 선수들은 출발선을 <u>차며</u> 힘차게 내달렸다.
④ 소매치기가 아주머니의 지갑을 <u>차서</u> 달아났다.

4. 다음 중 의미가 가장 다른 한자성어는?

① 천경지위(天經地緯)
② 사기충천(士氣衝天)
③ 석권지세(席卷之勢)
④ 파죽지세(破竹之勢)

5. 다음은 신입사원 A가 사보에 싣기 위해 기획한 기사의 의도와 초고 내용이다. 당신이 A의 상사라고 할 때, 지적할 수 있는 수정 사항으로 적절한 것은?

> [기획 의도]
> 　최근 많이 사용되고 있는 시사용어인 워라밸의 의미와 워라밸이 추구하는 삶의 양식에 대해 설명하고, 사원들이 워라밸을 이해할 수 있도록 하는 데에 있다.
>
> [초고]
> 제목 : ㉠<u>워라밸</u>
> 부제 : 일과 삶의 성과를 지향하는 인생을 추구하며
>
> 　우리나라는 ㉡<u>세계적으로 1인당 연평균 노동 시간이 긴 편</u>에 속한다. ㉢<u>'주 52시간 근로법'이 만들어질 정도로 장시간 일하는 것에 대해 사회적으로 고민하면서 최근 워라밸이란 용어가 자주 등장하고 있다. 이 말은 워크 앤 라이프 밸런스(Work and Life Balance)를 줄인 것으로, 일과 삶의 균형을 뜻한다. ㉣<u>워라밸은 주로 젊은층에서 여가와 개인적인 생활을 중시하는 것을 의미한다.</u> 직장과 조직을 우선시하던 기존 세대와 달리 청년 세대에서 많은 돈을 버는 것에 집착하지 않고 넉넉하지 않은 여건에서도 자신이 지향하는 삶을 추구하는 경향을 말한다. 워라밸은 과도하게 일에 몰두하는 대신 휴식과 여행, 자기계발을 통해 삶의 만족도를 높이는 것을 중시한다.

① ㉠ : 사보라는 매체의 특성을 고려하여 제목과 부제의 순서를 바꾸어 제시하는 것이 좋겠어.
② ㉡ : 정보의 신뢰성을 높이기 위해 국가별 노동 시간 순위가 나타나는 자료를 인용하는 것이 좋겠어.
③ ㉢ : 기획 의도가 잘 드러나도록 법 제정 절차에 대한 내용을 추가하는 것이 좋겠어.
④ ㉣ : 글의 주제와 관련성이 부족한 내용이므로 삭제하는 것이 좋겠어.

6. 다음 글의 주제로 가장 적절한 것은?

뉴스는 언론이 현실을 '틀짓기[framing]' 하여 전달한 것이다. 여기서 틀 짓기란 일정한 선택과 배제의 원리에 따라 현실을 구성하는 것을 말한다. 그런데 수용자는 이러한 뉴스를 그대로 받아들이지는 않는다. 수용자는 수동적인 존재가 아닌 능동적인 행위자가 되어 언론이 전하는 뉴스의 의미를 재구성한다. 이렇게 재구성된 의미들을 바탕으로 여론이 만들어지고, 이것은 다시 뉴스 구성의 '틀[frame]'에 영향을 준다. 이를 뉴스 틀 짓기에 대한 수용자의 '다시 틀 짓기[reframing]'라고 한다. '다시 틀 짓기'가 가능한 이유는 수용자가 주체적인 의미 해석자로, 사회 속에서 사회와 상호 작용하는 존재이기 때문이다.

그렇다면 수용자의 주체적인 의미 해석은 어떻게 가능할까? 그것은 수용자가 외부 정보를 해석하는 인지 구조를 갖고 있기 때문이다. 인지 구조는 경험과 지식, 편향성 등으로 구성되는데, 뉴스 틀과 수용자의 인지 구조는 일치하기도 하고 갈등하기도 한다. 이 과정에서 수용자는 자신의 경험, 지식, 편향성 등에 따라 뉴스가 전달하는 의미를 재구성하게 된다. 수용자의 이러한 재구성, 즉 해석은 특정 화제에 대해 어떤 태도를 취할 것인가, 그 화제와 관련된 다른 화제나 행위자들을 어떻게 평가할 것인가 등을 결정하는 근거가 된다.

이렇게 특정 화제에 대한 수용자의 다양한 해석들은 수용자들이 사회 속에서 상호 작용하는 과정에서 여론의 형태로 나타난다. 여론은 사회적 차원에서 벌어지는 특정 화제에 대한 사회적 공방들과 개인적 차원에서의 대화, 논쟁들로 만들어지는 의견들을 모두 포괄한다. 이렇게 형성된 여론은 다시 뉴스 틀에 영향을 주며, 이에 따라 새로운 틀과 여론이 만들어진다. 새로운 틀이 만들어짐으로써 특정 화제에 대한 사회적 논의들은 후퇴하거나 발전할 수 있으며, 보다 다양해질 수 있다.

사회학자 갬슨은 뉴스와 뉴스 수용자의 관계를 주체와 객체의 고정된 관계가 아닌, 상호 작용을 바탕으로 하는 역동적인 관계로 보았다. 이러한 역동성은 수용자인 우리가 능동적인 행위자로 '다시 틀 짓기'를 할 때 가능하다. 그러므로 우리는 뉴스로 전해지는 내용들을 언제나 비판적으로 바라보고 능동적으로 해석해야 하며, 수용자의 해석에 따라 형성되는 여론에 대해서도 항상 관심을 가져야 한다.

① 언론의 '틀 짓기'는 현실을 왜곡하여 전달하기 때문에 비판받아야 한다.
② 뉴스 수용자는 여론을 형성하여 뉴스 구성의 '틀'에 영향을 주어야 한다.
③ 수용자들은 사회 속에서 상호 작용을 통해 자신의 인지 구조를 변화시켜야 한다.
④ 뉴스를 비판적으로 해석하고 여론에 관심을 갖는 수용자로서의 자세가 필요하다.

|7~8| 다음 글을 읽고 물음에 답하시오.

왜 행복을 추구하면 할수록 행복하지 못하다고 느낄까? 어떤 이는 이것에 대해 행복의 개념이 공리주의에서 기원하였기 때문이라고 말한다. 원래 행복을 가리키는 영어의 'happiness'는 단지 '행운'이라는 뜻으로만 쓰였다고 한다. 그런데 벤담이 '최대 다수의 최대 행복'을 공리주의의 모토로 내세우면서 '사회 전체의 복지 증진'이라는 개념이 등장하게 되었다.

공리주의 이전의 전근대 사회에서는 진정한 의미의 '개인'이 존재하지 않았을 뿐 아니라 '개인의 행복은 논의의 대상이 아니었다. 개인은 자신이 속한 공동체로부터 정치적 속박을 받을 뿐만 아니라 경제적 예속 관계에 놓여 있었기 때문이다. 그러다 민주주의와 시장주의가 발전하기 시작하는 근대 사회에서 개인의 중요성이 강조되면서 전통적인 공동체는 해체가 불가피하였다. 여기에 공리주의의 확산으로 '사회 전체의 복지 증진'을 보장하려는 법과 제도가 자리 잡게 되었지만 이미 공동체가 해체되고 있는 터라 사회 복지의 최종적인 수혜자인 '개인'이 '행복의 주체'로 부각되었다. 개인은 민주주의와 시장주의를 기반으로 자신의 행복을 달성함으로써 공리주의가 보장한 사회 전체의 행복 증진에 기여할 수 있게 된 것이다.

한편 개인들에게 분배될 수 있는 지위와 재화는 제한되어 있어 자신의 행복을 추구하려면 타인과의 경쟁을 피할 수 없다. 그 결과 개인들은 서로를 경쟁자로 인식하여 서로를 소외시킬 뿐만 아니라 종국에는 타인으로부터 자신을 고립시키기도 한다. 그러면서 또 한편 개인은 이 소외감과 고립감을 극복하기 위해 무던히 애를 쓰는 역설적인 상황에 이르렀다.

문제는 경쟁 사회에서는 이 소외감과 고립감을 극복하기가 쉽지 않다는 것이다. 회사 동료와는 승진을 놓고 경쟁하는 사이이고, 옆 가게의 주인과는 이윤 추구를 놓고 경쟁하는 사이이기 십상이다. 매체를 통한 관계 맺기를 하려고 하여도 매체 속 세상은 실재하는 세계가 아닐 뿐만 아니라 그 세계에서 얻은 지지나 소속감 역시 피상적이거나 심한 경우 위선적인 관계에 기반한 경우가 많다.

이 문제를 해결하려면 자신의 행복을 추구하는 '개인'과 경쟁을 남발하는 사회 또는 공동체 사이에서의 어떤 타협이 필요하나 이미 개인에게 소속감을 줄 수 있는 전통적인 '공동체'는 해체되고 없다. 이에 마르셀 모스는 '공동의 부'라는 새로운 아이디어를 제시한다. 이 아이디어의 핵심은 개인의 주요 자원을 '공동의 부'로 삼는 것이다. 예를 들어 고등학교 도서관을 '공동의 부'의 개념으로 인근 동네에 개방하면 사람들의 만족도도 ㉠높아지고, 도서관을 개방한 학교도 학교에 대한 인식 등이 좋아지게 되니 학교를 중심으로 하는 구성원 전체의 행복은 더 커진다는 것이다. 그리고 이런 공동의 부가 확대되면서 이들 구성원 사이에 회복된 연대감은 개인의 행복과 사회 전체의 행복을 이어 주어 개인이 느끼는 소외감과 고립감을 줄여 줄 수 있다고 본다.

7. 윗글의 내용과 부합하지 않는 것은?

① 벤담의 공리주의가 등장하기 이전에 'happiness'는 '행복'이 아닌 '행운'의 뜻으로 사용되었다.

② 민주주의와 시장주의하에서 개인이 자신의 행복을 추구하려면 타인과의 경쟁이 불가피하다.

③ 공리주의에 따르면 개인은 자신의 행복을 달성함으로써 사회 전체의 행복 증진에 기여할 수 있다.

④ 매체를 통한 관계 맺기는 경쟁 사회에 개인이 느끼는 소외감과 고립감을 근본적으로 극복할 수 있게 한다.

8. 밑줄 친 ㉠과 유사한 의미로 사용된 것은?

① 장마철에는 습도가 <u>높다</u>.

② 지위가 <u>높을수록</u> 책임도 커진다.

③ 난치병이라도 조기 진단할 경우 완치율이 <u>높다</u>.

④ 서울에는 <u>높은</u> 고층 빌딩들이 즐비하다.

┃9~10┃ 다음 글을 읽고 물음에 답하시오.

스마트폰 청색광, 눈 건강 위협!
망막 세포 파괴 및 시력 저하 유발

A 대학 ○○ 연구 팀은 스마트폰의 청색광(blue light)이 망막 세포를 파괴할 수 있다는 연구 결과를 발표했다. 청색광은 어떻게 발생할까? 청색광은 얼마나 해로울까? 스마트폰의 청색광이 일으키는 피해를 줄이려면 어떻게 해야 할까?

▲ 청색광이 발생되는 스마트폰의 원리

스마트폰의 화면은 백라이트(back light)에서 나온 빛이 컬러 필터를 통과하면서 색상을 표현하는 구조로 되어 있다. 백라이트에서 지속적으로 빛을 내보내면서 원하지 않는 색을 내는 부분은 액정이 막아 다양한 색상을 <u>구현</u>하게 된다. 백색의 빛을 비추는 백라이트는 전류를 흘려주면 발광하는 반도체 소자의 일종인 엘이디(LED)를 사용한다. 엘이디는 적색, 녹색, 청색 등의 색깔을 만들 수 있지만 태양광처럼 직접 백색을 낼 수는 없다. 스마트폰의 백라이트는 청색 엘이디에 노란색 형광 물질을 씌워 만들기 때문에 <u>필연적으로</u> 청색광이 발생한다.

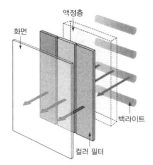

[그림 1] 스마트폰 화면의 구현 방식

▲ 청색광의 유해성

청색광은 가시광선 중에서도 자외선에 가까운 빛으로, 파장이 짧고 강한 에너지를 가진다. 이 때문에 눈에 있는 세포를 강하게 자극하여 눈의 피로감을 크게 <u>유발</u>한다. 이 연구 팀의 연구 결과에 따르면 눈이 청색광에 직접적으로 노출되었을 때 다른 빛에 비해 망막 세포가 손상되는 정도가 심하게 나타난다고 한다. 특히 어두운 곳에서 스마트폰을 사용하면 청색광에 의한 시력 <u>저하</u> 현상이 심해져서 눈 건강에 해롭다고 한다.

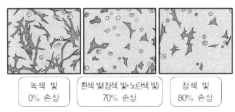

녹색 빛 0% 손상 / 흰색 빛+청색 빛+노란색 빛 70% 손상 / 청색 빛 80% 손상

[그림 2] 빛의 색에 따른 망막 세포의 손상

▲ 청색광의 피해를 줄이기 위한 방안

현대인은 스마트폰을 일상적으로 사용할 수밖에 없는 환경에서 살고 있기 때문에 스마트폰으로부터 자유로워지기 어렵다. 하지만 스마트폰의 화면을 따뜻한 계열의 색상으로 조절하는 것만으로도 눈의 부담을 덜어줄 수 있다. 대부분의 스마트폰에는 청색광을 줄여 화면을 노랗게 바꿔주는 청색광 감소 기능이 있어 화면을 변경할 수 있다. 이 기능을 사용하면 스마트폰의 청색광이 어느 정도 줄어든다.

9. 위 기사에 대해 잘못 이해하고 있는 사람은 누구인가?

① 甲 : 청색광과 눈 건강과의 관계를 표제에 밝혀 글의 주제를 선명하게 드러내고 있군.

② 乙 : 청색광이 주는 부정적인 영향을 부제로 써서 표제의 내용을 구체화하고 있군.

③ 丙 : 청색광의 유해성과 관련한 상반된 관점을 대조하여 객관성을 높이고 있군.

④ 丁 : 스마트폰 화면의 구현 방식을 그림으로 제시하여 독자의 이해를 돕고 있군.

10. 밑줄 친 단어의 뜻풀이가 잘못된 것은?

① 구현(具現) : 어떤 내용이 구체적인 사실로 나타나게 함

② 필연적(必然的) : 사물의 관련이나 일의 결과가 반드시 그렇게 될 수밖에 없음

③ 유발(誘發) : 어떤 것이 다른 일을 일어나게 함

④ 저하(低下) : 자기 자신을 낮춤

▌11~12▐ 다음에 나열된 수의 규칙을 찾아 빈칸에 들어갈 알맞은 수를 고르시오.

11.

11　5　5　11　( )　41

① 16　　　　　　　　② 19

④ 21　　　　　　　　④ 23

12.

9 3 15 2　　11 4 43 8　　7 6 49 7　　4 1 ( ) 23

① 21　　　　　　　　② 23

③ 25　　　　　　　　④ 27

13. 甲은 여름휴가를 맞아 제주도 여행을 계획하였는데, 집인 서울에서 부산항까지는 자동차로 이동하고 부산항에서 제주행 배를 타려고 한다. 집에서 부산항까지의 거리는 450km이며 25m/s의 속력으로 운전한다고 할 때, 부산항에서 오후 12시에 출발하는 제주행 배를 타기 위해서는 집에서 적어도 몇 시에 출발해야 하는가? (단, 부산항 도착 후 제주행 배의 승선권을 구매하고 배를 타기까지 20분이 소요된다)

① 오전 4시　　　　　② 오전 5시

③ 오전 6시　　　　　④ 오전 7시

14. 서원이가 등산을 하는 데 올라갈 때는 3km/h의 속력으로 걷고, 정상에서 30분간 쉬었다가 내려올 때는 올라갈 때보다 5km 더 먼 길을 4km/h의 속력으로 걸어서 총 3시간 30분이 걸렸다. 서원이가 걸은 거리는 총 몇 km인가?

① 12km　　　　　　② 11km

③ 10km　　　　　　④ 9km

15. 세 다항식 $A = x^2 + x$, $B = 2x - 3$, $C = 2x^2 + 3x - 5$에 대하여 다항식 $AB + C$의 값은?

① $x^3 + x^2 + 5$

② $x^3 + 2x^2 - 5$

③ $2x^3 + x^2 + 5$

④ $2x^3 + x^2 - 5$

16. 甲은 매월 200,000원씩 납입하는 연이자율 5%, 2년 만기 적금을 가입하였고, 乙은 여유자금 500만 원을 연이자율 2%로 2년 동안 예치하는 예금에 가입하였다. 2년 뒤 甲과 乙이 받을 수 있는 금액의 차이는? (단, 연이자율은 모두 단리로 계산하며, 비과세 상품에 해당한다)

① 5만 원　　　　　　② 10만 원

③ 15만 원　　　　　④ 20만 원

17. 다음은 ○○시의 시장선거에서 응답자의 종교별 후보지지 설문조사 결과이다. ㈎와 ㈏ 값의 합은? (단, ㈎와 ㈏의 응답자 수는 같다)

(단위 : 명)

후보 ＼ 응답자의 종교	불교	개신교	가톨릭	기타	합
A	130	㈎	60	300	( )
B	260	( )	30	350	740
C	( )	㈏	45	300	( )
D	65	40	15	( )	( )
계	650	400	150	1,000	2,200

① 260　　　　　　　② 270

③ 280　　　　　　　④ 290

18. △△몰 사이트 내 농민마켓에서 아카시아 꿀을 팔고 있는 농민 甲은 A와 B 택배사의 택배비를 두고 고민하고 있다. 무게가 100g인 상자 한 개에 xg의 꿀 10병을 담아서 택배로 보내려고 할 때, A사를 이용하는 것이 B사를 이용하는 것보다 택배비가 더 저렴해지는 x의 최댓값은? (단, 택배비는 무게에 의해서만 결정되고, 상자 한 개와 꿀 10병의 무게의 합은 5kg을 넘지 않는다)

[A사]	
무게	택배비
2,000g 이하	4,000원
2,000g 초과 ~ 5,000g 이하	5,000원

[B사]	
무게	택배비
1,500g 이하	3,800원
1,500g 초과 ~ 2,000g 이하	4,100원
2,000g 초과 ~ 3,000g 이하	4,300원
3,000g 초과 ~ 4,000g 이하	4,400원
4,000g 초과 ~ 5,000g 이하	4,600원

① 160g   ② 170g
③ 180g   ④ 190g

┃19~20┃ 다음은 어느 지역의 8월 1일부터 7일까지 1주일간의 일평균 기온과 일평균 미세먼지 농도를 그린 그래프이다. 자료를 바탕으로 이어지는 물음에 답하시오.

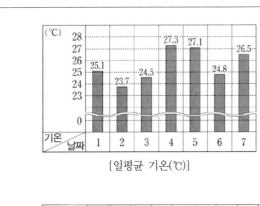

[일평균 기온(℃)]

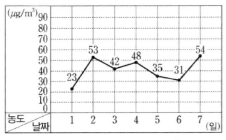

[일평균 미세먼지 농도(μg/m^3)]

19. 일평균 기온이 26℃ 이상인 날의 일평균 미세먼지 농도의 평균은 몇인가? (단, 소수 둘째자리에서 반올림한다)

① 43.2μg/m^3 ② 44.9μg/m^3
③ 45.7μg/m^3 ④ 46.1μg/m^3

20. 1주일 중 일평균 기온이 가장 높은 날의 일평균 미세먼지 농도와, 일평균 미세먼지 농도가 가장 낮은 날의 일평균 기온의 차를 구하면? (단, 단위는 고려하지 않는다)

① 19.8   ② 20.3
③ 21.7   ④ 22.9

21. 명제 1, 명제 2가 모두 참이라고 할 때, 결론이 참이 되기 위해서 필요한 명제 3으로 가장 적절한 것은? (단, 보기로 주어진 명제는 모두 참이다)

명제 1. 밝지 않으면 별이 뜬다.
명제 2. 밤이 오면 해가 들어간다.
명제 3. _____
결 론. 밤이 오면 별이 뜬다.

① 밤이 오지 않으면 밝다.
② 해가 들어가지 않으면 밝다.
③ 별이 뜨면 해가 들어간다.
④ 밝으면 해가 들어가지 않는다.

22. 甲, 乙, 丙 세 사람이 다음과 같이 대화를 하고 있다. 세 사람 중 오직 한 사람만 사실을 말하고 있고 나머지 두 명은 거짓말을 하고 있다면, 甲이 먹은 사탕은 모두 몇 개인가?

> 甲 : 나는 사탕을 먹었어.
> 乙 : 甲은 사탕을 5개보다 더 많이 먹었어.
> 丙 : 아니야, 甲은 사탕을 5개보다는 적게 먹었어.

① 0개
② 5개 미만
③ 5개
④ 5개 이상

23. 일본의 유명한 자동차 회사인 도요타가 세계적인 자동차 브랜드로 성장하는 데 있어 큰 역할을 한 전략 중 하나인 5Why 기법은 인과관계를 바탕으로 문제의 근본적인 원인을 찾아 해결하고자 하는 문제해결기법이다. 다음 중 제시된 문제에 대해 5Why 기법으로 해결책을 도출하려고 할 때, 마지막 5Why 단계에 해당하는 내용으로 가장 적절한 것은?

> [문제] 최종 육안 검사 시 간과하는 점이 많다.
> • 1Why : _____
> • 2Why : _____
> • 3Why : _____
> • 4Why : _____
> • 5Why : _____ ?
> [해결책] _____

① 작업장 조명이 어둡다.
② 조명의 위치가 좋지 않다.
③ 잘 보이지 않을 때가 있다.
④ 작업장 조명에 대한 기준이 없다.

24. 다음은 어느 TV 홈쇼핑 회사에 대한 3C 분석 사례이다. 분석한 내용을 바탕으로 회사 발전 전략을 제안한 내용 중 그 타당성이 가장 떨어지는 사람은?

Company	• 높은 시장점유율 • 긍정적인 브랜드 이미지 • 차별화된 고객서비스 기술 • 고가 상품 중심의 수익 구조 • 우수 인력과 정보시스템 • TV 방송에 한정된 영업 방식
Competitor	• 저가의 다양한 상품 구축 • 공격적인 프로모션 및 가격할인 서비스 • A/S 및 사후관리 능력 우수 • 인터넷, 모바일, 카탈로그 등 다양한 영업 방식
Customer	• 일반 소매업 대비 홈쇼핑 시장의 높은 성장률 • 30~50대 여성이 90% 이상을 차지하는 고객 구성 • 저렴한 가격, 편리성, 품질, 다양성 등에 대한 고객의 Needs • 상위 5%의 고객이 전체 매출의 30%를 차지

① 甲 : 홈쇼핑 분야에서 높은 시장점유율을 유지하기 위한 지속적인 노력이 필요합니다.
② 乙 : 저렴한 가격에 대한 고객의 요구를 채우기 위해 고가 상품 중심의 수익 구조를 개선해야 합니다.
③ 丙 : TV 방송에만 머무를 것이 아니라 다양한 매체를 활용한 영업 방식을 도입하는 것도 적극적으로 검토해야 합니다.
④ 丁 : 여성 고객뿐만 아니라 남성 고객에게도 어필할 수 있도록 남성적인 브랜드 이미지를 구축해 나가야 합니다.

┃25~26┃ 다음 SWOT 분석에 대한 설명과 사례를 보고 이어지는 물음에 답하시오.

		내부환경요인	
구분		강점(Strengths)	약점(Weaknesses)
외부 환경 요인	기회 (Opportunities)	SO 내부강점과 외부기회 요인을 극대화	WO 외부기회를 이용하여 내부약점을 강점으로 전환
	위협 (Threats)	ST 내부강점을 이용하여 외부위협에 대응	WT 내부약점과 외부위협 요인을 최소화

[SWOT 분석 방법]

[SWOT 분석 사례 : 요식업]

강점(Strengths)	약점(Weaknesses)
• 다양한 메뉴와 차별화된 서비스 • 업계 최고의 시장점유율 • 정교하게 구현된 홈페이지 및 모바일앱 • ㉠안정적 자금 공급	• 높은 가격대 • ㉡지점 직원들 관리의 어려움 • 지점 간 동일하지 않은 서비스 제공 • 고객 증가에 따른 즉각적인 대응 한계
기회(Opportunities)	위협(Threats)
• 외식 소비 심리의 지속적인 상승 • ㉢인터넷을 통한 1대1 마케팅 활성화 • 획일화되지 않은 서비스를 추구하는 젊은 세대의 선호 • 타 업계와의 콜라보레이션을 통한 마케팅 기회 증대	• 경쟁업체의 공격적인 가격할인 • 경기 악화에 따른 고객 구매력 약화 • 지속적으로 상승하는 매장 임차료 • 코로나19로 인한 매장유입 고객 감소 • ㉣노조와 경영진 간의 대립 심화

25. 다음 중 위의 SWOT 분석 사례에 따른 전략으로 적절하지 않은 것은?

① 홈페이지와 모바일앱을 통해 1대1 마케팅을 활성화하는 것은 SO 전략에 해당한다.

② 생산원가 절감을 통해 경쟁업체의 공격적인 가격할인에 대응하는 것은 ST 전략에 해당한다.

③ 안정적 자금 공급을 활용하여 임차료가 나가지 않는 자사 건물 매장으로 전환하는 것은 ST 전략에 해당한다.

④ 업계 최고의 시장점유율을 바탕으로 타 업계와의 적극적인 콜라보레이션 마케팅을 펼치는 것은 SO 전략에 해당한다.

26. ㉠~㉣ 중 SWOT 분석이 잘못된 것은?

① ㉠   ② ㉡

③ ㉢   ④ ㉣

27. 다음은 A시에서 조성한 푸른 숲 공원 만족도 조사 결과와 관련 자료이다. 이를 바탕으로 A시에서 '시민들의 이용 행태' 개선을 위해 취할 수 있는 방법으로 가장 적절하지 않은 것을 고르면?

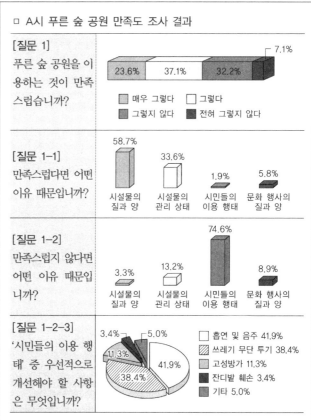

□ 관련 자료

    B시는 작년 1월부터 6개월 간 공원 내 금지 행위에 대한 집중 단속을 실시한 결과 전년도 같은 기간에 비해 공원 이용 무질서 행위가 30% 이상 줄어드는 효과를 얻었다. 또 단속 활동을 위한 경찰 순찰이 늘어나면서 시민들의 공원 이용이 더 안전해져 이에 대한 만족도도 높은 것으로 나타났다고 알려졌다.

① 공원 내 쓰레기통 주변에 쓰레기 무단 투기 감시를 위한 CCTV를 설치한다.

② 현재보다 다양한 운동시설의 종류를 확보하고, 1인당 이용할 수 있는 시설물을 늘린다.

③ 잔디밭에서 자전거를 타거나, 축구, 족구 등 잔디를 훼손할 수 있는 운동경기를 금지한다.

④ 늦은 시간에 허가 없이 시끄러운 음악을 틀어놓고 공연을 하거나 노래를 부르는 행위를 단속한다.

28. 다음은 A 버스회사에서 새롭게 개통하는 노선에 포함된 도서관과 영화관의 위치를 수직선 위에 나타낸 것이다. 도서관과 영화관의 위치를 좌표로 나타내면 각각 30, 70이라고 할 때, 주어진 조건을 만족하는 버스 정류장을 설치하려고 한다. 버스 정류장은 도서관으로부터 좌표상으로 최대 얼마나 떨어진 곳에 설치할 수 있는가?

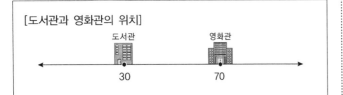

[도서관과 영화관의 위치]

도서관 30　　영화관 70

[버스 정류장의 조건]
　버스 정류장에서 도서관까지의 거리와 버스 정류장에서 영화관까지의 거리의 합이 80 이하이다.

① 40 　　　　　② 50

③ 60 　　　　　④ 70

29. 다음 글과 〈상황〉을 근거로 판단할 때, 甲정당과 그 소속 후보자들이 최대로 실시할 수 있는 선거방송 시간의 총합은?

- △△국 의회는 지역구의원과 비례대표의원으로 구성된다.
- 의회의원 선거에서 정당과 후보자는 선거방송을 실시할 수 있다. 선거방송은 방송광고와 방송연설로 이루어진다.
- 선거운동을 위한 방송광고는 비례대표의원 후보자를 추천한 정당이 방송매체별로 각 15회 이내에서 실시할 수 있으며, 1회 1분을 초과할 수 없다.
- 후보자는 방송연설을 할 수 있다. 비례대표의원 선거에서는 정당별로 비례대표의원 후보자 중에서 선임된 대표 2인이 각각 1회 10분 이내에서 방송매체별로 각 1회 실시할 수 있다. 지역구의원 선거에서는 각 후보자가 1회 10분 이내, 방송매체별로 각 2회 이내에서 실시할 수 있다.

〈상황〉
- △△국 방송매체로는 텔레비전 방송사 1개, 라디오 방송사 1개가 있다.
- △△국 甲정당은 의회의원 선거에서 지역구의원 후보 100명을 출마시키고 비례대표의원 후보 10명을 추천하였다.

① 2,070분

② 4,050분

③ 4,070분

④ 4,340분

30. 로봇을 개발하고 있는 A사는 새로 제작한 원격조종 로봇을 테스트하기 위해 좌표평면이 그려진 평평한 바닥 위에 로봇을 올려놓고 시범 조종을 하고 있다. 시범 조종에 대한 甲의 보고서가 다음과 같다고 할 때, 빈칸에 들어갈 값은?

〈원격조종 로봇 Ⅳ-1 테스트 조종 보고서〉

■ 명령어 규칙 및 테스트 환경

명령어 규칙	
명령어	로봇의 이동
[초기화]	로봇이 원점 O에 위치한다.
[우 3]	x축의 방향으로 3만큼 이동한다.
[상 5]	y축의 방향으로 5만큼 이동한다.
[좌 1, 하 6]	x축의 방향으로 -1만큼 이동한 후, y축의 방향으로 -6만큼 이동한다.

테스트 환경

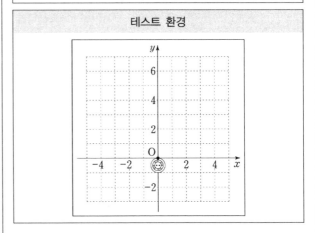

■ 시범 조종 내용
- 1회차 : [초기화], [우 3], [상 5] 명령어를 순서대로 입력
- 2회차 : [초기화], [상 5], [좌 1, 하 6] 명령어를 순서대로 입력

■ 결과 보고
　두 차례의 시범 조종 결과 원격조종 로봇 Ⅳ-1는 정상적으로 작동하였으며, 1회차 시범 조종에서 로봇의 최종 지점과 2회차 시범 조종에서 로봇의 최종 지점 간의 직선거리는 (　　　)으로 나타났다.

① $2\sqrt{10}$ 　　　　② $2\sqrt{11}$

③ $4\sqrt{3}$ 　　　　④ $2\sqrt{13}$

31. 다음은 물적자원관리 과정과 내용에 대한 표이다. 과정에 따른 내용이 잘못 정리된 것은?

과정	내용
사용 물품과 보관 물품의 구분	• 반복 작업 증가 • 물품 활용의 편리성
동일 및 유사 물품으로의 구분	• 동일성의 원칙 • 유사성의 원칙
물품 특성에 맞는 보관 장소 선정	• 물품의 형상 • 물품의 소재

① 반복 작업 증가
③ 물품 활용의 편리성
③ 유사성의 원칙
④ 물품의 형상

32. 다음은 인사팀 직원 간의 대화이다. 직원 A~E 중 인력배치의 원칙과 유형에 대해 잘못 이해하고 있는 직원은?

A : 이번에 새로 들어온 신입사원 甲이 배치 받은 부서에 잘 적응하지 못하고 있나봐.
B : 그래? 인력배치를 할 때 甲의 능력이나 성격에 가장 적합하다고 생각하는 부서에다 배치하는 게 원칙 아니었어?
A : 그렇지, 적재적소에 배치하는 것이 중요하잖아. 그런데 甲은 배치 받은 부서에 흥미가 없는 것 같아.
C : 물론 甲의 적성이나 흥미에 따라 적성 배치를 할 수 있다면 좋겠지. 그렇지만 회사 입장에서는 업무량이 많은 부서에 더 많은 인원을 배치하려는 양적 배치도 고려할 수밖에 없어.
D : 모든 신입직원에 대한 균형적인 배치는 잘 지켜진 거지? 甲만 적재적소에 대한 고려에서 빠졌을 수도 있잖아. 그렇다면 그건 인력배치의 원칙에 어긋나.
E : 맞아, 그리고 능력을 발휘할 수 있는 기회를 부여하고 성과를 바르게 평가하여 능력과 실적에 따라 그에 상응하는 보상을 주는 보상주의도 중요해.

① B
② C
③ D
④ E

33. 다음은 어느 기업의 직원별 프로젝트 수행 결과에 대한 평가표이다. 가장 나쁜 평가를 받은 사람은 누구인가?

〈직원별 프로젝트 수행 결과 평가표〉		
성명	프로젝트 수행 결과	점수
甲	• 완료 기한 : 20. 5. 30. • 완료 날짜 : 20. 6. 10.	
乙	• 예산 한도 : 421,900,000원 • 투입 비용 : 419,100,000원	
丙	• 예상 투입 인원 : 1,000명 미만 • 실제 투입 인원 : 999명	
丁	• 예상 투입 자원 : A, B, D, E, G • 실제 투입 자원 : B, E, G	
戊	• 기대 효과 : 만족도 80% 이상 • 실제 효과 : 만족도 90%	

① 甲
② 乙
③ 丙
④ 丁

34. A사에서는 2020년의 집행 금액이 가장 많은 팀부터 2021년의 예산을 많이 분배할 계획이다. 5개 팀의 2020년 예산 관련 내역이 다음과 같을 때, 다음 중 2021년에도 유통팀이 가장 많은 예산을 분배받기 위해서 12월 말까지 집행해야 하는 금액으로 옳은 것은? (단, 집행 금액은 신청 금액을 초과할 수 없다)

[2020년의 예산 신청 내역]

(단위 : 백만 원)

영업1팀	영업2팀	영업3팀	유통팀	물류팀
28	27	29	31	30

〈2020년 6월 말까지의 예산 집행률〉

(단위 : %)

영업1팀	영업2팀	영업3팀	유통팀	물류팀
35%	60%	20%	50%	45%

※ 예산 집행률 = 집행 금액 ÷ 신청 금액 × 100

① 14,430,000원
② 14,450,000원
③ 14,470,000원
④ 14,510,000원

35. 사내 행사에서 도시락 준비를 담당하게 된 신입사원 甲은 직원들의 선호도가 높은 도시락 전문점 두 곳을 조사하여 한 곳을 선택하고자 한다. 각 상점의 도시락 가격과 배달료가 다음과 같을 때, A 상점보다 B 상점에서 구입할 때 드는 비용이 더 적으려면 적어도 몇 개 이상의 도시락을 구입해야 하는가?

구분	A 상점	B 상점
도시락 한 개의 가격	5,000원	4,850원
배달료	무료	2,000원

① 11개   ② 12개
③ 13개   ④ 14개

36. A사는 우수한 인적자원관리 차원에서 직원들의 자기개발을 위한 경제적 지원 정책으로 다음과 같은 세 가지 대안을 고려하는 중이다. 대안의 내용을 바탕으로 판단할 때, 다음 중 옳지 않은 것은? (단, 직원들은 다음에 언급된 자기개발 항목 외에 다른 자기개발은 하고 있지 않은 것으로 가정하고, 외국어는 언어의 종류에 따라 서로 다른 항목으로 취급한다)

- 1안 : 직원 1인당 자기개발 지원금을 매월 지급하되, 자기개발 항목이 2가지 이상인 경우에 한한다. 처음 두 항목에 대해서는 각각 3만 원, 세 번째는 4만 원, 네 번째부터는 5만 원씩의 수당을 해당 직원에게 지급한다.
- 2안 : 직원 1인당 자기개발 지원금을 매월 지급하되, 자기개발 항목이 2가지 이상인 경우에 한한다. 다만 자기개발 항목이 2가지 미만이라고 하더라도 외국어 관련일 경우 수당을 지급한다. 처음 두 항목에 대해서는 각각 2만 원, 세 번째는 3만 원, 네 번째부터는 5만 원씩 수당을 해당 직원에게 지급한다.
- 3안 : 외국어 관련 자기개발을 하는 직원에게만 자기개발 지원금을 매월 지급한다. 외국어 종류에 따른 지원금은 각각 영어 10만 원, 중국어 5만 원, 일본어 3만 원으로 하고, 기타 외국어의 경우 1만 원으로 한다. 단, 2가지 이상의 외국어 관련 자기개발을 하는 경우, 지원금이 더 큰 외국어 하나에 대해서만 지원금을 지급한다.

① 업무에 필요한 체력을 키우기 위해 헬스장에 등록한 甲은 세 가지 대안 중 어느 것이 채택되더라도 자기개발 지원금을 받을 수 없다.
② 영어와 중국어에 이어 일본어까지 총 3곳의 학원에 다니고 있는 乙이 3안 채택 시 받을 수 있는 자기개발 지원금은 2안 채택 시 받을 수 있는 자기개발 지원금보다 많다.
③ 중국 거래처와의 원활한 의사소통을 위해 중국어 학원을 다니고 있는 丙이 일본 거래처 수의 증가에 따라 일본어 학원을 추가로 등록하였다고 할 때, 1안 채택 시 丙이 받을 수 있는 자기개발 지원금은 6만 원이다.
④ 외국인 바이어 접대에 필요한 강습을 받고 있는 戊가 자기개발 지원금을 받기 위해 추가로 외국어 관련 자기개발을 등록한다고 할 때, 3안 채택 시 받을 수 있는 자기개발 지원금이 1안 채택 시 받을 수 있는 자기개발 지원금보다 커지기 위해서는 영어나 중국어를 선택해야 한다.

37. A그룹은 직원들의 사기 증진을 위해 사내 동아리 활동을 지원하고자 한다. 다음의 지원계획과 동아리 현황에 따라 지원금을 지급한다고 할 때, 지원금을 가장 많이 받는 동아리와 가장 적게 받는 동아리 간의 금액 차이는 얼마인가?

[지원계획]
- 지원을 받기 위해서는 한 모임당 6명 이상 9명 이하로 구성되어야 한다.
- 기본지원금 : 한 모임당 1,500천 원을 기본으로 지원한다. 단, 업무능력 개발을 위한 모임의 경우는 2,000천 원을 지원한다.
- 추가지원금 : 동아리 만족도 평가 결과에 따라,
  - '상' 등급을 받은 모임에는 구성원 1인당 120천 원을,
  - '중' 등급을 받은 모임에는 구성원 1인당 100천 원을,
  - '하' 등급을 받은 모임에는 구성원 1인당 70천 원을 추가로 지원한다.
- 직원 간 교류 장려를 위해 동아리 간 교류가 인정되는 동아리에는 위의 두 지원금을 합한 금액의 30%를 별도로 지원한다.

[동아리 현황]

동아리	업무능력 개발 有/無	구성원 수	만족도 평가 결과	교류 有/無
A	有	5	상	有
B	無	6	중	無
C	無	8	상	有
D	有	7	중	無
E	無	9	하	無

① 2,100천 원
② 2,130천 원
③ 2,700천 원
④ 3,198천 원

38. 다음 사례에 대한 분석으로 옳은 것은?

사람이 하던 일을 로봇으로 대체했을 때 얻을 수 있는 편익은 시간당 6천 원이고 작업을 지속하는 시간에 따라 '과부하'라는 비용이 든다. 로봇이 하루에 작업을 지속하는 시간과 그에 따른 편익 및 비용의 정도를 각각 금액으로 환산하면 다음과 같다.

(단위 : 원)

시간	3	4	5	6	7
총 편익	18,000	24,000	30,000	36,000	42,000
총 비용	8,000	12,000	14,000	15,000	22,000

※ 순편익 = 총 편익 − 총 비용

① 로봇은 하루에 6시간 작업을 지속하는 것이 가장 합리적이다.
② 로봇이 1시간 더 작업을 할 때마다 추가로 발생하는 비용은 일정하다.
③ 로봇으로 대체함으로써 하루에 최대로 얻을 수 있는 순편익이 22,000원이다.
④ 로봇이 1시간 더 작업할 때마다 추가로 발생하는 편익은 계속 증가한다.

39. 다음은 ○○사에서 출시한 에어컨 신제품에 대한 설명서 중 일부분이다. 다음 설명서를 읽고 바르게 이해한 것은?

(1) 공기청정도의 숫자와 아이콘은 무엇을 의미하나요?
  • 숫자는 미세먼지/초미세먼저의 농도를 보여줍니다.
  • 아이콘의 색은 공기청정도의 상태를 나타냅니다.
  • 가스(냄새) 청정도 표시는 음식 연기 및 냄새 등을 감지하여 4단계로 표시됩니다.

(단위 : $\mu g/m^3$)

상태표시등	파란색	초록색	노란색	빨간색
상태	좋음	보통	나쁨	매우나쁨
미세먼지	0~30	31~80	81~150	151이상
포미세먼지	0~15	16~50	51~100	101이상

※ $09\mu g/m^3$은 (초)미세먼지 농도가 최저 수준임을 의미합니다. 일반적인 주택의 경우, 주변의 공기가 깨끗하면 (초)미세먼지 농도 수치가 $09\mu g/m^3$에서 변하지 않습니다.

(2) 미세먼지와 초미세먼지 농도가 같아요.

미세먼지 초미세먼지 | 미세먼지 초미세먼지
$12^{\mu g}/m^3$ $12^{\mu g}/m^3$ | $12^{\mu g}/m^3$ $12^{\mu g}/m^3$

실내의 공기청정도가 좋음, 보통일 경우 미세먼지와 초미세먼지의 농도가 같아질 수 있습니다. 실내 공기에 분포된 미세먼지와 초미세먼지 농도가 유사하여 나타난 증상으로 고장이 아니니 안심하고 사용하세요.

(3) 센서가 잘 작동하는지 확인해보고 싶어요.
  • 구이나 튀김 요리시 수치와 아이콘 색의 변화를 관찰해 보세요.
  • 창문을 활짝 열고 10분 이상 환기시켜 보세요. (환경부에서 발표한 미세먼지 농도가 보통 단계 이하일 때에는 환기를 시켜도 미세먼지 농도 수치가 최저수준에서 변하지 않습니다.)

① 파란색 상태표시등이 생선구이를 한 뒤 빨간색으로 변한 것을 보면 센서가 잘 작동하는 것 같아요.
② 실내 공기가 좋은데도 불구하고 미세먼지와 초미세먼지 수치가 동일하게 표시된 것을 보면 고장이네요.
③ 미세먼지 숫자란에 54가 표시되어있는 상태로 상태표시등에 노란색 등이 켜지겠네요.
④ 환경부에서 지정한 미세먼지 보통 단계 이하일 때 환기시키면 숫자란에 00이 표시되겠군요.

40. 다음에 주어진 영유아들의 상황을 보았을 때, 입소순위가 높은 것부터 나열한 것은?

〈어린이집 입소기준〉

어린이집의 장은 당해시설에 결원이 생겼을 때마다 '명부 작성 방법' 및 '입소 우선순위'를 기준으로 작성된 명부의 선 순위자를 우선 입소조치 한다.

〈명부작성방법〉
- 동일 입소신청자가 1·2순위 항목에 중복 해당하는 경우, 해당 항목별 점수를 합하여 점수가 높은 순으로 명부를 작성함
- 1순위 항목당 10점, 2순위 항목당 5점 산정
  -다만, 2순위 항목만 있는 경우 점수합계가 1순위 항목이 있는 자보다 같거나 높더라도 1순위 항목이 있는 자보다 우선 순위가 될 수 없으며, 1순위 항목점수가 동일한 경우에 한하여 2순위 항목에 해당될 경우 추가합산 가능함
- 영유아가 2자녀 이상인 가구가 동일 순위일 경우 다자녀가구 자녀가 우선입소
- 대기자 명부 조정은 매분기 시작 월 1일을 기준으로 함

〈입소 우선순위〉
- 1순위
  -국민기초생활보장법에 따른 수급자
  -국민기초생활보장법 제24조의 규정에 의한 차상위계층의 자녀
  -장애인 중 보건복지부령이 정하는 장애 등급(1~3등급) 가장 높은 장애 등급에 해당하는 자의 자녀
  -아동복지시설에서 생활 중인 영유아
  -다문화가족의 영유아
  -자녀가 3명 이상인 가구 또는 영유아가 2자녀 가구의 영유아
  -산업단지 입주기업체 및 지원기관 근로자의 자녀로서 산업단지에 설치된 어린이집을 이용하는 영유아
- 2순위
  -한부모 가족의 영유아
  -조손 가족의 영유아
  -입양된 영유아

(가) 한국인 아버지와 동남아에서 건너온 어머니에게 입양된 후 아버지를 여읜 영유아
(나) 혈족으로는 아버지와 1살 아래 동생이 있으며, 동생과 산업단지에 설치된 어린이집을 이용하는 영유아
(다) 장애 1등급을 가진 아버지가 국민기초생활보장법에 의한 차상위 계층에 해당되는 한부모 가족의 영유아
(라) 아버지, 어머니 8살 형, 7살 누나가 있지만 돌봄을 받고 있지 못한 영유아

① (나)→(다)→(라)→(가)
② (나)→(라)→(다)→(가)
③ (다)→(가)→(나)→(라)
④ (다)→(나)→(가)→(라)

---

41. 다음은 어느 조직의 업무 내용 일부를 나열한 자료이다. 다음에 나열된 업무 내용 중 관리 조직의 일반적인 업무 특성에 따라 인사부의 업무라고 보기 어려운 것을 모두 고르면?

ⓐ 해외 협력사 교환근무 관련 업무
ⓑ 임직원 출장비, 여비관련 업무
ⓒ 상벌, 대·내외 포상관리 업무
ⓓ 조경 및 조경시설물 유지보수
ⓔ 인재개발원 지원 업무

---

① ㉠, ㉡
② ㉠, ㉢
③ ㉡, ㉤
④ ㉡, ㉣

---

42. 분업에 대한 설명으로 옳지 않은 것은?

① 분업의 심화는 작업도구·기계와 그 사용방법을 개선하는데 기여할 수 있다.
② 작업전환에 드는 시간(change-over time)을 단축할 수 있다.
③ 분업이 고도화되면 조직구성원에게 심리적 소외감이 생길 수 있다.
④ 분업은 업무량의 변동이 심하거나 원자재의 공급이 불안정한 경우에 더 잘 유지된다.

---

43. A~E의 5개 조직 특성이 다음과 같을 때, 조직 유형이 가장 다를 것으로 판단할 수 있는 조직은?

- A : 구성원들 간에 업무가 분명하게 규정되어 있다.
- B : 엄격한 상하관계와 위계질서가 존재한다.
- C : 비공식적인 의사소통이 원활하다.
- D : 다수의 규칙과 규정이 존재한다.
- E : 급변하는 환경에 대응이 늦다.

---

① A
② B
③ C
④ D

---

44. 국제 매너에 따른 올바른 악수 방법으로 옳지 않은 것은?

① 악수할 때는 상대방과 시선을 맞춘다.
② 왼손잡이라고 할지라도 악수는 오른손으로 한다.
③ 친근함을 표현하기 위해 두 손으로 악수하는 것이 좋다.
④ 악수할 때 손을 세게 잡고 오래 흔드는 것을 삼가야 한다.

▮45~46▮ 다음은 N은행의 내부 결재규정이다. 다음을 참고하여 각 문항에 답하시오.

[결재규정]

- 결재를 받으려면 업무에 대해서는 최고결정권자를 포함한 이하 직책자의 결재를 받아야 한다.
- 전결이라 함은 회사의 경영활동이나 관리활동을 수행함에 있어 의사결정이나 판단을 요하는 일에 대하여 최고결재권자의 결재를 생략하고, 자신의 책임 하에 최종적으로 의사결정이나, 판단을 하는 행위를 말한다.
- 전결사항에 대해서도 위임 받은 자를 포함한 이하 직책자의 결재를 받아야 한다.
- 표시내용 : 결재를 올리는 자는 최고결재권자로부터 전결사항을 위임 받은 자가 있는 경우 전결이라고 표시하고 최종 결재권자에 위임 받은 자를 표시한다. 다만, 결재가 불필요한 직책자의 결재란은 상향대각선으로 표시한다.
- 본 규정에서 정한 전결권자가 유고 또는 공석 시 그 직급의 직무권한은 차상급 직책자가 수행함을 원칙으로 한다.
- 각 직급은 긴급을 요하는 업무처리에 있어서 상위 전결권자의 결재를 득할 수 없을 경우 합리적인 방향으로 업무를 진행하여 차상위자의 전결로 처리하며, 사후 결재권자의 결재를 득해야 한다.
- 최고결재권자의 결재사항 및 최고결재권자로부터 위임된 전결사항은 다음의 표에 따른다.

구분	내용	금액기준	결재서류	팀장	본부장	사장
접대비	거래처 식대, 경조사비	10만 원 이하	접대비 지출품의서, 지출신청서	● ◇		
		30만 원 이하			● ◇	
		30만 원 초과				● ◇
출장비	국내 출장비	30만 원 이하	출장계획서, 출장비 신청서	● ◇		
		50만 원 이하			◇	
		50만 원 초과		●		◇
	해외 출장비					◇
소모품비	사무 용품비		지출결의서	◇		
	전산 소모품					◇
	기타 소모품	10만 원 이하		◇		
		30만 원 이하				
		30만 원 초과				◇
법인카드	법인 카드 사용	30만 원 이하	법인카드 사용신청서			
		50만 원 이하			◇	
		50만 원 초과				◇

● : 기안서, 출장계획서, 접대비지출품의서 등
◇ : 세금계산서, 발행요청서, 각종신청서 등

45. 다음 중 위의 전결규정을 바르게 이해하지 못한 설명은?

① 접대비는 금액에 따라 전결권자가 달라진다.
② 사무용품비 지출결의서는 금액에 상관없이 팀장의 전결사항이다.
③ 팀장 전결 사항의 결재서류에는 본부장 결재란에 상향대각선을 표시한다.
④ 해외출장자는 출장계획서와 출장비신청서에 대해 팀장의 최종결재를 얻어야 한다.

46. 기술팀 권 대리는 약 45만 원이 소요되는 업무 처리 건에 대하여 법인카드를 사용하고자 한다. 권 대리가 작성해야 할 서류의 양식으로 바른 것은?

①

	법인카드사용신청서			
결재	담당	팀장	본부장	사장
	권 대리		전결	본부장

②

	법인카드사용신청서			
결재	담당	팀장	본부장	사장
	권 대리		╱	╱

③

	법인카드사용신청서			
결재	담당	팀장	본부장	사장
	권 대리	╱		전결

④

	법인카드사용신청서			
결재	담당	팀장	본부장	사장
	권 대리			전결

47. 다음은 관리조직의 일반적인 업무내용을 나타내는 표이다. 다음 표를 참고할 때, E사원은 〈보기〉와 같은 업무를 처리하기 위하여 연관되어 있는 팀만으로 나열된 것은 어느 것인가?

부서명	업무내용
총무팀	집기비품 및 소모품의 구입과 관리, 사무실 임차 및 관리, 차량 및 통신시설의 운영, 국내외 출장 업무 협조, 사내외 홍보 광고업무, 회의실 및 사무 공간 관리, 사내·외 행사 주관
인사팀	조직기구의 개편 및 조정, 업무분장 및 조정, 인력수급 계획 및 관리, 노사관리, 평가관리, 상벌관리, 인사발령, 교육체계 수립 및 관리, 임금제도, 복리후생제도 및 지원업무, 복무관리, 퇴직관리
기획팀	경영계획 및 전략 수립, 전사기획업무 종합 및 조정, 경영정보 조사 및 기획보고, 경영진단업무, 종합예산수립 및 실적관리, 단기사업계획 종합 및 조정, 사업계획, 손익추정, 실적관리 및 분석
외환팀	수출입 외화자금 회수, 외환 자산 관리 및 투자, 수출 물량 해상 보험 업무, 직원 외환업무 관련 교육 프로그램 시행, 영업활동에 따른 환차손익 관리 및 손실최소화 방안 강구
회계팀	회계제도의 유지 및 관리, 재무상태 및 경영실적 보고, 결산 관련 업무, 재무제표 분석 및 보고, 법인세, 부가가치세, 국세 지방세 업무자문 및 지원, 보험가입 및 보상업무, 고정자산 관련 업무

〈보기〉

E사원은 오늘 매우 바쁜 하루를 보내야 한다. 회사에서 중요한 회의가 있는 날이라 팀에서 막내인 E사원은 회의실을 빌려야 하고, 회의에 필요한 자료를 정리해 회의실에 비치해 두어야 한다. 또한 E사원은 곧 있을 여름휴가를 위해 휴가계를 작성해 제출해야 한다. 오후에는 이번년도와 전년도 1/4분기 경영실적 자료를 입수해 보고서를 작성해야 하고, 그 이후에는 외환업무 관련 교육 프로그램에 참여해야 한다.

① 인사팀, 기획팀
② 총무팀, 기획팀, 회계팀
③ 총무팀, 인사팀, 기획팀, 회계팀
④ 총무팀, 인사팀, 회계팀, 외환팀

48. 다음은 W사의 경력평정에 관한 규정의 일부이다. 다음 중 규정을 올바르게 이해하지 못한 설명은 어느 것인가?

제15조(평정기준)
직원의 경력평정은 회사의 근무경력으로 평정한다.
제16조(경력평정 방법)
① 평정기준일 현재 근무경력이 6개월 이상인 직원에 대하여 별첨 서식에 의거 기본경력과 초과경력으로 구분하여 평정한다.
② 경력평정은 당해 직급에 한하되 기본경력과 초과경력으로 구분하여 평정한다.
③ 기본경력은 3년으로 하고, 초과경력은 기본경력을 초과한 경력으로 한다.
④ 당해 직급에 해당하는 휴직, 직위해제, 정직기간은 경력기간에 산입하지 아니한다.
⑤ 경력은 1개월 단위로 평정하되, 15일 이상은 1개월로 계산하고, 15일 미만은 산입하지 아니한다.
제17조(경력평정 점수)
평가에 의한 경력평정 총점은 30점으로 하며, 다음 각 호의 기준으로 평정한다.
① 기본경력은 월 0.5점씩 가산하여 총 18점을 만점으로 한다.
② 초과경력은 월 0.4점씩 가산하여 총 12점을 만점으로 한다.
제18조(가산점)
① 가산점은 5점을 만점으로 한다.
  • 정부포상 및 자체 포상 등(대통령 이상 3점, 총리 2점, 장관 및 시장 1점, 사장 1점, 기타 0.5점)
  • 회사가 장려하는 분야에 자격증을 취득한 자(자격증의 범위와 가점은 사장이 정하여 고시한다)
② 가산점은 당해 직급에 적용한다.

① 과장 직급으로 3년간 근무한 자가 대통령상을 수상한 경우, 경력평정 점수는 21점이다.
② 주임 직급 시 정직기간이 2개월 있었으며, 장관상을 수상한 자가 대리 근무 2년을 마친 경우 경력평정 점수는 12점이다.
③ 차장 직급으로 4년 14일 근무한 자의 경력평정 점수는 23.2점이다.
④ 차장 직책인 자는 과장 시기의 경력을 인정받을 수 없다.

〈2020년 사내 복지 제도〉

주택 지원
주택구입자금 대출
전보자 및 독신자를 위한 합숙소 운영

자녀학자금 지원
중고생 전액지원, 대학생 무이자융자

경조사 지원
사내근로복지기금을 운영하여 각종 경조금 지원

기타
사내 동호회 활동비 지원
상병 휴가, 휴직, 4대보험 지원
생일 축하금(상품권 지급)

〈2020년 1/4분기 지원 내역〉

이름	부서	직위	내역	금액(만원)
김민준	총무팀	과장	대학생 학자금 무이자융자	-
박민지	편집팀	대리	부친상	20
박서준	기획팀	사원	본인 결혼	20
이솔아	디자인팀	대리	생일(상품권 지급)	10
이예준	마케팅팀	차장	고등학생 학자금 전액지원	200
조수아	재무팀	대리	독신자 합숙소 지원	-
서지후	영업팀	대리	휴직(병가)	-
홍서현	인사팀	사원	사내 동호회 활동비 지원	15
김시우	물류팀	부장	주택구입자금 대출	-
박하린	전산팀	인턴	사내 동호회 활동비 지원	15

49. 인사팀에서 근무하고 있는 사원 C씨는 2020년 1분기에 지원을 받은 사원들을 정리했다. 다음 중 분류가 잘못된 사원은?

구분	이름
주택 지원	조수아, 김시우
자녀학자금 지원	김민준, 이예준
경조사 지원	박민지, 박서준, 이솔아
기타	서지후, 홍서현, 박하린

① 조수아

② 이예준

③ 박민지

④ 이솔아

50. 사원 C씨는 위의 복지제도와 지원 내역을 바탕으로 2분기에도 사원들을 지원하려고 한다. 지원한 내용으로 옳지 않은 것은?

① 이예준 차장이 모친상을 당해서 경조금 20만원을 지원하였다.

② 박서준 사원이 동호회에 참여하게 되어서 활동비 15만원을 지원하였다.

③ 박하린 인턴이 생일이라 상품권 10만원을 지원하였다.

④ 홍서현 사원이 병가로 인한 휴가를 내서 휴가비 5만원을 지원하였다.

경상북도 공공기관

직원 통합채용

기출동형 모의고사

제 4 회	영 역	직업기초능력평가
	문항수	총 50문항
	시 간	50분
	비 고	객관식 4지선다형

SEOWONGAK
(주)서원각

제4회 기출동형 모의고사

📝 문항수 : 50문항
⏰ 시 간 : 50분

1. 다음 밑줄 친 한자어의 음으로 옳은 것은?

> 재해를 당한 농민에게는 조세를 減免해 주었다.

① 감액   ② 감면
③ 절감   ④ 절약

2. 다음 제시된 낱말의 대응 관계로 볼 때 빈칸에 들어가기에 알맞은 것을 고르시오.

> 기쁨 : 즐거움 = 결핍 : (   )

① 충족   ② 궁핍
③ 만족   ④ 행복

3. 〈보기〉를 참조할 때, ㉠과 유사한 예로 볼 수 없는 것은?

> 어머니가 세탁기 버튼을 눌러 놓고는 텔레비전 드라마를 보고 있다. 우리가 이러한 모습을 볼 수 있는 이유는 바로 전자동 세탁기의 등장 때문이다. 전자동 세탁기는 세탁조 안에 탈수조가 있으며 탈수조 바닥에는 물과 빨랫감을 회전시키는 세탁판이 있다. 그리고 세탁조 밑에 클러치가 있는데, 클러치는 모터와 연결되어 있어서 모터의 힘을 세탁판이나 탈수조에 전달한다. 마이크로 컴퓨터는 이 장치들을 제어하여 빨래를 하게 한다. 그렇다면 빨래로부터 주부들의 ㉠손을 놓게 한 전자동 세탁기는 어떻게 빨래를 하는가?

> 〈보기〉
> ㉠은 '손(을)'과 '놓다'가 결합하여, 각 단어가 지닌 원래 의미와는 다른 새로운 의미, 즉 '하던 일을 그만두거나 잠시 멈추다.'의 뜻을 나타낸다. 이렇게 두 개 이상의 단어가 만나 새로운 의미를 가지는 경우가 있다.

① 어제부터 모두들 그 식당에 발을 끊었다.
② 조용히 눈을 감고 미래의 자신의 모습을 생각했다.
③ 결국은 결승전에서 우리 편이 무릎을 꿇었다.
④ 장에 가신 아버지가 오시기를 목을 빼고 기다렸다.

4. 다음 글의 밑줄 친 ㉠~㉣ 중 의미상 어색하지 않은 것은?

> 저소득층을 비롯한 취약가구에 대한 에너지 지원사업은 크게 소득지원, 가격할인, 효율개선 등의 세 가지 ㉠범위로 구분할 수 있으며, 현재 다양한 사업들이 시행되고 있다. 에너지 지원사업의 규모도 지속적으로 확대되어 왔는데, 최근 에너지 바우처 도입으로 현재 총 지원규모는 연간 5천억 원을 넘는 것으로 ㉡추정된다. 이처럼 막대한 지원규모에도 불구하고 에너지 지원사업의 성과를 종합적으로 평가할 수 있는 지표는 부재한 실정이다. 그동안 에너지복지와 관련된 연구의 대부분은 기존 지원사업의 문제점을 검토하고 개선방안을 ㉢표출하거나, 필요한 새로운 사업을 개발하고 설계하는 데 중점을 두고 시행되어 왔다. 에너지 지원사업의 효과와 효율성을 제고하기 위해서는 에너지복지의 상태는 어떠한지 그리고 지원사업을 통해 어떤 성과가 있었는지를 체계적이고 합리적으로 평가할 수 있는 다양한 지표의 개발이 필요함에도 불구하고, 이러한 분야에 대한 연구는 상대적으로 ㉣미비하였던 것이 사실이다.

① ㉠   ② ㉡
③ ㉢   ④ ㉣

5. 다음 중 밑줄 친 단어의 맞춤법이 옳은 문장은?

① 하늘이 뚫린 것인지 몇 날 몇 일을 기다려도 비는 그치지 않았다.
② 스승이란 모름지기 제자들의 마음을 어루만져 줄 수 있는 사람이 되야 한다.
③ 신제품을 선뵀어도 매출에는 큰 영향이 없을 것이다.
④ 나는 미로처럼 얽히고설킨 비탈길을 몇 번이고 오르락내리락했다.

┃6~7┃ 다음 글을 읽고 이어지는 물음에 답하시오.

〈2020년 친환경농산물 직거래 지원사업〉

농협경제지주에서 친환경농식품 취급업체의 직거래 구매·판매장 개설을 위한 융자 지원을 실시합니다. 이를 통해 친환경 농식품의 안정적인 판로 확대 및 수급조절·가격안정에 기여하고, 궁극적으로 ㉠소비자의 친환경농산물 구매 접근성을 향상시킬 수 있기를 기대합니다.

1. 지원 조건

구분	고정금리		변동금리
	운영	시설	('20. 1월 기준)
농업회사법인, 영농조합법인	2.5%	2.0%	1.27%
농협, 일반법인	3.0%		2.27%

2. 사업 의무량
① 운영 : 대출액의 125% 이상 국내산 친환경농식품 직거래 구매
② 시설 : 매장 임차보증금 및 시설 설치비용이 대출액의 125% 이상

3. 사업 대상자
친환경농식품 직거래사업에 참여 희망하는 생산자단체, 소비자단체, 전문유통업체, 유기 및 무농약원료 가공식품업체, 전자상거래사업자, 개인사업자 등

4. 지원자격 및 요건
① 생산자단체, 소비자단체, 전문유통업체의 경우 설립목적 또는 사업이 친환경농식품 유통에 부합되고, 친환경농식품을 ㉡산지에서 직구매하여 소비지에 직판하는 등 직거래사업을 추진하는 법인 및 단체
② 유기 및 무농약원료 가공식품업체의 경우 친환경농식품을 산지에서 직구매하여 유기 및 무농약원료 가공식품을 생산하는 업체
③ 전자상거래 사업자의 경우 상품의 주문·㉢결제 등 상거래의 주요 부분 중 일부 또는 전부를 인터넷 공간에서 판매하는 업체
④ 신청제한
 −한국농수산식품유통공사에서 '친환경농산물직거래지원자금'을 지원받고자 하는 업체
 −한국신용정보원에 연체 정보, ㉣대위변제·대지급 정보, 부도 정보, 관련인 정보, 금융질서 문란 정보 및 부실신용 관련 공공기록 정보가 등록된 자

6. 위 공고문에 대한 이해로 적절하지 않은 것은?

① 타 기관에서 동일한 성격의 지원자금을 받고자 하는 업체는 농협경제지주의 지원을 중복해서 받을 수 없다.

② 친환경농식품을 산지에서 직구매하는 사업자만 지원사업에 신청할 수 있다.

③ 지원사업에 참여하는 사업자에게는 대출액 125% 이상에 해당하는 사업 의무량이 주어진다.

④ 변동금리에 대해서는 '운영'과 '시설' 부문 구분에 따른 금리 차이가 없다.

7. ㉠~㉣에 대한 설명 중 적절하지 않은 것은?

① ㉠은 '소비자들이 손쉽게 친환경농산물을 구매할 수 있기를'과 같이 쓸 수 있다.

② ㉡의 한자는 '産地'로 쓴다.

③ ㉢은 '증권 또는 대금을 주고받아 매매 당사자 사이의 거래 관계를 끝맺는 일'을 뜻하는 단어가 적절하므로 '결재'로 고친다.

④ ㉣은 '제삼자가 다른 사람의 법률적 지위를 대신하여 그가 가진 권리를 얻거나 행사하는 일'을 뜻한다.

8. 다음은 아래 기사문을 읽고 나눈 직원들의 대화이다. 대화의 흐름상 빈칸에 들어갈 말로 가장 적절한 것은 어느 것인가?

영양과 칼로리 면에서 적절한 식량 공급보다 인간의 건강과 복지에 더 중요한 것은 없다. 지난 50년 동안 세계 인구의 상당 부분이 영양실조를 겪었지만 식량 확보에 실패한 것은 생산보다는 분배의 문제였다. 실제로 지난 50년 동안 우리는 주요 작물의 잉여를 경험했다. 이로 인해 많은 사람들이 식량 부족에 대해 걱정하지 않게 되었다. 2013년에 생산된 수백만 톤의 가장 중요한 주요 식량은 옥수수(1,018 Mt), 논 쌀(746 Mt), 밀(713 Mt), 대두(276 Mt)였다. 이 네 가지 작물은 전 세계적으로 소비되는 칼로리의 약 2/3를 차지한다. 더욱이, 이들 작물 각각에 대한 토지 단위 면적당 평균 수확량은 1960년 이후 두 배 이상 증가했다. 그렇다면 지금 왜 식량 안보에 대해 걱정해야 할까? 한 가지 이유는 주요 작물의 이러한 전 세계적인 잉여물로 인해 식물 과학 연구 및 작물 개선에 대한 관심이 점진적으로 줄어들었기 때문이다. 이는 세계적인 수준으로 나타났다. 그러나 이러한 무관심은 현재의 세계 인구 및 식량 소비 경향에 직면하여 근시안적이다. 전 세계 인구는 오늘날 70억 명에서 2050년 95억 명까지 증가할 것으로 예상된다. 인구가 증가하는 곳은 주로 도시가 될 것이고, 식단이 구황 작물에서 가공 식품으로 점차 바뀌게 될 것이다. 그러면 많은 육류 및 유제품이 필요하고 그보다 더 많은 사료가 필요하다. 예를 들어 1kg의 소를 생산하기 위해서는 10kg의 사료가 필요하다. 도시 인구의 증가는 동물성 식품에 대한 수요 증가를 가져오고 예상되는 인구 증가에만 기초하여 추정된 것보다 훨씬 빠른 작물 생산량의 증가를 요구할 것이다. 이 추세는 계속될 것으로 예상되며, 세계는 2013년 대비 2050년까지 85% 더 많은 기본 식료품이 필요할 것으로 예측된다.

A : 식량 문제가 정말 큰일이군. 이러다가 대대적인 식량난에 직면하게 될 지도 모르겠다.
B : 현재의 기술로 농작물 수확량을 증가시키면 큰 문제는 없지 않을까?
A : 문제는 (   )
B : 그래서 생산보다 분배가 더 문제라는 거구나.

① 과학기술이 수요량을 따라가지 못할 거라는 점이야.
② 인구의 증가가 너무 빠른 속도로 진행되고 있다는 사실이야.
③ 지구의 일부 지역에서는 농작물 수확량 향상 속도가 정체될 거라는 사실이지.
④ 지구의 모든 지역에서 식량 소비 속도가 동일하지는 않다는 점이지.

9. 다음 제시된 글의 주제로 가장 적합한 것은?

만약 영화관에서 영화가 재미없다면 중간에 나오는 것이 경제적일까, 아니면 끝까지 보는 것이 경제적일까? 아마 지불한 영화 관람료가 아깝다고 생각한 사람은 영화가 재미없어도 끝까지 보고 나올 것이다. 과연 그러한 행동이 합리적일까? 영화관에 남아서 영화를 계속 보는 것은 영화관에 남아 있으면서 기회비용을 포기하는 것이다. 이 기회비용은 영화관에서 나온다면 할 수 있는 일들의 가치와 동일하다. 영화관에서 나온다면 할 수 있는 유용하고 즐거운 일들은 얼마든지 있으므로, 영화를 계속 보면서 치르는 기회비용은 매우 크다고 할 수 있다. 결국 영화관에 남아서 재미없는 영화를 계속 보는 행위는 더 큰 기회와 잠재적인 이익을 포기하는 것이므로 합리적인 경제 행위라고 할 수 없다.

경제 행위의 의사 결정에서 중요한 것은 과거의 매몰비용이 아니라 현재와 미래의 선택기회를 반영하는 기회비용이다. 매몰비용이 발생하지 않도록 신중해야 한다는 교훈은 의미가 있지만 이미 발생한 매몰비용, 곧 돌이킬 수 없는 과거의 일에 얽매이는 것은 어리석은 짓이다. 과거는 과거일 뿐이다. 지금 얼마나 손해 보았는지가 중요한 것이 아니라, 지금 또는 앞으로 얼마나 이익을 또는 손해를 보게 될지가 중요한 것이다. 매몰비용은 과감하게 잊어버리고, 현재와 미래를 위한 삶을 살 필요가 있다. 경제적인 삶이란, 실패한 과거에 연연하지 않고 현재를 합리적으로 사는 것이기 때문이다.

① 돌이킬 수 없는 과거의 매몰비용에 얽매이는 것은 어리석은 짓이다.
② 경제 행위의 의사결정에서 중요한 것은 미래의 선택기회를 반영하는 기회비용이다.
③ 매몰비용은 과감하게 잊어버리고, 기회비용을 고려할 필요가 있다.
④ 실패한 과거에 연연하지 않고 현재를 합리적으로 사는 경제적인 삶을 살아가는 것이 중요하다.

10. 다음 글을 참고할 때, '깨진 유리창의 법칙'이 시사하는 바로 가장 적절한 설명은 무엇인가?

> 1969년 미국 스탠포드 대학의 심리학자인 필립 짐바르도 교수는 아주 흥미로운 심리실험을 진행했다. 범죄가 자주 발생하는 골목을 골라 새 승용차 한 대를 보닛을 열어놓은 상태로 방치시켰다. 일주일이 지난 뒤 확인해보니 그 차는 아무런 이상이 없었다. 원상태대로 보존된 것이다. 이번에는 똑같은 새 승용차를 보닛을 열어놓고, 한쪽 유리창을 깬 상태로 방치시켜 두었다. 놀라운 일이 벌어졌다. 불과 10분이 지나자 배터리가 없어지고 차 안에 쓰레기가 버려져 있었다. 시간이 지나면서 낙서, 도난, 파괴가 연이어 일어났다. 1주일이 지나자 그 차는 거의 고철상태가 되어 폐차장으로 실려 갈 정도가 되었던 것이다. 훗날 이 실험결과는 '깨진 유리창의 법칙'이라는 이름으로 불리게 된다.
>
> 1980년대의 뉴욕 시는 연간 60만 건 이상의 중범죄가 발생하는 범죄도시로 악명이 높았다. 당시 여행객들 사이에서 '뉴욕의 지하철은 절대 타지 마라'는 소문이 돌 정도였다. 미국 라토가스 대학의 겔링 교수는 '깨진 유리창의 법칙'에 근거하여, 뉴욕 시의 지하철 흉악 범죄를 줄이기 위한 대책으로 낙서를 철저하게 지울 것을 제안했다. 낙서가 방치되어 있는 상태는 창문이 깨져있는 자동차와 같은 상태라고 생각했기 때문이다.

① 범죄는 대중교통 이용 공간에서 발생확률이 가장 높다.
② 문제는 확인되기 전에 사전 단속이 중요하다.
③ 작은 일을 철저히 관리하면 큰 사고를 막을 수 있다.
④ 낙서는 가장 핵심적인 범죄의 원인이 된다.

┃11~12┃ 일정한 규칙으로 숫자들이 나열되어 있다. 빈칸에 들어갈 알맞은 숫자는?

11.

55	10	→	51	6
40	25		( )	21

① 30
② 32
③ 34
④ 36

12.

78	86	92	94	98	106	( )

① 110
② 112
③ 114
④ 116

13. 입구부터 출구까지의 총 길이가 840m인 터널을 열차가 초속 50m의 속도로 달려 열차가 완전히 통과할 때까지 걸린 시간이 25초라고 할 때, 이보다 긴 1,400m의 터널을 동일한 열차가 동일한 속도로 완전히 통과하는 데 걸리는 시간은 얼마인가?

① 34.5초
② 35.4초
③ 36.2초
④ 36.8초

14. N사의 공장 앞에는 '가로 20m×세로 15m' 크기의 잔디밭이 조성되어 있다. 시청에서는 이 잔디밭의 가로, 세로 길이를 동일한 비율로 확장하여 새롭게 잔디를 심었는데 새로운 잔디밭의 총 면적은 432m²였다. 새로운 잔디밭의 가로, 세로의 길이는 순서대로 얼마인가?

① 24m, 18m
② 23m, 17m
③ 22m, 16.5m
④ 21.5m, 16m

15. 다음은 한국과 3개국의 교역량을 나타낸 표이다. 이를 잘못 해석한 것을 고르면?

(단위 : 백만 달러)

국가	항목	1988	1998	2008
칠레	수출액	153	567	3,032
	수입액	208	706	4,127
이라크	수출액	42	2	368
	수입액	146	66	4,227
이란	수출액	131	767	4,342
	수입액	518	994	9,223

① 2008년에 칠레와 이라크로부터 수입한 금액보다 이란과의 거래에서 발생한 수입액이 더 많다.

② 교역량에서 감소율을 보인 교역 대상국가는 이라크뿐이다.

③ 1998년 칠레 교역에서 수입액은 1988년에 비해 240%에 가까운 증가율을 보였다.

④ 칠레와의 교역에서 무역적자에서 무역흑자로 전환된 적이 있다.

16. 다음은 서울 시민의 '이웃에 대한 신뢰도'를 나타낸 자료이다. 다음 자료를 올바르게 분석하지 못한 것은 어느 것인가?

(단위 : %, 10점 만점)

구분		신뢰하지 않음(%)	보통(%)	신뢰함(%)	평점
전체		18.9	41.1	40.0	5.54
성	남성	18.5	42.2	39.3	5.54
	여성	19.2	40.1	40.7	5.54
연령	10대	22.6	38.9	38.5	5.41
	20대	21.8	41.6	36.5	5.35
	30대	18.9	42.8	38.2	5.48
	40대	18.8	42.4	38.8	5.51
	50대	17.0	42.0	41.1	5.65
	60세 이상	17.2	38.2	44.6	5.70

① 서울 시민 10명 중 4명은 이웃을 신뢰한다.

② 이웃을 신뢰하는 사람의 비중과 평점의 연령별 증감 추이는 동일하지 않다.

③ 20대 이후 연령층에서는 고령자일수록 이웃을 신뢰하는 사람의 비중이 더 높다.

④ 평점에서는 성별에 따른 차이가 없으나, 이웃을 신뢰하는 사람의 비중에서 남성이 1%p 이상 낮다.

┃17~18┃ 다음 자료를 읽고 이어지는 물음에 답하시오.

증여세는 타인으로부터 무상으로 재산을 취득하는 경우, 취득자에게 무상으로 받은 재산가액을 기준으로 하여 부과하는 세금이다. 특히, 증여세 과세대상은 민법상 증여뿐만 아니라 거래의 명칭, 형식, 목적 등에 불구하고 경제적 실질이 무상 이전인 경우 모두 해당된다. 증여세는 증여받은 재산의 가액에서 증여재산 공제를 하고 나머지 금액(과세표준)에 세율을 곱하여 계산한다.

> 증여재산-증여재산공제액=과세표준
> 과세표준×세율=산출세액

증여가 친족 간에 이루어진 경우 증여받은 재산의 가액에서 다음의 금액을 공제한다.

증여자	공제금액
배우자	6억 원
직계존속	5천만 원
직계비속	5천만 원
기타친족	1천만 원

수증자를 기준으로 당해 증여 전 10년 이내에 공제받은 금액과 해당 증여에서 공제받을 금액의 합계액은 위의 공제금액을 한도로 한다.

또한, 증여받은 재산의 가액은 증여 당시의 시가로 평가되며, 다음의 세율을 적용하여 산출세액을 계산하게 된다.

〈증여세 세율〉

과세표준	세율	누진공제액
1억 원 이하	10%	–
1억 원 초과~5억 원 이하	20%	1천만 원
5억 원 초과~10억 원 이하	30%	6천만 원
10억 원 초과~30억 원 이하	40%	1억 6천만 원
30억 원 초과	50%	4억 6천만 원

※ 증여세 자진신고 시 산출세액의 7% 공제함

17. 위에 증여세 관련 자료를 참고할 때, 다음 〈보기〉와 같은 세 가지 경우에 해당하는 증여재산 공제액의 합은 얼마인가?

〈보기〉
- 어머니로부터 여러 번에 걸쳐 2천만 원 이상 재산을 증여받은 경우
- 성인 딸이 아버지와 어머니로부터 각각 2천만 원 이상 재산을 증여받은 경우
- 어머니와 이모로부터 2천만 원 이상 재산을 증여받은 경우

① 7천만 원
② 1억 원
③ 1억 2천만 원
④ 1억 6천만 원

18. 성년인 고미리 씨는 어머니로부터 5억 7천만 원의 현금을 증여받게 되어, 증여세 납부 고지서를 받기 전 스스로 증여세를 납부하고자 세무사를 찾아 갔다. 세무사가 계산해 준 고미리 씨의 증여세 납부액은 얼마인가?

① 8,326만 원　　　② 8,478만 원
③ 8,827만 원　　　④ 8,928만 원

19. 다음은 2015~2019년까지의 고용동향을 나타내는 표이다. 다음 설명 중 옳지 않은 것을 고르면?

(단위 : 천명)

	15세 이상 인구			
		경제활동인구		비경제 활동인구
		취업자	실업자	
2015	43,239	27,153	26,178	976	16,086
2016	43,606	27,418	26,409	1,009	16,187
2017	43,931	27,748	26,725	1,023	16,183
2018	44,182	27,895	26,822	1,073	16,287
2019	44,504	28,186	27,123	1,063	16,318

① 2017년의 비경제활동인구수는 2016년의 비경제활동인구수보다 작다.
② 2019년의 실업자수는 2018년의 실업자수보다 작다.
③ 2015년의 취업자수는 같은 해 실업자수의 비해 27배 이상 많다.
④ 2015년부터 취업자수는 계속 증가하고 있다.

20. 다음 표는 어느 회사의 공장별 제품 생산 및 판매 실적에 대한 자료이다. 이에 대한 설명으로 옳지 않은 것은?

(단위 : 대)

공장	2019년 12월	2019년 전체	
	생산 대수	생산 대수	판매 대수
A	25	586	475
B	21	780	738
C	32	1,046	996
D	19	1,105	1,081
E	38	1,022	956
F	39	1,350	1,238
G	15	969	947
H	18	1,014	962
I	26	794	702

※ 2020년 1월 1일 기준 재고 수=2019년 전체 생산 대수-2019년 전체 판매 대수

※ 판매율(%)=$\frac{판매 대수}{생산 대수}$×100

※ 2019년 1월 1일부터 제품을 생산·판매하였음

① 2020년 1월 1일 기준 재고 수가 가장 적은 공장은 G공장이다.
② 2020년 1월 1일 기준 재고 수가 가장 많은 공장의 2019년 전체 판매율은 90% 이상이다.
③ 2019년 12월 생산 대수가 가장 많은 공장과 2020년 1월 1일 기준 재고 수가 가장 많은 공장은 동일하다.
④ I공장의 2019년 전체 판매율은 90% 이상이다.

21. 두 가지 직업을 동시에 가지는 사람들(일명 투잡)이 최근에 많아졌다. 지은, 수정, 효미는 각각 두 가지씩 직업을 가지고 있는데 직업의 종류는 은행원, 화가, 소설가, 교사, 변호사, 사업가 6가지이다. 세 명에 대하여 다음 사항을 알고 있을 때, 효미의 직업은 무엇인가?

㉠ 사업가는 은행원에게 대출 절차를 상담하였다.
㉡ 사업가와 소설가와 지은이는 같이 골프를 치는 친구이다.
㉢ 화가는 변호사에게서 법률적인 충고를 받았다.
㉣ 은행원은 화가의 누이동생과 결혼하였다.
㉤ 수정은 소설가에게서 소설책을 빌렸다.
㉥ 수정과 효미는 화가와 어릴 때부터 친구였다.

① 교사, 소설가　　　② 은행원, 소설가
③ 변호사, 사업가　　　④ 교사, 변호사

22. A 부서에서는 새로운 프로젝트를 위해 팀을 꾸리고자 한다. 이 부서에는 남자 직원 세현, 승훈, 영수, 준원 4명과 여자 직원 보라, 소희, 진아 3명이 소속되어 있다. 아래의 조건에 따라 이들 가운데 4명을 뽑아 프로젝트 팀에 포함시키려 한다. 다음 중 옳지 않은 것은?

〈조건〉
• 남자 직원 가운데 적어도 한 사람은 뽑아야 한다.
• 여자 직원 가운데 적어도 한 사람은 뽑지 말아야 한다.
• 세현, 승훈 중 적어도 한 사람을 뽑으면, 준원과 진아도 뽑아야 한다.
• 영수를 뽑으면, 보라와 소희는 뽑지 말아야 한다.
• 진아를 뽑으면, 보라도 뽑아야 한다.

① 남녀 동수로 팀이 구성된다.
② 영수와 소희 둘 다 팀에 포함되지 않는다.
③ 승훈과 세현은 함께 프로젝트 팀에 포함될 수 있다.
④ 준원과 보라 둘 다 팀에 포함된다.

23. N사의 가, 나, 다, 라 팀은 출장지로 이동하는데, 각 팀별로 움직이려고 한다. 동일 출장지로 운항하는 5개의 항공사별 수하물 규정은 다음과 같다. 다음 규정을 참고할 때, 각 팀에서 판단한 것으로 옳지 않은 것은?

〈항공사별 수하물 규정〉

	화물용	기내 반입용
갑 항공사	A+B+C=158cm 이하, 각 23kg, 2개	A+B+C=115cm 이하, 10kg~12kg, 2개
을 항공사		A+B+C=115cm 이하, 10kg~12kg, 1개
병 항공사	A+B+C=158cm 이하, 20kg, 1개	A+B+C=115cm 이하, 7kg~12kg, 2개
정 항공사	A+B+C=158cm 이하, 각 20kg, 2개	A+B+C=115cm 이하, 14kg 이하, 1개
무 항공사		A+B+C=120cm 이하, 14kg~16kg, 1개

* A, B, C는 가방의 가로, 세로, 높이의 길이를 의미함.

① '가' 팀 : 기내 반입용 가방이 최소한 2개가 되어야 하니 일단 '갑 항공사', '병 항공사'밖엔 안 되겠군.
② '나' 팀 : 가방 세 개 중 A+B+C의 합이 2개는 155cm, 1개는 118cm이니 '무 항공사' 예약상황을 알아봐야지.
③ '다' 팀 : 무게로만 따지면 '병 항공사'보다 '을 항공사'를 이용하면 더 많은 짐을 가져갈 수 있겠군.
④ '라' 팀 : 가방의 총 무게가 55kg을 넘어갈 테니 반드시 '갑 항공사'를 이용해야겠네.

24. 다음 〈상황〉과 〈자기소개〉를 근거로 판단할 때 옳지 않은 것은?

〈상황〉
5명의 직장인(A~E)이 커플 매칭 프로그램에 참여했다.
1) 남성이 3명이고 여성이 2명이다.
2) 5명의 나이는 34세, 32세, 30세, 28세, 26세이다.
3) 5명의 직업은 의사, 간호사, TV드라마감독, 라디오작가, 요리사이다.
4) 의사와 간호사는 성별이 같다.
5) 라디오작가는 요리사와 매칭 된다.
6) 남성과 여성의 평균 나이는 같다.
7) 한 사람당 한 명의 이성과 매칭이 가능하다.

〈자기소개〉
A : 안녕하세요. 저는 32세이고 의료 관련 일을 합니다.
B : 저는 방송업계에서 일하는 남성입니다.
C : 저는 20대 남성입니다.
D : 반갑습니다. 저는 방송업계에서 일하는 여성입니다.
E : 제가 이 중 막내네요. 저는 요리사입니다.

① TV드라마감독은 B보다 네 살이 많다.
② 의사와 간호사 나이의 평균은 30세이다.
③ D는 의료계에서 일하는 두 사람 중 나이가 적은 사람보다 두 살 많다.
④ A의 나이는 방송업계에서 일하는 사람들 나이의 평균과 같다.

▌25~26▐ 다음은 N사의 월간 일정표이다. 이어지는 각 물음에 답하시오.

〈9월 일정표〉

일	월	화	수	목	금	토
		1	2 선진농업 마스터클라스 입찰 공고	3	4	5
6	7 주간 업무계획 보고	8 스마트상담 센터 구축 업무 회의(2)	9	10	11 선진농업 마스터클라스 입찰 업무	12
13	14 주간 업무계획 보고	15	16	17 한우 홍보용품 제작 및 발송(3)	18	19
20	21 주간 업무계획 보고	22 스마트농업 전략 회의	23	24	25 스마트상담 센터 구축 업무	26
27	28 주간 업무계획 보고	29	30			

※ 주말 근무는 없으며, 괄호 안의 숫자는 해당 일정을 수행하는 데 소요되는 기간을 의미한다.

〈업무 분장〉
1) 기획팀 : 선진농업 마스터클라스 관련 업무, 스마트농업 관련 업무
2) IT기획팀 : 스마트상담센터 관련 업무
3) 미래경영연구팀 : 스마트농업 관련 업무
4) 고객홍보팀 : 한우 홍보용품 제작 및 발송, 스마트상담센터 관련 업무
* 팀장은 해당 팀의 업무 수행 외에 매주 월요일 회의에서 주간 업무계획을 보고한다.

25. 9월 일정표에 따를 때 고객홍보팀장은 IT기획팀장과 업무상 만남을 (㉠)일, 기획팀장은 미래경영연구팀장과 (㉡)일 가지게 된다. ㉠과 ㉡에 들어갈 숫자로 옳은 것은?

	㉠	㉡
①	5	7
②	7	5
③	3	2
④	2	3

26. 기획팀과 IT기획팀이 1박 2일로 함께 워크숍을 가려고 한다. 다음 중 워크숍 출발 날짜로 적절한 것은? (각 팀의 업무가 있는 날과 주말은 제외한다.)

① 9월 1일　　② 9월 10일
③ 9월 17일　　④ 9월 24일

27. 다음과 같은 상황과 조건을 바탕으로 할 때, A가 오늘 아침에 수행한 아침 일과에 포함될 수 없는 것은?

- A는 오늘 아침 7시 20분에 기상하여 25분 후인 7시 45분에 집을 나섰다. A는 주어진 25분을 모두 아침 일과를 쉼 없이 수행하는 데 사용했다.
- 아침 일과를 수행하는 데 정해진 순서는 없으며, 같은 아침 일과를 두 번 이상 수행하지 않는다.
- 단, 머리를 감았다면 반드시 말리며, 각 아침 일과 수행 중에 다른 아침 일과를 동시에 수행할 수는 없다.
- 각 아침 일과를 수행하는 데 소요되는 시간은 다음과 같다.

아침 일과	소요 시간	아침 일과	소요 시간
샤워	10분	몸치장 하기	7분
세수	4분	구두 닦기	5분
머리 감기	3분	주스 만들기	15분
머리 말리기	5분	양말 신기	2분

① 세수
② 머리 감기
③ 구두 닦기
④ 몸치장 하기

28. 다음은 G팀의 해외지사 발령자 선발 방식에 대한 설명이다. 다음에 대한 설명으로 옳지 않은 것은?

> G팀은 지망자 5명(A~E) 중 한 명을 해외지사 발령자로 추천하기 위하여 각각 5회의 평가를 실시하고, 그 결과에 바탕을 둔 추첨을 하기로 했다. 평가 및 추첨 방식과 현재까지 진행된 평가 결과는 아래와 같다.
> • 매 회 10점 만점으로 1점 단위의 점수를 매기며, 10점을 얻은 지망자에게는 5장의 카드, 9점을 얻은 지망자에게는 2장의 카드, 8점을 얻은 지망자에게는 1장의 카드를 부여한다. 7점 이하를 얻은 지망자에게는 카드를 부여하지 않는다.
> • 5회차 평가 이후 각 지망자는 자신이 받은 모든 카드에 본인의 이름을 적고, 추첨함에 넣는다. 다만 5번의 평가의 총점이 40점 미만인 지망자는 본인의 카드를 추첨함에 넣지 못한다.
> • G팀장은 추첨함에서 한 장의 카드를 무작위로 뽑아 카드에 이름이 적힌 지망자를 G팀의 해외지사 발령자로 추천한다.

구분	1회	2회	3회	4회	5회
A	9	9	9	9	
B	8	8	7	7	
C	9	7	9	7	
D	7	7	7	7	
E	8	8	9	8	

① 5회차에서 B만 10점을 받는다면 적어도 D보다는 추천될 확률이 높다.
② C가 5회차에서 9점만 받아도 E보다 추천될 확률이 높아진다.
③ D는 5회차 평가 점수와 관계없이 추첨함에 카드를 넣지 못한다.
④ 5회차에 모두가 같은 점수를 받는다면 A가 추천될 확률이 가장 높다.

|29~30| 전문가 6명(A~F)의 '회의 참여 가능 시간'과 '회의 장소 선호도'를 반영하여 〈조건〉을 충족하는 회의를 월요일~금요일 중에 개최하려 한다. 다음 자료를 바탕으로 이어지는 각 물음에 답하시오.

〈회의 참여 가능 시간〉

요일 / 전문가	월	화	수	목	금
A	13:00~16:20	15:00~17:30	13:00~16:20	15:00~17:30	16:00~18:30
B	13:00~16:10	–	13:00~16:10	–	16:00~18:30
C	16:00~19:20	14:00~16:20	–	14:00~16:20	16:00~19:20
D	17:00~19:30	–	17:00~19:30	–	17:00~19:30
E	–	15:00~17:10	–	15:00~17:10	–
F	16:00~19:20	–	16:00~19:20	–	16:00~19:20

〈회의 장소 선호도〉

(단위 : 점)

전문가 / 장소	A	B	C	D	E	F
가	5	4	5	6	7	5
나	6	6	8	6	8	8
다	7	8	5	6	3	4

〈조건〉
1) 전문가 A~F 중 3명 이상이 참여할 수 있어야 회의 개최가 가능하다.
2) 회의는 1시간 동안 진행되며, 회의 참여자는 회의 시작부터 종료까지 자리를 지켜야 한다.
3) 회의 시간이 정해지면, 해당 일정에 참여 가능한 전문가들의 선호도를 합산하여 가장 높은 점수가 나온 곳을 회의 장소로 정한다.

29. 제시된 '표' 및 〈조건〉을 보고 판단한 것 중 옳은 것은?
① 월요일에는 회의를 개최할 수 없다.
② 금요일 16시에 회의를 개최할 경우 회의 장소는 '가'이다.
③ A가 반드시 참여해야 할 경우 목요일 16시에 회의를 개최할 수 있다.
④ C, D를 포함하여 4명 이상이 참여해야 할 경우 금요일 17시에 회의를 개최할 수 있다.

30. 회의 개최 비용이 다음과 같은 조건에 따라 산정될 때, 회의 개최 시간에 따른 비용으로 알맞게 연결된 것은?

- 회의 참여 수당 : 전문가 1명당 100,000원
- 회의 장소 대여 비용

구분 \ 회의장소		가	나	다
기본요금	09~17시	70,000원	65,000원	80,000원
	17시~20시	55,000원	60,000원	60,000원
기준인원[1] 초과 시 1명당 추가요금		10,000원	15,000원	12,000원
할인혜택[2]		목~금: 20% 할인	수, 금: 10% 할인	월~화: 10% 할인

1) 회의 장소 기준인원은 3명이다.
2) 기본요금에 인원초과 시 추가요금을 합산한 금액을 기준으로 하여 할인한다.

① 화요일 3시 – 472,000원

② 금요일 4시 – 354,000원

③ 금요일 5시 – 581,000원

④ 금요일 6시 – 365,000원

31. 다음에서 의미하는 가치들 중 직무상 필요한 가장 핵심적인 네 가지 자원에 해당하지 않는 설명은 어느 것인가?

① 민간 기업이나 공공단체 및 기타 조직체는 물론이고 개인의 수입·지출에 관한 것도 포함하는 가치

② 인간이 약한 신체적 특성을 보완하기 위하여 활용하는, 정상적인 인간의 활동에 수반되는 많은 자원들

③ 기업이 나아가야 할 방향과 목적 등 기업 전체가 공유하는 비전, 가치관, 사훈, 기본 방침 등으로 표현되는 것

④ 매일 주어지며 똑같은 속도로 흐르지만 멈추거나 빌리거나 저축할 수 없는 것

32. '갑'시에 위치한 N사 권 대리는 다음과 같은 일정으로 출장을 계획하고 있다. 출장비 지급 내역에 따라 권 대리가 받을 수 있는 출장비의 총액은 얼마인가?

〈지역별 출장비 지급 내역〉

출장 지역	일비	식비
'갑'시	15,000원	15,000원
'갑'시 외 지역	23,000원	17,000원

* 거래처 차량으로 이동할 경우, 일비 5,000원 차감
* 오후 일정 시작일 경우, 식비 7,000원 차감

〈출장 일정〉

출장 일자	지역	출장 시간	이동계획
화요일	'갑'시	09:00~18:00	거래처 배차
수요일	'갑'시 외 지역	10:30~16:00	대중교통
금요일	'갑'시	14:00~19:00	거래처 배차

① 75,000원

② 78,000원

③ 83,000원

④ 85,000원

33. 전략적 인적자원관리에 대한 설명으로 옳지 않은 것은?

① 장기적이며 목표·성과 중심적으로 인적자원을 관리한다.

② 개인의 욕구는 조직의 전략적 목표달성을 위해 희생해야 한다는 입장이다.

③ 인사업무 책임자가 조직 전략 수립에 적극적으로 관여한다.

④ 조직의 전략 및 성과와 인적자원관리 활동 간의 연계에 중점을 둔다.

34. 합리적인 인사관리의 원칙 중 다음 ㉠과 ㉡에서 설명하고 있는 것은 무엇인가?

- _____㉠_____ : 근로자의 인권을 존중하고 공헌도에 따라 노동의 대가를 공정하게 지급
- _____㉡_____ : 직장 내에서 구성원들이 소외감을 갖지 않도록 배려하고, 서로 협동·단결할 수 있도록 유지

	㉠	㉡
①	공정 인사의 원칙	종업원 안정의 원칙
②	공정 인사의 원칙	단결의 원칙
③	공정 보상의 원칙	종업원 안정의 원칙
④	공정 보상의 원칙	단결의 원칙

35. N사 기획팀에서는 해외 거래처와의 중요한 계약을 성사시키기 위해 이를 담당할 사내 TF팀 인원을 보강하고자 한다. 다음 상황을 참고할 때, 반드시 선발해야 할 2명의 직원은 누구인가?

기획팀은 TF팀에 추가로 필요한 직원 2명을 보강해야 한다. 계약실무, 협상, 시장조사, 현장교육 등 4가지 업무는 새롭게 선발될 2명의 직원이 분담하여 모두 수행해야 한다.

4가지 업무를 수행하기 위해 필수적으로 갖추어야 할 자질은 다음과 같다.

업무	필요 자질
계약실무	스페인어, 국제 감각
협상	스페인어, 설득력
시장조사	설득력, 비판적 사고
현장교육	국제 감각, 의사 전달력

* 기획팀에서 1차로 선발한 직원은 오 대리, 최 사원, 남 대리, 조 사원 4명이며, 이들은 모두 3가지씩의 '필요 자질'을 갖추고 있다.
* 의사 전달력은 남 대리를 제외한 나머지 3명이 모두 갖추고 있다.
* 조 사원이 시장조사 업무를 제외한 모든 업무를 수행하려면, 스페인어 자질만 추가로 갖추면 된다.
* 오 대리는 계약실무 업무를 수행할 수 있고, 최 사원과 남 대리는 시장조사 업무를 수행할 수 있다.
* 국제 감각을 갖춘 직원은 2명이다.

① 오 대리, 최 사원
② 오 대리, 남 대리
③ 최 사원, 조 사원
④ 최 사원, 조 사원

36. 다음은 N사의 부서별 추가 인원 요청사항과 새로 배정된 신입사원 5명의 인적사항이다. 적재적소의 원리에 의거하여 신입사원들을 배치할 경우 가장 적절한 것은?

〈신입사원 인적사항〉

성명	성별	전공	자격 및 기타
이나정	여	컴퓨터공학과	논리적·수학적 사고력 우수함
장하윤	여	회계학과	인사 프로그램 사용 가능
권도진	남	소프트웨어학과	SW융합 인재 온라인 경진 대회 수상경력
김성준	남	경영학과	광고심리학 공부, 강한 호기심, 창의력 대회 입상
오수연	여	경영학과	노무사 관련 지식 보유

〈부서별 인원 요청 사항〉

부서명	필요인원	필요자질
인사총무부	2명	대인관계 원만한 자, 조직에 대한 이해가 높은 자
IT기획부	2명	프로그램 및 시스템 관련 능통자
홍보실	1명	외향적인 성격, 창의적 사고

	인사총무부	IT기획부	홍보실
①	장하윤, 권도진	오수연, 김성준	이나정
②	김성준, 오수연	이나정, 권도진	장하윤
③	장하윤, 오수연	이나정, 권도진	김성준
④	권도진, 김성준	이나정, 장하윤	오수연

37. 다음 글을 근거로 판단할 때, 서연이가 구매할 가전제품과 구매할 상점을 옳게 연결한 것은?

서원이는 가전제품 A~E를 1대씩 구매하기 위하여 상점 '갑, 을, 병'의 가전제품 판매가격을 알아보았다.

〈상점별 가전제품 판매가격〉

(단위 : 만 원)

구분	A	B	C	D	E
갑	150	50	50	20	20
을	130	45	60	20	10
병	140	40	50	25	15

서원이는 각각의 가전제품을 세 상점 중 어느 곳에서나 구매할 수 있으며, 아래의 〈혜택〉을 이용하여 총 구매 금액을 최소화하고자 한다.

〈혜택〉

1. '갑' 상점 : 200만 원 이상 구매 시 전 품목 10% 할인
2. '을' 상점 : A를 구매한 고객에게는 C, D를 20% 할인
3. '병' 상점 : C, D를 모두 구매한 고객에게는 E를 5만 원에 판매

① 갑 – A
② 을 – E
③ 병 – C
④ 갑 – D

38. 다음은 영업사원인 N씨가 오늘 미팅해야 할 거래처 직원들과 방문해야 할 업체에 관한 정보이다. 다음의 정보를 모두 반영하여 일정을 정한다고 할 때 순서가 올바르게 배열된 것은? (단, 장소 간 이동 시간은 없는 것으로 가정한다)

〈거래처 직원들의 요구 사항〉

1) A 거래처 과장 : 회사 내부 일정으로 인해 미팅은 10시~12시 또는 16~18시까지 2시간 정도 가능합니다.
2) B 거래처 대리 : 12시부터 점심식사를 하거나 18시부터 저녁식사를 하시죠. 시간은 2시간이면 될 것 같습니다.
3) C 거래처 사원 : 외근이 잡혀서 오전 9시부터 10시까지 1시간만 가능합니다.
4) D 거래처 부장 : 외부 일정으로 18시부터 저녁식사만 가능합니다.

〈방문해야 할 업체와 가능한 시간〉

1) E 서점 : 14~18시, 2시간 소요
2) F 은행 : 12~16시, 1시간 소요
3) G 미술관 : 하루 3회(10시, 13시, 15시), 1시간 소요

① C 거래처 사원 – A 거래처 과장 – B 거래처 대리 – E 서점 – G 미술관 – F 은행 – D 거래처 부장
② C 거래처 사원 – A 거래처 과장 – F 은행 – B 거래처 대리 – G 미술관 – E 서점 – D 거래처 부장
③ C 거래처 사원 – G 미술관 – F 은행 – B 거래처 대리 – E 서점 – A 거래처 과장 – D 거래처 부장
④ C 거래처 사원 – A 거래처 과장 – B 거래처 대리 – F 은행 – G 미술관 – E 서점 – D 거래처 부장

｜39~40｜ 다음은 노트북을 구매하기 위하여 전자제품 매장을 찾은 L씨가 제품 설명서를 보고 점원과 나눈 대화와 설명서 내용의 일부이다. 다음을 보고 이어지는 물음에 답하시오.

L씨 : "노트북을 좀 사려고 합니다."
점원 : "네 고객님, 어떤 조건을 원하시나요?"
L씨 : "제 것과 친구에게 선물할 것 두 개를 사려고 하는데요, 두 개 모두 가볍고 배터리 사용시간이 좀 길었으면 합니다. 무게는 1kg까지가 적당할 것 같고요, 저는 충전시간이 짧으면서도 음악재생시간이 긴 제품을 원해요. 선물하려는 제품은요, 일주일에 한 번만 충전해도 음악재생시간이 16시간은 되어야 하고, 용량은 320GB 이상이었으면 좋겠어요."
점원 : "그럼 고객님께는 (   )모델을, 친구 분께 드릴 선물로는 (   )모델을 추천해 드립니다."

〈제품 사양서〉

구분	무게	충전시간	용량	음악재생시간
A	900g	2.3H	300GB	15H
B	1kg	2.1H	310GB	13H
C	1.1kg	3.0H	320GB	16H
D	1.2kg	2.2H	330GB	14H

39. 다음 중 위 네 가지 모델에 대한 설명으로 옳은 것을 〈보기〉에서 모두 고르면?

> 〈보기〉
> ㈎ 충전시간이 길수록 음악재생시간이 길다.
> ㈏ 무게가 무거울수록 용량이 크다.
> ㈐ 무게가 무거울수록 음악재생시간이 길다.
> ㈑ 용량이 클수록 음악재생시간이 길다.

① ㈎

② ㈎, ㈏

③ ㈏, ㈑

④ ㈎, ㈑

40. 다음 중 점원 L씨에게 추천한 빈칸의 제품이 순서대로 올바르게 짝지어진 것은 어느 것인가?

	L씨	선물
①	B모델	A모델
②	A모델	C모델
③	C모델	D모델
④	B모델	C모델

41. 조직의 규모에 대한 설명으로 가장 옳은 것은?

① 조직의 규모가 클수록 공식화 수준이 낮아진다.

② 조직의 규모가 클수록 조직 내 구성원의 응집력이 강해진다.

③ 조직의 규모가 클수록 분권화되는 경향이 있다.

④ 조직의 규모가 클수록 복잡성이 낮아진다.

42. 조직문화의 일반적 기능에 관한 설명으로 가장 옳지 않은 것은?

① 조직문화는 조직구성원들에게 소속 조직원으로서의 정체성을 제공한다.

② 조직문화는 조직구성원들의 행동을 형성시킨다.

③ 조직이 처음 형성되면 조직문화는 조직을 묶어 주는 접착제 역할을 한다.

④ 조직이 성숙 및 쇠퇴 단계에 이르면 조직문화는 조직혁신을 촉진하는 요인이 된다.

43. 다음에서 설명하고 있는 조직의 원리로 옳은 것은?

> 한 사람의 상관이 감독하는 부하의 수는 그 상관의 통제 능력 범위 내에 한정되어야 한다는 원리

① 계층제의 원리

② 통솔범위의 원리

③ 명령통일의 원리

④ 조정의 원리

44. 다음과 같은 조직의 특징으로 바르지 않은 것은?

① 이 조직구조는 기능조직이다.

② 이 구조는 소기업과 중기업에 적합하다.

③ 기술전문성과 내적효율성을 추구한다.

④ 규모의 경제를 획득할 수 없다.

45. 다음이 설명하고 있는 말은 무엇인가?

> 한 조직체의 구성원들이 모두 공유하고 있는 가치관과 신념, 이데올로기와 관습, 규범과 전통 및 지식과 기술 등을 모두 포함한 종합적인 개념으로 조직전체와 구성원들의 행동에 영향을 미친다. 새로운 직장으로 옮겼을 때 그 기업의 이것을 알지 못하여 조직적응에 실패하는 경우도 종종 발생한다.

① 조직전략

② 조직규범

③ 조직문화

④ 조직행동

46. 매트릭스 조직에 대한 설명으로 옳은 것은?

① 이중적인 명령 체계를 갖고 있다.

② 시장의 새로운 변화에 유연하게 대처하기 어렵다.

③ 기능적 조직과 사업부제 조직을 결합한 형태이다.

④ 단일 제품을 생산하는 조직에 적합한 형태이다.

▌47~48▐ 다음은 H 사의 〈조직도〉 및 〈전결규정〉의 일부를 나타낸 것이다. 각 물음에 답하시오.

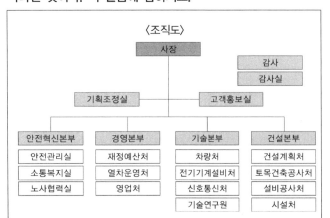

〈조직도〉

- 사장
- 감사 / 감사실
- 기획조정실
- 고객홍보실
- 안전혁신본부: 안전관리실, 소통복지실, 노사협력실
- 경영본부: 재정예산처, 열차운영처, 영업처
- 기술본부: 차량처, 전기기계설비처, 신호통신처, 기술연구원
- 건설본부: 건설계획처, 토목건축공사처, 설비공사처, 시설처

〈전결규정〉

분야	세부 업무	전결구분			사장
		부장	처장	본부장	
본사공통	① 소관분야 중장기 경영계획 제출			○	
	② 소관분야 주요사업시행계획 제출		○		
기획분야	① 직무분석				
	가. 직무분석 계획수립				○
	나. 분야별 직무분석 실시		○		
	다. 직무평가서 작성	○			
	라. 직무명세서 작성	○			
고객홍보	① 고객만족경영 계획 및 결과보고				○
	② 고객만족경영 활동 추진		○		
안전혁신	① 연간 안전점검계획 수립			○	
	② 월간, 계절별 안전점검 계획수립 및 결과보고		○		
	③ 일일 안전점검 명령 및 결과보고	○			

1) 실·원장의 전결구분은 처장에 준함
2) 각 업무의 최종 결재권자를 표시

47. 위 조직도를 보고 잘못 이해한 것은?

① 기획 업무와 경영 업무를 관장하는 조직이 따로 구분되어 있다.

② 노사협력에 대한 업무는 경영본부 소관이다.

③ 감사 임원의 임명권은 H사 사장에게 있지 않을 것이다.

④ 기획조정실, 고객홍보실에는 하부 조직이 구성되어 있지 않다.

48. 다음 각 H사 조직원들의 업무처리 내용 중 적절한 것은?

① 안전관리실 직원 A는 이번 달의 월간 안전점검 계획수립 및 결과 보고서를 작성한 후, 처장님의 결재를 얻었고, 이제 본부장님의 결재를 기다리고 있다.

② 기획조정실 실장 B는 올해 초 마친 H사 내 직무분석 업무에서 '계획수립' 보고서에 대해서만 결재하면 되었다.

③ H사 사장 C는 '고객만족경영 결과 보고서'에는 결재했지만, 고객홍보실 주요사업시행계획에 대해선 고객홍보실장의 보고만 받았다.

④ 안전혁신본부장 D가 결재해야 할 보고서는 '연간 안전점검계획 수립'에 대한 건뿐이다.

49. U회사에서 사원 김씨, 이씨, 정씨, 박씨 4인을 대상으로 승진시험을 치렀다. 다음 〈보기〉에 따라 승진이 결정된다고 할 때 승진하는 사람은?

〈보기〉
- U회사에서 김씨, 이씨, 정씨, 박씨 네 명의 승진후보자가 시험을 보았으며, 상식 30문제, 영어 20문제가 출제되었다.
- 상식은 정답을 맞힌 개수 당 5점씩, 틀린 개수 당 –3점씩을 부여하고, 영어의 경우 정답을 맞힌 개수 당 10점씩, 틀린 개수 당 –5점씩을 부여한다.
- 채점 방식에 따라 계산했을 때 250점 이하이면 승진에서 탈락한다.
- 각 후보자들이 정답을 맞힌 문항의 개수는 다음과 같고, 이 이외의 문항은 모두 틀린 것이다.

	상식	영어
김씨	24	16
이씨	20	19
정씨	28	15
박씨	23	17

① 김씨와 이씨

② 김씨와 정씨

③ 이씨와 정씨

④ 정씨와 박씨

50. 다음은 어느 지역 R사의 조직도를 나타낸 것이다. 다음 중 옳지 않은 것은?

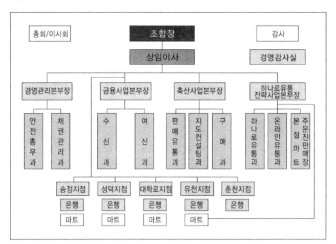

① 각 지점에 있는 마트는 하나로유통전략사업본부장 소속으로 되어 있다.
② 5개 지점 모두 금융사업본부장 소속이다.
③ 경영검사실은 독립적인 위치에 있다.
④ 4개 본부 아래 9개 과로 구성되어 있다.

경상북도 공공기관

직원 통합채용

기출동형 모의고사

	영 역	직업기초능력평가
제 5 회	문항수	총 50문항
	시 간	50분
	비 고	객관식 4지선다형

제5회 기출동형 모의고사

┃1~2┃ 다음 제시된 낱말의 대응관계로 볼 때 빈칸에 들어가기 알맞은 것을 고르시오.

1.

홍길동전 : (　) = 무정 : (　)

① 난설헌, 최남선
② 허균, 이광수
③ 이광수, 최남선
④ 허균, 서정주

2.

강직하다 : (　) = 함구하다 : (　)

① 교활하다, 떠벌리다
② 기민하다, 무디다
③ 강건하다, 영민하다
④ 금구하다, 유쾌하다

3. 다음 중 밑줄 친 부분과 같은 의미로 쓰인 것은?

그가 라디오를 <u>틀자</u> 윗집의 떠드는 소리가 들리지 않았다.

① 그는 예고도 없이 차를 <u>틀어버렸다</u>.
② 엄마는 일을 시작하기 전에는 항상 머리를 <u>틀어</u> 올렸다.
③ 여자가 의견을 <u>틀어버려도</u> 남자는 군소리 없이 그 말을 따랐다.
④ 딸은 아빠의 잔소리에 오디오를 <u>틀고</u> 문을 닫아버렸다.

4. 제시된 문장 안에서 사용되지 않는 단어를 고르면?

㉠ 남편이 형사가 된 후로 아내는 밤마다 하늘에 (　)을/를 올렸다. ㉡ 그 곳은 유명한 바둑 기사를 배출한 (　)으로/로 유명하다. ㉢ 찰스 다윈은 인류의 (　)이/가 아프리카라고 추정했다. ㉣ 소년은 약하게 보였지만 절체절명의 순간에 (　)을/를 발휘해냈다. ㉤ 뒷산에는 신묘한 (　)이/가 흐르는 기와집이 한 채 있다.

① 기지
② 기원
③ 기운
④ 기사

5. 다음은 '원자재 가격 상승에 따른 문제점과 대책'에 관한 글을 쓰기 위해 작성한 개요이다. 논지 전개상 적절하지 않은 것은?

Ⅰ. 서론 : 원자재 가격 상승의 현황 　국제 시장에서 원자재 가격이 연일 최고가를 경신하는 상황을 언급함. …… ⓐ Ⅱ. 본론 　1. 원자재 가격 상승에 따른 문제점 　　가. 경제적 측면 : 상품의 가격 상승으로 수출 둔화, 수출 상품의 경쟁력 상실, 외국 바이어 방문의 감소 … ⓑ 　　나. 사회적 측면 : 내수 부진으로 소비 생활 위축, 경기 침체로 실업자 증가, 소득 감소로 가계 소비의 위축 …… ⓒ 　2. 원자재 가격 상승에 대한 대책 　　가. 경제적 측면 : 수출 경쟁력 확보를 위한 노력, 품질이 뛰어난 신상품 개발, 새로운 시장 개척으로 판로 확보 　　나. 사회적 측면 : 소비 활성화 정책 시행, 수입 원자재에 대한 과세 강화 …… ⓓ Ⅲ. 결론 : 경쟁력 확보와 소비 활성화 방안 모색 　수출 경쟁력을 확보하고 소비 활성화를 위한 정책을 시행함.

① ⓐ
② ⓑ
③ ⓒ
④ ⓓ

6. 다음 글을 읽고, 문단을 논리적 순서대로 알맞게 배열한 것은?

(가) 양입위출은 대동법 실시론자뿐만 아니라 공안(貢案) 개정론자도 공유하는 원칙이었으나, 공납제의 폐단을 두고 문제의 해법을 찾는 방식은 차이가 있었다. 공안 개정론자는 호마다 현물을 거두는 종래의 공물 부과 기준과 수취 수단을 유지하되 공물 수요자인 관료들의 절용을 강조함으로써 '위출'의 측면에 관심을 기울였다. 반면 대동법 실시론자들은 공물가를 한 번 거둔 후 다시 거두지 않도록 제도화할 것을 주장하여 '양입'의 측면을 강조하였다.

(나) 대동법의 핵심 내용으로, 공물을 부과하는 기준이 호(戶)에서 토지[田結]로 바뀐 것과, 수취 수단이 현물에서 미(米)·포(布)로 바뀐 것을 드는 경우가 많다. 하지만 양자는 이미 대동법 시행 전부터 각 지방에서 광범위하게 시행되고 있었기 때문에 이를 대동법의 본질적 요소라고 볼 수는 없다. 대동법의 진정한 의미는 공물 부과 기준과 수취 수단이 법으로 규정됨으로써, 공납 운영의 원칙인 양입위출(수입을 헤아려 지출을 행하는 재정 운영 방식)의 객관적 기준이 마련되었다는 점에 있다.

(다) 현물을 호에 부과하는 방식으로는 공납제 운영을 객관화하기 어려웠음에도 불구하고, 공안 개정론자는 공물 수요자의 자발적 절용을 강조하는 것 외에 그것을 강제할 수 있는 별도의 방법을 제시하지 못하였다. 이에 반해 대동법 실시론자는 공물 수요자 측의 절용이 필요하다고 보면서도 이들의 '사적 욕망'에서 빚어진 폐습을 극복하기 위해서는 이를 규제할 '공적 제도'가 필요하다고 믿었다.

(라) 요컨대 양입위출에 대한 이런 강조점의 차이는 문제에 대한 해법을 개인적 도덕 수준을 제고하는 것으로 마련하는가, 아니면 제도적 보완이 필요하다고 보고 그 방안을 강구하는가의 차이였다. 공물 수취에 따른 폐해들을 두고 공안 개정론자는 공물 수요자 측의 사적 폐단, 즉 무분별한 개인적 욕망에서 비롯된 것으로 보았다. 반면 대동법 실시론자는 중앙정부 차원에서 공물세를 관리할 수 있는 합리적 근거와 기준이 미비하였기 때문이라고 보았다.

① (가) - (다) - (라) - (나)
② (나) - (가) - (라) - (다)
③ (나) - (다) - (가) - (라)
④ (다) - (나) - (가) - (라)

| 7~8 | 다음 글을 읽고 물음에 답하시오.

〈N상호금융, 모바일 전용「주머니(Money) 통장/적금」출시〉

N상호금융이 28일 비대면 수신상품 주머니(Money) 통장과 주머니 적금을 출시하고 대고객 이벤트를 실시한다고 밝혔다.

주머니 통장과 적금은 2030세대를 주요 가입대상으로 ⓐ개발한 상품으로 재미있는 저축(Fun Saving)을 모토로 의식적인 저축 활동 없이도 쉽게 재테크를 하는 데 주안점을 뒀다.

주머니 통장은 입출금이 ⓑ자유로운통장에 여유자금 목표금액(마이포켓)을 설정한 후 일정기간 목표금액(평잔기준)을 달성하면 최고 연1.5%의 금리를 받을 수 있다. 입출금의 편리함과 정기예치 효과를 동시에 누리는 ⓒ장점이다. 주머니 적금은 모계좌에서 미리 설정한 잔돈을 적금으로 매일 적립해 주는 스윙(Swing)서비스를 통해 최고 연 5%대의 금리를 받을 수 있다.

N상호금융은 상품 출시를 기념해 9월 28일까지 '주머니에 쏙쏙' 이벤트를 펼친다. 주머니 통장과 적금을 동시 가입하는 고객을 대상으로 무작위 ⓓ추첨을 통해 갤럭시북 플렉스, 아이패드 프로, 다이슨 에어랩스타일러, 에어팟 프로 등 다양한 상품을 제공한다.

이재식 상호금융대표이사는 "주머니 통장·적금을 통해 고객들에게 편리하게 재테크 할 수 있는 기회가 되길 기대한다"며 "친근하고 간편한 N사, 고객과 함께하는 N사가 되도록 노력하겠다"고 말했다.

7. 다음 중 윗글을 바르게 이해한 것을 모두 고르면?

㉠ 주머니 통장과 주머니 적금은 은행에 가지 않고 만들 수 있는 금융상품이다.
㉡ 주머니 통장에 가입하여 통해 최고 연 5%대의 금리를 받을 수 있다.
㉢ 농협상호금융은 매월 28일 이벤트를 통해 고객에게 다양한 상품을 제공한다.
㉣ 주머니 통장과 주머니 적금은 재테크에 진입장벽은 낮춘 펀 세이빙의 일종으로 기획된 상품이다.

① ㉠, ㉡
② ㉡, ㉢
③ ㉡, ㉢, ㉣
④ ㉠, ㉣

8. 윗글에서 밑줄 친 ⓐ~ⓓ를 우리말 어법에 맞고 언어 순화에 적절하도록 고치려고 할 때, 다음 중 가장 적절하지 않은 것은?

① ⓐ 개발한 → 개발된
② ⓑ 자유로운통장에 → 자유로운 통장에
③ ⓒ 장점이다 → 장점이 있다.
④ ⓓ 추첨 → 추천

┃9~10┃ 다음 글을 읽고 물음에 답하시오.

역사는 사회에서 벌어진 일들을 모두 쓰지는 않는다는 면에서 일기와 같다. 다만, 중요한 일들이 어떻게 벌어지고 이어지는지를 좀 더 차분하고 치밀하게 적어 나갈 뿐이다. 그렇다면 어떤 일이 중요한지, 원인과 결과는 무엇인지 누가 따질까? 그것은 역사가가 하는 일이다. 역사가는 여러 자료를 살펴보면서 앞뒤가 어떻게 연결되는지, 그로 말미암아 사람들의 생활과 모습은 얼마나 달라졌는지 저울질해 본다. 이 과정에서 여기저기 널려 있는 사실들을 촘촘히 연결하고 다듬어서 우리의 삶에 지침이 되는 보석 같은 가르침으로 만드는 것이 바로 역사가의 몫이다.

역사가는 옛날에 있었던 일을 오늘날의 눈으로 보고 내일을 생각하며 기록한다. 역사가는 탐구의 대상인 '옛날의 일' 못지 않게 오늘날의 시각을 중요하게 여긴다. 때로는 역사적 사실에 대해서 이전과는 다르게 오늘날의 입장에서 새롭게 해석하는 경우도 있다. 후삼국 시대 후고구려(태봉)의 왕 궁예는 미륵보살 행세를 한 폭군으로 사료에 기록되어 있다. 그런데 이러한 궁예에 대해 '미륵의 마음으로 백성들의 고통을 어루만져 주면서 이상적인 군주를 꿈꾸다 반대파에 의해 쫓겨났다.', '궁예를 무찌른 왕건 세력에 의해 미치광이 취급을 당하였다.' 등의 새로운 해석이 나오고 있다. 궁예에 대한 이러한 해석들은 역사적 사건의 기록에 오늘날의 관점이 얼마나 크게 작용하는지를 보여준다.

그러면 역사적 사건이 개인의 삶과는 무슨 관계가 있을까? 1997년에 일어난 IMF 사태를 떠올려 보자. 많은 사람들이 직장을 잃었고, 경제적 빈곤으로 아픔을 겪었다. 그리고 몇 년간의 노력 끝에 우리는 IMF 사태를 벗어났다. 이러한 일은 우리가 원하든 원하지 않든 간에 벌어지는 사회적인 문제이다. 우리는 이 사건을 통해 대한민국이라는 '사회'의 문제가 한 개인의 삶을 '개인'의 의지와는 상관없는 방향으로 바꾸어 버릴 수도 있음을 확인했다. IMF와 같은 사회적 문제가 곧 역사적 사건이 된다. 이처럼 역사적 사건은 한 개인의 삶에 결정적인 영향을 미치는 것이다.

그렇다면 현대와 같은 정보화 사회에서도 역사는 여전히 그 효용 가치를 지니는가? 역사는 왠지 정보화 사회에 맞지 않는다거나, 컴퓨터에 넣기에는 너무나 구닥다리라는 사람들이 있다. 그러나 과연 이 생각이 옳은 것인지는 한 번 생각해 볼 일이다. 왜냐하면 역사란 단순한 과거의 기록이 아닌 우리가 살아가야 할 미래를 위해 꼭 필요한 삶의 지침서이기 때문이

다. 가령 자동차를 타고 낯선 곳을 여행하는 두 사람이 있다고 해 보자. 한 사람은 지명만 알고 찾아가는 사람이고, 다른 사람은 지도와 나침반이 있다고 할 때, 누가 더 목표 지점에 정확하게 도착할 수 있겠는가? 대답은 명확하다. 즉 역사는 과거를 통해 우리의 위치와 목표를 확인하게 하고 미래를 향한 가장 올바른 길을 제시하는 것이다.

인간의 삶은 정해지지 않은 미래를 향해 나아가는 항해이다. 인생이라는 항해에서 가장 중요한 것은 목표를 정하는 것과 그 목표를 찾아가는 방법을 선택하는 것이다. 올바른 목표가 없으면 의미 없는 삶이 되고 방법이 올바르지 않다면 성취가 불가능하기 때문이다. 삶의 과정에서 역사는 올바른 길이 무엇인가를 판단하는 안목을 길러주고 실천 의지를 강화시켜 준다. IMF를 전혀 모르는 사람과 단지 부끄러운 하나의 역사적 사건으로만 인식하는 사람, 그리고 위기와 극복의 과정을 통해 IMF가 지닌 역사적 의미를 깨달은 사람의 삶은 분명 다를 것이다. 지나간 과거의 역사는 오늘날 우리가 가진 가장 확실한 참고서이다. 그러므로 의미 있는 삶을 원한다면 옛날로 돌아가 그들의 일기를 읽어볼 일이다.

9. 제시된 글의 중심내용을 이끌어내기에 가장 적절한 것은?

① 역사학의 새로운 동향은 무엇인가?
② 역사는 어떤 과정을 통해 이루어지는가?
③ 역사를 공부하는 이유는 무엇인가?
④ 올바른 역사가의 자세는 무엇인가?

10. 다음 중 글쓴이의 궁극적 견해와 가장 유사한 것은?

① 각자의 조그만 행동이 모여 조화를 이루는 것이 역사이다.
② 역사는 인간을 현명하고 지혜롭게 만들어 주는 영약이다.
③ 모든 역사는 한 개인의 생각에서 시작된다.
④ 훌륭한 역사가란 자신의 생각을 철저히 배제하는 사람이다.

┃11~12┃ 일정한 규칙으로 숫자들이 나열되어 있다. 빈칸에 들어갈 알맞은 숫자는?

11.

8 9 13 22 38 63 ( )

① 89   ② 93
③ 99   ④ 102

12.

12 24 20 40 36 72 68 ( )

① 122

② 136

③ 139

④ 142

13. A사의 진급 테스트에서 20문제에서 한 문제를 맞추면 3점을 얻고, 틀리면 2점을 감점한다고 한다. 甲이 20문제를 풀어 40점의 점수를 얻었을 때, 甲이가 틀린 문제 수는?

① 2개

② 3개

③ 4개

④ 15개

14. 강 대리와 유 대리가 가위바위보를 하여 이긴 사람은 2계단씩 올라가고 진 사람은 1계단씩 내려가기로 하였다. 가위바위보 게임을 하여 처음보다 강대리는 7계단을 올라가 있었고 유대리는 2계단 내려와 있었을 때 강대리가 이긴 횟수는? (단, 비기는 경우는 생각하지 않는다.)

① 1회

② 2회

③ 3회

④ 4회

15. 5명의 사원 A, B, C, D, E가 김밥, 만두, 쫄면 중에서 서로 다른 2종류의 음식을 표와 같이 선택하였다. 이 5명 중에서 임의로 뽑힌 한 사원이 만두를 선택한 사원일 때, 이 사원이 쫄면도 선택하였을 확률은?

	A	B	C	D	E
김밥	○	○		○	
만두	○	○	○		○
쫄면			○	○	○

① $\dfrac{1}{4}$

② $\dfrac{1}{3}$

③ $\dfrac{1}{2}$

④ $\dfrac{2}{3}$

16. ○○사의 디자인 공모 대회에 윤 사원이 참가하였다. 참가자는 두 항목에서 점수를 받으며, 각 항목에서 받을 수 있는 점수는 표와 같이 3가지 중 하나이다. 윤 사원이 각 항목에서 점수 A를 받을 확률은 $\dfrac{1}{2}$, 점수 B를 받을 확률은 $\dfrac{1}{3}$, 점수 C를 받을 확률은 $\dfrac{1}{6}$이다. 관객 투표 점수를 받는 사건과 심사 위원 점수를 받는 사건이 서로 독립일 때, 윤 사원이 받는 두 점수의 합이 70일 확률은?

항목＼점수	점수 A	점수 B	점수 C
관객 투표	40	30	20
심사 위원	50	40	30

① $\dfrac{1}{3}$

② $\dfrac{11}{36}$

③ $\dfrac{5}{18}$

④ $\dfrac{1}{4}$

┃17~18┃ 다음 〈표〉는 2018년과 2019년 甲사의 창업아이디어 공모자를 대상으로 직업과 아이디어 진행 단계를 조사한 자료이다. 물음에 답하시오.

〈창업아이디어 공모자의 직업 구성〉

(단위 : 명, %)

직업	2018		2019		합계	
	인원	비율	인원	비율	인원	비율
교수	34	4.2	183	12.5	217	9.6
연구원	73	9.1	118	8.1	ⓐ	8.4
대학생	17	2.1	74	5.1	91	4.0
대학원생	31	3.9	93	6.4	ⓑ	5.5
회사원	297	37.0	567	38.8	864	38.2
기타	350	43.6	425	29.1	775	34.3
계	802	100.0	1,460	100	2,262	100

〈창업아이디어 공모자의 아이디어 진행단계〉

(단위 : 명, %)

창업단계	2018	2019	합계	
			인원	비중
구상단계	79	158	237	10.5
기술개발단계	291	668	959	42.4
시제품제작단계	140	209	ⓒ	15.4
시장진입단계	292	425	717	31.7
계	802	1,460	1,913	100

※ 복수응답 및 무응답은 없음

17. 주어진 자료에 대한 설명으로 옳은 것은?

① 2019년 회사원 공모자의 전년대비 증가율은 90%를 넘지 못한다.

② 창업아이디어 공모자의 직업 구성의 1위와 2위는 2018년과 2019년 동일하다.

③ 2018년에 기술개발단계에 공모자수의 비중은 40% 이상이다.

④ 기술개발단계에 있는 공모자수 비중의 연도별 차이는 시장진입단계에 있는 공모자수 비중의 연도별 차이보다 크다.

18. 제시된 자료에서 ⓐ~ⓒ에 들어갈 수의 합은?

① 436

② 541

③ 664

④ 692

▌19~20▐ 다음 자료는 친환경인증 농산물의 생산 현황에 관한 자료이다. 물음에 답하시오.

〈종류별 친환경인증 농산물 생산 현황〉

(단위 : 톤)

| 구분 | 2018 | | | | 2017 |
	합	유기 농산물	무농약 농산물	저농약 농산물	
곡류	343,380	54,025	269,280	20,075	371,055
과실류	341,054	9,116	26,850	305,088	457,794
채소류	585,004	74,750	351,340	158,914	753,524
서류	41,782	9,023	30,157	2,602	59,407
특용작물	163,762	6,782	155,434	1,546	190,069
기타	23,253	14,560	8,452	241	20,392
계	1,498,235	168,256	841,513	488,466	1,852,241

〈지역별 친환경인증 농산물 생산 현황〉

(단위 : 톤)

| 구분 | 2018 | | | | 2017 |
	합	유기 농산물	무농약 농산물	저농약 농산물	
서울	1,746	106	1,544	96	1,938
부산	4,040	48	1,501	2,491	6,913
대구	13,835	749	3,285	9,801	13,852
인천	7,663	1,093	6,488	82	7,282
광주	5,946	144	3,947	1,855	7,474
대전	1,521	195	855	471	1,550
울산	10,859	408	5,142	5,309	13,792
세종	1,377	198	826	353	0
경기도	109,294	13,891	71,521	23,882	126,209
강원도	83,584	17,097	52,810	13,677	68,300
충청도	159,495	29,506	64,327	65,662	65,662
전라도	611,468	43,330	43,330	124,217	922,641
경상도	467,259	52,567	176,491	238,201	457,598
제주도	20,148	8,924	8,855	2,369	16,939
계	1,498,235	168,256	841,513	488,466	1,852,241

19. 주어진 자료에 대한 설명으로 옳은 것은?

① 친환경인증 농산물의 전 종류는 전년도에 비해 생산량이 감소하였다.

② 2018년 친환경인증 농산물의 종류별 생산량에서 유기 농산물의 비중은 채소류보다 곡류가 더 높다.

③ 2018년 각 지역 내에서 인증 형태별 생산량 순위가 서울과 같은 지역은 인천뿐이다.

④ 2018년 친환경인증 농산물의 전년대비 생산 감소량이 가장 큰 종류는 과실류이다.

20. 2018년 친환경인증 농산물의 생산량이 전년대비 30% 이상 감소한 지역을 모두 포함한 것은?

① 부산, 전라도

② 서울, 부산

③ 광주, 강원도

④ 강원도, 충청도

21. K사는 사내 식사 제공을 위한 외식 업체를 선정하기 위해 다음과 같이 5개 업체에 대한 평가를 실시하였다. 다음 평가 방식과 평가 결과에 의해 외식 업체로 선정될 업체는 어느 곳인가?

〈최종결과표〉

(단위 : 점)

	A업체	B업체	C업체	D업체	E업체
제안가격	85	95	80	93	92
위생도	93	90	81	92	91
업계평판	94	91	91	91	93
투입인원	90	92	85	90	90

※ 각 평가항목별 다음과 같은 가중치를 부여하여 최종 점수 고득점 업체를 선정한다.
- 투입인원 점수 15%
- 업계평판 점수 15%
- 위생도 점수 30%
- 제안가격 점수 40%

※ 어느 항목이라도 5개 업체 중 최하위 득점이 있을 경우(최하위 점수가 90점 이상일 경우 제외), 최종업체로 선정될 수 없다.

※ 동점 시, 가중치가 높은 항목 순으로 고득점 업체가 선정

① A업체
② B업체
③ C업체
④ D업체

22. 다음 글의 내용이 모두 참일 때, 타 지점에서 온 직원들의 지역으로 옳은 것은?

직원들은 전국 지점 직원들이 모인 캠프에서 만난 세 사람에 대한 이야기를 하고 있다. 이들은 캠프에서 만난 타 지점 직원들의 이름은 정확하게 기억하고 있다. 하지만 그들이 어느 지역에서 일하고 있는지에 대해서는 그렇지 않다.

이 사원 : 甲은 대구, 乙이 울산에서 일한다고 했어, 丙이 부산 지점이라고 했고.

김 사원 : 甲이랑 乙이 울산에서 일한다고 했지. 丙은 부산이 맞고.

정 사원 : 다 틀렸어. 丙이 울산이고 乙이 대구에서, 甲이 부산에서 일한다고 했어.

세 명의 직원들은 캠프에서 만난 직원들에 대하여 각각 단 한 명씩의 일하는 지역을 알고 있으며 캠프에서 만난 직원들이 일하는 지역은 부산, 울산, 대구 지역 외에는 없고, 모두 다른 지역에서 일한다.

① 甲 – 대구, 乙 – 울산, 丙 – 부산
② 甲 – 대구, 乙 – 부산, 丙 – 울산
③ 甲 – 울산, 乙 – 부산, 丙 – 대구
④ 甲 – 부산, 乙 – 울산, 丙 – 대구

23. 다음 글의 내용이 참일 때, 반드시 참인 것은?

신메뉴 개발에 성공한다면, 가게에 손님이 늘거나 신메뉴와 함께 먹을 수 있는 메뉴들의 판매량이 늘어날 것이다. 만일 가게의 매출이 상승한다면, 신메뉴 개발에 성공한 것이다. 그리고 만일 가게의 매출이 상승한다면, 새직원을 뽑지 않는다는 전제 하에서 가게의 순수입이 늘어난다. 손님이 늘진 않았지만 가게의 매출은 상승했다. 그러나 새직원을 뽑는다면, 인건비 상승으로 순수입은 늘지 않는다. 반드시 새직원을 뽑아야 한다.

① 다른 메뉴들의 판매량이 늘어난다.
② 순수입이 늘어난다.
③ 신메뉴 개발에 성공한다면, 순수입이 늘어난다.
④ 신메뉴 개발에 성공한다면, 새직원을 뽑지 않아도 된다.

24. 다음은 한 국가 시험에 대한 자료이다. 시험의 일부 면제 대상이 되지 않는 경우는?

○ 응시자격
- 제한 없음
○ 시험 과목
- 1차 시험 : ① 「상법」 보험편, ② 「농어업재해보험법령」 및 농업재해보험손해평가요령(농림축산식품부고시 제2015-20호), ③ 농학 개론 중 재배학 및 원예작물학
- 2차 시험 : ① 농작물재해보험 이론과실무, ② 농작물재해보험 손해평가 이론과 실무
○ 합격자 결정방법
- 제1차 시험 및 제2차 시험
- 매 과목 100점을 만점으로 하여 매 과목 40점 이상과 전 과목 평균 60점 이상인 사람을 합격자로 결정
○ 시험의 일부면제
① 시험에 의한 제1차 시험 면제
  제1차 시험에 합격한 사람에 대해서는 다음 회에 한정하여 제1차 시험을 면제함.(단 경력서류제출로 제1차 시험 면제된 자는 농어업재해보험법령이 개정되지 않는 한 계속 면제)
② 경력 또는 자격에 의한 제1차 시험 면제(다음 각 호의 어느 하나에 해당)
- 손해평가인으로 위촉된 기간이 3년 이상인 사람으로서 손해평가 업무를 수행한 경력이 있는 사람(「농어업재해보험법」 제11조 제1항)
- 손해사정사(「보험업법」 제186조)
- 아래 인정기관에서 손해사정 관련 업무에 3년 이상 종사한 경력이 있는 사람
- 「금융위원회의 설치 등에 관한 법률」에 따라 설립된 금융감독원
- 농업협동조합중앙회
- 「보험업법」 제4조에 따른 허가를 받은 손해보험회사

- 「보험업법」 제175조에 따라 설립된 손해보험협회
- 「보험업법」 제187조 제2항에 따른 손해사정을 업(業)으로 하는 법인
- 「화재로 인한 재해보상과 보험가입에 관한 법률」 제11조에 따라 설립된 한국화재보험협회

① 농업협동조합중앙회에서 4년 전부터 일하고 있는 A씨
② 손해사정사 자격으로 1년간 일한 경력이 있는 B씨
③ 직전 회차 1차 시험에서 과목별로 55점, 62점, 72점을 받은 C씨
④ 손해평가 업무를 해본 적은 없지만 손해평가인으로 위촉된 기간이 5년 이상인 D씨

┃25~26┃ 아래의 글을 보고 물음에 답하시오.

A : 이번 조 작가님의 소설이 20주 동안 판매율 1위입니다. 이 소설을 영화화하는 건 어떨까요?

B : 영화화하긴 무리가 있는 것 같습니다.

A : 왜요? 소설을 읽어 보셨나요?

B : 소설을 읽어 본 것은 아니지만 지난번 강 작가의 소설도 영화로 만들다가 흥행은커녕 손익분기점도 넘기지 못했지 않습니까. 소설로 만들어진 작품은 영상으로 옮기는 데에 한계가 있어요.

C : 아무래도 그렇죠. 강 작가님 소설도 오랫동안 베스트셀러였는데, 아무래도 대중들은 소설을 영화화한 작품을 좋아하지 않는 것 같아요.

25. 주어진 대화에 나타난 논리적 오류의 유형은?

① 인신공격의 오류　　② 성급한 일반화의 오류
③ 힘에 의존하는 오류　④ 논점 일탈의 오류

26. 위 대화에서 나타난 논리적 오류와 다른 유형의 오류가 나타나고 있는 것은?

① 내 친구들은 20살이 넘어서는 만화를 안 봐. 만화는 어린 이들만 보는 거야.

② 내가 영국인과 토론을 해봤는데 별로 아는 게 없더라. 영국인은 무식한 것 같아.

③ 쟤 머리색 좀 봐. 저것만 봐도 쟤네 집안이 어떤 집안인지 알겠다.

④ 이 대리는 나랑 친하니까 이따 내 기획안에 찬성해 줘.

27. 다음은 상습체납자에 대한 자료이다. 이에 대한 설명으로 옳지 않은 것은?

제00조(포상금의 지급) 국세청장은 체납자의 은닉재산을 신고한 자에게 그 신고를 통하여 징수한 금액에 다음 표의 지급률을 적용하여 계산한 금액을 포상금으로 지급할 수 있다. 다만 포상금이 20억 원을 초과하는 경우, 그 초과하는 부분은 지급하지 아니한다.

징수금액	지급률
2,000만 원 이상 2억 원 이하	100분의 15
2억 원 초과 5억 원 이하	3,000만 원+2억 원 초과 금액의 100분의 10
5억 원 초과	6,000만 원+5억 원 초과 금액의 100분의 5

제00조(고액·상습체납자 등의 명단 공개) 국세청장은 체납발생일부터 1년이 지난 국세가 5억 원 이상인 체납자의 인적사항, 체납액 등을 공개할 수 있다. 다만 체납된 국세가 이의신청·심사청구 등 불복청구 중에 있거나 그 밖에 대통령령으로 정하는 사유가 있는 경우에는 그러하지 아니하다.

제00조(관허사업의 제한)
① 세무서장은 납세자가 국세를 체납하였을 때에는 허가·인가·면허 및 등록과 그 갱신 (이하 '허가 등'이라 한다)이 필요한 사업의 주무관서에 그 납세자에 대하여 그 허가 등을 하지 아니할 것을 요구할 수 있다.

② 세무서장은 허가 등을 받아 사업을 경영하는 자가 국세를 3회 이상 체납한 경우로서 그 체납액이 500만 원 이상일 때에는 그 주무관서에 사업의 정지 또는 허가 등의 취소를 요구할 수 있다.

③ 제1항 또는 제2항에 따른 세무서장의 요구가 있을 때에는 해당 주무관서는 정당한 사유가 없으면 요구에 따라야 하며, 그 조치결과를 즉시 해당 세무서장에게 알려야 한다.

제00조(출국금지 요청 등) 국세청장은 정당한 사유 없이 5,000만 원 이상 국세를 체납한 자에 대하여 법무부장관에게 출국금지를 요청하여야 한다.

① 甲은 다른 팀 권 부장이 2억 원 상당의 은닉자산이 있는 것을 신고하여 포상금 3,000만 원을 받았다.

② 乙은 허가를 받아 사업을 경영하는 중에 법에서 정한 정당한 사유 없이 국세 1억 원을 1회 체납한 자로 세무서장은 주무관서에 乙의 허가의 취소를 요구할 수 있다.

③ 丙은 7억 원 상당의 국세를 2018년 1월 12일부터 2020년 8월 10일 현재까지 체납하고 있으므로 국세청장은 丙의 체납자의 인적사항, 체납액 등을 공개할 수 있다.

④ 丁은 법에서 정한 정당한 사유 없이 6,500만 원이 국세를 체납하여 출국금지 대상이 되었다.

28. 다음은 K기업의 식당 점심식단을 정하는 방법이다. 주어진 방법에 따라 식단을 구성할 때 〈점심식단〉에 대한 설명으로 옳지 않은 것은?

- 한 끼의 식사는 밥, 국 김치, 기타 반찬, 후식 각 종류별로 하나의 음식을 포함하며, 요일마다 각 영양사가 담당한 음식으로 이번 주의 점심식단을 짜고자 한다.
- 밥은 4가지, 국은 5가지, 김치는 2가지, 기타 반찬은 5가지, 후식은 4가지가 준비되어 있다.

영양사 \ 종류	甲	乙	丙	丁
밥	흰밥	–	콩나물밥	짜장밥, 곤드레나물밥
국	뭇국	콩나물국, 사골국	청국장	아욱된장국
김치	–	배추김치, 열무김치	–	–
기타반찬	–	제육볶음	계란말이, 진미채볶음 소세지볶음	메추리알 장조림
후식	식혜, 요구르트	수정과	푸딩	–

- 점심식단을 짜는 조건은 아래와 같다.
  - 총 20가지의 음식은 이번 주 점심식단에 적어도 1번씩은 오른다.
  - 乙과 甲이 담당하는 음식은 각각 적어도 1가지씩 매일 식단에 오른다.
  - 하루에 乙이 담당하는 음식이 3가지 이상 오를 시에는 甲이 담당하는 음식 2가지가 함께 나온다.
  - 목요일에만 丁이 담당하는 음식이 없다.
  - 금요일에는 丙이 담당하는 음식이 2가지 나온다.
  - 일주일 동안 2번 나오는 후식은 식혜뿐이다.
  - 후식에서 같은 음식이 이틀 연속 나올 수 없다.

〈점심식단〉

요일 \ 종류	월요일	화요일	수요일	목요일	금요일
밥	콩나물밥	흰밥			곤드레나물밥
국		청국장	콩나물국	사골국	
김치	배추김치	열무김치	열무김치		
기타반찬			진미채볶음	제육볶음	소세지볶음
후식		수정과			

① 월요일의 국은 丁이 담당하는 음식이다.
② 금요일 후식은 푸딩이다.
③ 화요일의 기타 반찬은 메추리알 장조림이다.
④ 수요일의 후식은 식혜이다.

▌29~30▐ 다음은 △△보일러의 소비자 분쟁해결기준이다. 물음에 답하시오.

분쟁유형	해결기준	비고
1) 구입 후 10일 이내에 정상적인 사용상태에서 발생한 성능·기능상의 하자로 중요한 수리를 요할 때	제품교환 또는 구입가 환급	교환 및 환급에 따른 비용계산 : 제설비에 따른 시공비용 포함
2) 구입 후 1개월 이내에 정상적인 사용상태에서 발생한 성능·기능상의 하자로 중요한 수리를 요할 때	제품교환 또는 무상 수리	
3) 품질보증기간 이내에 정상적인 사용상태에서 발생한 성능·기능상의 하자발생		품질보증기간 이내에 동일 하자에 대해 2회까지 수리하였으나 하자가 재발하는 경우 또는 여러 부위 하자에 대해 4회까지 수리하였으나 하자가 재발하는 경우는 수리 불가능한 것으로 봄
–하자 발생 시	무상수리	
–수리 불가능 시	제품교환 또는 구입가 환급	
–교환 불가능 시	구입가 환급	
–교환된 제품이 1개월 이내에 중요한 수리를 요할 때	구입가 환급	
4) 수리용 부품을 보유하고 있지 않아 (부품의무보유기간 이내) 발생한 피해		
–품질보증기간 이내		
• 정상적인 사용상태에서 성능기능상의 하자로 인해 발생한 경우	제품교환 또는 환급	감가상각한 잔여금의 계산은 구입가 – 감가상각비
• 소비자의 고의·과실로 인한 고장인 경우	정액감가상각비 공제 후 환급 또는 제품교환	
–품질보증기간 경과 후	정액감가상각한 잔여금액에 구입가의 10%를 가산하여 환급	
5) 품질보증기간 이내에 시공상의 하자가 있는 경우	무상수리 또는 배상(시공업자책임)	

29. 다음은 △△보일러의 소비자상담센터에 올라온 글이다. 문의 사항에 대한 적절한 대응은?

제목 : 제품 A/S 문의
작성일 : 20XX년 8월 7일

> 올해 봄에 △△보일러를 샀습니다. 제품을 정상적으로 사용하고 있던 중에 같은 문제로 세 번이나 수리를 했는데 또 고장이 났습니다. 품질보증기간은 2년인데, 더는 고쳐도 고쳐질 것 같지도 않은데 그냥 환불 받을 수는 없나요?

① 해당 제품은 품질 보증기간을 경과하였으므로 유상수리만이 가능합니다.
② 같은 하자사항에 대해서는 4회까지 수리받으시면 동일 상품으로 교환 가능합니다.
③ 해당 제품의 경우 소비자의 고의 · 과실로 인한 고장으로 정액감가상각한 잔여금액에 구입가의 10%를 가산하여 환급 가능합니다.
④ 품질보증기간 이내에 동일 하자에 대해 2회 이상 수리하셨으므로 수리 불가능한 것으로 보아 구입가 환불 가능합니다.

30. 소비자의 고의 · 과실로 보일러가 망가졌다. 품질보증기간과 부품의무보유기간 내에 수리를 요구했지만 해당 제품의 부품이 존재하지 않아 수리가 불가능하게 되었다. 소비자가 환불을 원할 때, 소비자는 해당 제품을 50만 원에 구매하였고, 감가상각비는 12만 원이다. 소비자에게 얼마를 환불해 줘야 해야 하는가?

① 54만 원
② 51만 원
③ 49만 원
④ 38만 원

31. 부산에서 근무하는 A씨는 N사와 미팅을 위해 2시까지 N사에 도착해야 한다. 집에서 기차역까지 30분, 고속터미널까지 15분이 걸린다. 교통비와 스케줄이 다음과 같을 때, A씨의 선택은 무엇인가? (단, 도착시간이 빠른 것을 우선순위로 두고, 도착시간이 동일하다면 비용이 저렴한 것을 우선순위로 한다.)

방법	출발시간	환승시간	이동시간	회사까지 걷는 시간	비용(원)
(가) 기차	8:25	–	5시간		9만
(나) 고속버스→ 버스	7:15	10분	6시간		7만 2천
(다) 기차→ 버스	7:20	20분	5시간 30분	10분	9만 2천
(라) 고속버스	8:05	–	5시간 25분		7만

① (가)
② (나)
③ (다)
④ (라)

32. 다음은 예산에서 비용의 구성요소를 나타낸 것이다. 보기 중 직접비용으로만 묶인 것은?

- 재료비
- 광고비
- 통신비
- 인건비
- 출장비
- 건물관리비

① 재료비, 광고비, 통신비
② 통신비, 출장비, 건물관리비
③ 광고비, 인건비, 건물관리비
④ 재료비, 인건비, 출장비

33. 다음 중 가장 많은 성과급을 받는 상위 3명을 순서대로 나열한 것으로 옳은 것은? (각 개인에게 팀 등급에 따른 성과급이 지급된다.)

이름	소속 팀	기본급
이승훈	영업 1팀	200만 원
최원준	영업 2팀	260만 원
신영희	영업 3팀	280만 원
남준혁	영업 4팀	230만 원
권영철	영업 5팀	320만 원

① 이승훈 – 신영희 – 권영철
② 최원준 – 남준혁 – 이승훈
③ 남준혁 – 권영철 – 신영희
④ 이승훈 – 권영철 – 남준혁

34. ○○시에서는 연못 조성 관리를 위해 가로 길이가 10m, 세로 길이가 8m인 연못둘레에 가로등을 설치하려고 한다. 다음 중 예산 사용을 최소한으로 한다면, 선택해야 하는 설치 조건은? (단, 모서리에 설치하는 가로등은 밝기가 5가 되어야 하며, 나머지는 조건에 따라 설치한다.)

> – 밝기는 총 1~5로 5단계가 있으며 밝기5는 가장 밝은 가로등을 의미한다.
> – 밝기5의 가로등 금액은 한 개당 30만 원이며, 밝기가 내려갈수록 금액 또한 5만 원씩 줄어든다.
>
> 1. 가로와 세로 모두 2m 간격으로 설치…㈎
>   • 가로와 세로 밝기를 3으로 한다.
>
> 2. 가로는 1m, 세로는 2m 간격으로 설치…㈏
>   • 가로의 밝기는 1, 세로의 밝기는 4로 한다.
>
> 3. 가로는 2.5m, 세로는 4m 간격으로 설치…㈐
>   • 가로의 밝기는 5, 세로의 밝기는 4로 한다.
>
> 4. 가로와 세로 모두 1m 간격으로 설치…㈑
>   • 가로와 세로 밝기 모두 1로 한다.

① ㈎   ② ㈏
③ ㈐   ④ ㈑

35. 다음은 어느 회사의 연차 제도를 나타낸 것이다. 현재 날짜는 2020년 8월 13일 일 때, 다음 자료를 보고 연차가 가장 많이 남은 사원을 고르면?

〈연차 제도〉	
재직 기간	연차 일수
1년 미만	5
1년 이상 2년 미만	6
2년 이상 4년 미만	8
4년 이상 7년 미만	11
7년 이상	13

※ 표는 기본 연차일수를 나타낸 것이며 직급과 지난 성과에 따라 연차일수는 추가됩니다.
 • 대리 : +2일, 과장·차장 : +3일, 부장 : +5일
 • 성과 → 70~79점 : +1일, 80~89점 : +2일, 90~100점 : +3일
※ 반차 1회 사용 시 연차를 0.5일로 계산합니다.

① 2018년 8월 20일에 입사한 사원 A는 지난 성과에서 95점을 받았으며, 연차 1일과 반차 3회를 사용하였다.
② 2019년 10월 30일에 입사한 부장 B는 지난 성과에서 57점을 받았으며, 연차 3일을 사용하였다.
③ 2016년 11월 5일에 입사한 대리 C는 지난 성과에서 72점을 받았으며, 연차 4일과 반차 4회를 사용하였다.
④ 2015년 2월 1일에 입사한 차장 D는 지난 성과에서 69점을 받았으며, 연차 2일과 반차 9회를 사용하였다.

┃36~37┃ N사 A, B, C본부에서 다 함께 워크숍을 가기로 결정하였다. 워크숍을 위한 단체 티셔츠를 구매하기 위하여 다음과 같은 사항을 고려해야 한다. 이어지는 각 물음에 답하시오.

〈주문 시 유의사항〉

1) 티셔츠 금액은 1개당 6,000원이다.
2) 동일한 색상으로 50개 이상 주문할 경우 10% 할인
3) 다음의 경우 추가금액이 발생한다.
   - XXL 사이즈는 티셔츠 1개당 500원의 추가금액이 발생한다.
   - 티셔츠에 로고를 인쇄하면 1개당 500원의 추가금액이 발생한다.
   ※ 할인은 총 금액 기준으로 적용된다.

〈워크숍 단체 티셔츠 사이즈 및 수량 조사〉

- A 본부(총 28명)
  - 연분홍, 로고 인쇄 안 함

사이즈	수량
S	3
M	5
L	11
XL	6
XXL	1
합계	26

- B 본부(총 16명)
  - 연분홍, 로고 이미지 첨부

사이즈	수량
S	0
M	5
L	2
XL	2
XXL	6
합계	15

- C 본부(총 20명)
  - 연분홍, 로고 이미지 첨부

사이즈	수량
S	5
M	4
L	5
XL	3
XXL	0
합계	17

※ 수량조사 하지 못한 각 본부별 인원은 그 본부에서 가장 많은 사이즈의 티셔츠 수량에 추가해서 주문하기로 했다.

36. 회사에서 지원하는 금액으로 단체 티셔츠를 주문하려고 한다. 총 지원 금액은 얼마인가?

① 365,400원
② 371,750원
③ 372,250원
④ 341,950원

37. 워크숍에 추가로 참여하게 된 N사 신입사원 명단이 다음과 같을 때, 기존 지원 금액보다 얼마를 더 추가로 지원해야 하는가?

이름	소속 본부	사이즈	이름	소속 본부	사이즈
최진영	B	XL	박원규	C	XXL
김민지	A	M	민도윤	B	XL
남윤정	A	L	정다민	C	S

① 31,200원
② 33,550원
③ 34,650원
④ 37,120원

38. 점포의 다양한 매력을 고려한 MCI(Multiplicative Competitive Interaction)모형에서 상품구색 효용, 판매원의 서비스 효용, 상업시설까지의 거리 효용 등을 포함하는 각종 인적자원 및 물적 자원에 대한 효용이 아래와 같을 때, B마트를 찾을 경우에 그 확률은 얼마인가?

〈성업시설 명단 및 효용치 구분〉

구분		상품구색에 대한 효용치	판매원서비스에 대한 효용치	상업시설까지의 거리에 대한 효용치
A	할인점	10	3	5
B	마트	5	4	5
C	상점가	2	5	10
D	백화점	5	5	6

① 10%
② 20%
③ 30%
④ 40%

┃39~40┃ N사에서는 올해 팜스테이 경영 우수 사례에 대해 포상하려고 한다. 심사기준이 다음과 같다고 할 때, 이어지는 각 물음에 답하시오.

〈심사 기준〉

구분	배점	비고
유지 연수	20점	• 5년 미만 : 배점의 80% 점수 부과 • 5년 이상~10년 미만 : 배점의 90% 점수 부과 • 10년 이상 : 20점 만점
관광상품 개발 연도	10점	• 2020년도(올해) : 10점 만점 • 2018~2019년도 : 배점의 70% 점수 부과 • ~ 2017년도 : 배점의 50% 점수 부과
유치 관광객 증가율	30점	• 20% 이상 : 30점 만점 • 10% 이상 20% 미만 : 배점의 70% 점수 부과 • ~ 10% 미만 : 배점의 50% 점수 부과
관광객 만족도	40점	• ★★★★★ : 40점 만점 • ★★★★ : 배점의 90% 부과 • ★★★ : 배점의 80% 부과 • ★★ : 배점의 70% 부과 • ★ : 배점의 60% 부과 ※ 만족도 별 개수는 반올림하여 평가 ex) 별 4.7개 → 별 5개로 인정
합계	100점	

※ 유치 관광객 수는 심사 일자를 기준으로 전년도 같은 날짜부터의 기간을 1년 단위로 하여 계산한다(1년 미만의 마을은 증가율을 0으로 본다).

※ 심사 대상 마을 중 높은 점수를 얻은 상위 3개 마을에 대해 포상한다.
※ 포상금은 '점수 × 10만'(원)으로 한다.

39. A마을 ○○ 팜스테이는 2014년부터 운영되기 시작했으며, 올해 새로 선보인 '활쏘기 체험' 관광상품으로 전년대비 17% 이상 관광객이 증가하였다. 관광객들의 만족도 또한 높아서 별점 4.7을 기록하며 우수 마을 3위로 선정되었다. A마을이 받게 되는 포상금 금액은 얼마인가?

① 850만 원

② 870만 원

③ 890만 원

④ 910만 원

40. 상위권을 차지한 팜스테이 경영 사례가 다음과 같을 때, 1등 사례로 뽑힌 마을은?

마을	시작 연도	관광상품 개발	관광객 수 2019	관광객 수 2020	관광객 만족도
A	2012	등산/래프팅(2015)	15만 명	20만 명	4.5
B	2017	대나무공예(2018)	12만 명	14만 명	4.2
C	2020	과일 수확(2020)	–	9만 명	4.9
D	2018	김치 담그기(2020)	16만 명	20만 명	4.0

① A 마을   ② B 마을

③ C 마을   ④ D 마을

41. 다음에서 설명하고 있는 조직 유형은?

- 구성원의 능력을 최대한 발휘하게 하여 혁신을 촉진할 수 있다.
- 동태적이고 복잡한 환경에 적합한 조직구조이다.
- 낮은 수준의 공식화를 특징으로 하는 유기적 조직구조이다.

① 애드호크라시(Adhocracy)

② 사업단위 조직

③ 계층적 조직

④ 네트워크 조직

42. 다음과 같은 조직의 특징으로 옳은 것은?

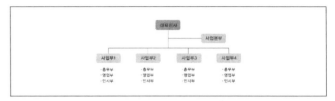

① 이 구조는 소기업에 적합하다.

② 재무적 · 전략적 통제가 약화된다.

③ 기업 성장을 약화시킨다.

④ 이 구조는 제품의 다각화를 추구한다.

┃43~44┃ 다음은 작년의 사내 복지 제도와 그에 따른 4/4분기 복지 지원 내역이다. 올 1/4분기부터 복지 지원 내역의 변화가 있었을 때, 다음의 물음에 답하시오.

〈사내 복지 제도〉

구분	세부사항
주택 지원	사택지원 (1~6동 총 6개 동 120가구) 기본 2년 (신청 시 1회 2년 연장 가능)
경조사 지원	본인/가족 결혼, 회갑 등 각종 경조사 시 경조금, 화환 및 경조휴가 제공
학자금 지원	고등학생, 대학생 학자금 지원
기타	상병 휴가, 휴직, 4대 보험 지원

〈4/4분기 지원 내역〉

이름	부서	직위	세부사항	금액(천 원)
정희진	영업1팀	사원	모친상	1,000
유연화	총무팀	차장	자녀 대학 진학 (입학금 제외)	4,000
김길동	인사팀	대리	본인 결혼	500
최선하	IT개발팀	과장	병가(실비 제외)	100
김만길	기획팀	사원	사택 제공 (1동 702호)	–
송상현	생산2팀	사원	장모상	500
길태화	기획팀	과장	생일	50(상품권)
최현식	총무팀	차장	사택 제공 (4동 204호)	–
최판석	총무팀	부장	자녀 결혼	300
김동훈	영업2팀	대리	생일	50(상품권)
백예령	IT개발팀	사원	본인 결혼	500

43. 인사팀의 사원 Z씨는 팀장님의 지시로 작년 4/4분기 지원 내역을 구분하여 정리했다. 다음 중 구분이 잘못된 직원은?

구분	이름
주택 지원	김만길, 최현식
경조사 지원	정희진, 김길동, 길태화, 최판석, 김동훈, 백예령
학자금 지원	유연화
기타	최선하, 송상현

① 정희진

② 김동훈

③ 유연화

④ 송상현

44. 다음은 올해 1/4분기 지원 내역이다. 변경된 복지 제도 내용으로 옳지 않은 것은?

이름	부서	직위	세부사항	금액(천 원)
김태호	총무팀	대리	장인상	1,000
이준규	영업2팀	과장	자녀 대학 진학 (입학금 포함)	5,000
박신영	기획팀	사원	생일	50(기프트 카드)
장민하	IT개발팀	차장	자녀 결혼	300
백유진	기획팀	대리	병가(실비 포함)	200
배주한	인사팀	차장	생일	50(기프트 카드)

① 경조사 지원금은 직위와 관계없이 동일한 금액으로 지원됩니다.

② 배우자 부모 사망 시 경조사비와 본인 부모 사망 시 경조사비를 동일하게 지급합니다.

③ 직원 본인 병가 시 위로금 10만 원과 함께 병원비(실비)를 함께 지급합니다.

④ 생일 시 지급되는 상품권을 현금카드처럼 사용할 수 있는 기프트 카드로 변경 지급합니다.

45. 정 대리가 〈보기〉와 같은 업무를 처리하기 위하여 연관되어 있는 팀만으로 나열된 것은 어느 것인가?

> 〈보기〉
>
> 정 대리는 오늘 안에 반드시 처리해야 할 사안들을 정리하고 있다. 정 대리는 오늘 오전 회의에 들어가기 전에 전년도 경영실적 관련 자료를 받아서 정리해야 하고 회의가 끝나면 팀의 새로운 프로젝트의 기획안을 관련 부서에 보내야 한다. 오후에는 다음 주에 본사를 방문할 예정인 해외 바이어의 차량일정을 확인하여 상사에게 보고 해야 하며, 오늘 안에 자신의 지난분기 상벌점 점수도 확인해야 한다.

① 인사팀, 기획팀, 외환팀

② 회계팀, 기획팀, 총무팀, 인사팀

③ 회계팀, 기획팀, 외환팀, 총무팀

④ 총무팀, 인사팀, 기획팀, 회계팀

46. 다음 빈칸에 들어갈 조직 형태는 무엇인가?

> S금융, 계열사 IB · 글로벌 (ⓐ) 조직화
>
> S금융그룹이 S은행, S생명, S캐피탈, S금융투자, S카드 등 각 계열사 IB부문과 글로벌 부문을 통합해 (ⓐ) 조직화한다.
> (ⓐ) 조직이란 프로젝트 조직과 기능식 조직을 절충한 방식으로 구성원 개인을 원래의 종적 계열과 함께 횡적 또는 프로젝트 팀의 일원으로서 임무를 수행하게 하는 조직 형태다. 한 사람의 구성원이 동시에 두 개 부문에 속하게 된다. (ⓐ) 조직은 프로젝트가 끝나면 원래 조직 업무를 수행한다는 특징이 있다.
> 22일 금융업계에 따르면 S금융은 조만간 계열사별 IB, 글로벌 부문을 통합 관리하는 조직을 확대 개편할 예정이다. 우선 IB부문은 기존 S은행과 S금투의 IB부문이 합쳐진 CIB그룹에 S생명, S캐피탈의 IB부문을 결합해 GIB(group investbank)로 확대할 계획이다. S금융지주는 GIB (ⓐ) 조직 규모를 3개 본부 이상으로 키울 것으로 알려졌다.
> 글로벌 부문도 S은행, S카드, S금융투자, S생명, S캐피탈 내 글로벌 조직을 (ⓐ) 형태로 바꿔 그룹 해외 전략을 총괄하게 될 전망이다. S금융지주는 다음 주 조직개편안을 확정하고 다음 달 조직개편을 단행할 전망이다.

① 네트워크   ② 사업부

③ 수평구조   ④ 매트릭스

47. 다음은 ◇◇ 기업의 조직도이다. 주어진 자료를 바르게 해석하지 못한 것은?

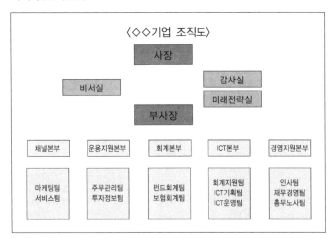

〈◇◇기업 조직도〉

사장
비서실
감사실
미래전략실
부사장

채널본부 | 운용지원본부 | 회계본부 | ICT본부 | 경영지원본부

마케팅팀 서비스팀 | 주무관리팀 투자정보팀 | 펀드회계팀 보험회계팀 | 회계지원팀 ICT기획팀 ICT운영팀 | 인사팀 재무경영팀 총무노사팀

① 비서실은 따로 소속이 없으며 사장에게 직접 보고를 한다.
② 인사팀은 부사장 산하의 경영지원본부에 속해있다.
③ 사장과 직접 업무라인이 연결되어 있는 조직원은 4명이다.
④ 펀드회계팀과 회계지원팀은 본부장 결재 사항인 직원 경조사비에 대한 결제를 회계본부장에게 받는다.

48. 다음은 조직구조에 대한 그림이다. (가)와 (나)에 들어갈 조직구조는?

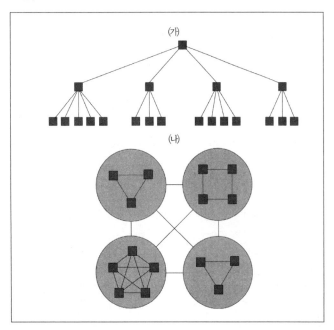

(가)

(나)

① 수평구조, 유기적 구조
② 수직구조, 기계적 구조
③ 유기적 구조, 기계적 구조
④ 기계적 구조, 유기적 구조

▌49~50▐ 다음 甲기업의 〈결재규정〉를 보고 이어지는 물음에 답하시오.

〈결재규정〉

• 결재를 받으려는 업무에 대해서는 최고결재권자(사장)를 포함한 이하 직책자의 결재를 받아야 한다.
• '전결'이라 함은 회사의 경영활동이나 관리활동을 수행함에 있어 의사 결정이나 판단을 요하는 일에 대하여 최고결재권자의 결재를 생략하고, 자신의 책임 하에 최종적으로 의사 결정이나 판단을 하는 행위를 말한다.
• 전결사항에 대해서도 위임 받은 자를 포함한 이하 직책자의 결재를 받아야 한다.
• 표시내용 : 결재를 올리는 자는 최고결재권자로부터 전결 사항을 위임 받은 자가 있는 경우 결재란에 전결이라고 표시하고 결재가 불필요한 직책자의 결재란은 상향대각선으로 표시한다.
• 최고결재권자의 결재사항 및 최고결재권자로부터 위임된 전결사항은 아래의 표에 따른다.

〈전결규정〉

구분	내용	금액기준	결재서류	팀장	본부장	사장
출장비	출장유류비, 출장식대비	30만 원 이하	출장계획서, 청구서	■	●	
		30만 원 초과			■	●
교육비	교육비, 외부교육비 포함	50만 원 이하	기안서, 법인카드 신청서	●■		
		50만 원 초과			●■	
접대비	영업처 식대비, 문화접대비	40만 원 이하	접대비지출품의서, 지출결의서	■	●	
		40만 원 초과		■		●
경조사비	직원 경조사비	20만 원 이하	기안서, 경조사비지출품의서		●■	
		20만 원 초과			■	●

● : 지출결의서, 법인카드신청서, 각종 신청서 및 청구서
■ : 기안서, 출장계획서, 접대비지출품의서, 경조사비지출품의서

49. 다음은 위 결재규정을 바르게 이해하지 못한 것은?

① 영업팀 강 사원은 영업처 식대비로 50만원 상당의 접대비 지출품의서를 팀장님께 결재받았다.

② 서비스팀장은 시간당 20만 원을 지불해야 하는 강사를 초청하여 3시간 교육을 받을 예정이며 기안서를 작성해 본부장님께 최종 결재를 받았다.

③ 보험회계팀 윤 대리는 35만 원을 상당의 문화접대비 지출 결의서를 본부장님께 결재를 받았다.

④ 주문관리팀 이 사원의 부친상으로 법인카드신청서와 지출 결의서를 본부장님께 최종 전결 받았다.

50. 기획팀 사원인 슬기 씨는 지방출장으로 유류비 10만 원과 식대비 30만 원을 지불하였다. 다음의 결재규정에 따라 슬기 씨가 작성한 결재 양식으로 옳은 것은?

①

	출장계획서			
결	담당	팀장	본부장	최종결재
재	슬기	전결		팀장

②

	출장계획서			
결	담당	팀장	본부장	최종결재
재	슬기		전결	본부장

③

	출장계획서			
결	담당	팀장	본부장	최종결재
재	슬기		전결	사장

④

	청구서			
결	담당	팀장	본부장	최종결재
재	슬기	전결		팀장

서 원 각

www.goseowon.com

경상북도 공공기관

직원 통합채용

정답 및 해설

SEOWONGAK
(주)서원각

제1회 정답 및 해설

1 ②

통상임금이 200만 원이면 육아휴직급여는 100분의 40 인 80만 원이 되며, 이 금액의 100분의 25인 20만 원 이 직장복귀 6개월 후 지급받는 금액이 된다.

① 자녀 1명당 1년 사용 가능하므로 자녀가 2명이면 각각 1년씩 2년 사용 가능하다고 명시되어 있다.

③ 육아휴직 개시일 이전에 피보험단위기간(재직하면 서 임금 받은 기간)이 모두 합해서 180일 이상이 되어야 육아휴직급여 지급대상에 해당된다.

④ 통상임금이 200만 원이면 육아휴직급여액이 80만 원이며, 육아휴직 기간 중 지급받는 월 육아휴직 급여액은 100분의 75인 60만 원이 된다. 따라서 이 60만 원과 사업주로부터 지급받은 150만 원의 합계 금액이 210만 원으로 통상임금인 200만 원을 10만 원 초과하게 된다. 따라서 월 육아휴직급여 액의 100분의 75인 60만 원에서 10만 원을 제외 한 50만 원이 해당 월의 육아휴직급여액이 된다.

2 ③

'팸플릿'은 올바른 외래어 표기법에 따른 것으로, '팜플 렛'으로 잘못 쓰지 않도록 주의하여야 한다. 국립국어 원 외래어 표기법에 따른 올바른 외래어의 표기는 다 음과 같다.

① 라스베가스 → 라스베이거스

② 넌센스 → 난센스

④ 아울렛 → 아웃렛

3 ③

흡습형태변형은 한쪽 면에 있는 세포의 길이(크기)가 반대 쪽 면에 있는 세포에 비해 습도에 더 민감하게 변하여, 습도가 낮아져 세포 길이가 짧아지면 그쪽 면 을 향해 휘어지는 것을 의미한다고 언급되어 있다. 따 라서 등에 땀이 나면 세포 길이가 더 짧은 바깥쪽으 로 옷이 휘어지게 되므로 등 쪽 면에 공간이 생기게 되는 원리를 이용한 것임을 알 수 있다.

4 ④

결원이 생겼을 때에는 그대로 추가 선발 없이 채용을 마감할 수 있으며, 추가합격자를 선발할 경우 반드시 차순위자를 선발하여야 한다.

① 모든 응시자는 1인 1개 분야만 지원할 수 있다.

② 입사지원서 작성 내용과 다르게 된 결과이므로 취 소 처분이 가능하다.

③ 지원자가 채용예정인원 수와 같거나 미달하더라도 적격자가 없는 경우 선발하지 않을 수 있다.

5 ①

ⓒ의 '산재보험가입 특례 확대 적용'과 ⓔ의 '실업크레 딧 지원제도'는 비정규직을 위한 직접적인 보호정책이 라기보다 취약계층 근로자에 대한 사회안전망 강화 정책으로 보아야 한다. ⑦, ⓒ, ⑩는 비정규직에 대한 직접적인 보호 정책으로 볼 수 있다.

6 ③

주어진 자료를 빠르게 이해하여 문제가 요구하는 답 을 정확히 찾아내야 하는 문제로, NCS 의사소통능력 의 빈출문서이다.

제1조에 을(乙)은 갑(甲)에게 계약금 → 중도금 → 잔 금 순으로 지불하도록 규정되어 있다.

① 제1조에 중도금은 지불일이 정해져 있으나, 제5조 에 '중도금 약정이 없는 경우'가 있을 수 있음이 명 시되어 있다.

② 제4조에 명시되어 있다.

④ 제5조의 규정으로, 을(乙)이 갑(甲)에게 중도금을 지불하기 전까지는 을(乙), 갑(甲) 중 어느 일방이 본 계약을 해제할 수 있다. 단, 중도금 약정이 없 는 경우에는 잔금 지불하기 전까지 계약을 해제할 수 있다.

7 ②

① 환경세 세수만큼 근로소득세를 경감하게 되면 근로자의 실질소득이 증대되고, 그 증대효과는 환경세 부과로 인한 상품가격 상승효과를 넘어설 정도로 크다.

② 근로소득세 경감의 효과는 근로자에게 집중되기 때문이다. 근로자의 실질소득 증대는 사실상 근로자의 실질임금을 높이고, 이것은 대체로 노동공급을 증가시키는 경향이 있다.

③ 환경세 세수를 근로소득세 경감으로 재순환시키는 조세구조 개편은 한편으로는 노동의 공급을 늘리고, 다른 한편으로는 노동에 대한 수요를 늘린다. 이것은 고용의 증대를 낳고, 결국 경제 활성화를 가져온다.

④ 환경세는 노동자원보다는 환경자원의 가격을 인상시켜 상대적으로 노동을 저렴하게 하는 효과가 있다. 이렇게 되면 기업의 노동수요가 늘어난다.

8 ④

㉠㉡㉢은 새로운 자연과학 이론을 받아들이는 것이고, ㉣은 새로운 이론을 받아들이기를 바라는 마음이다.

9 ③

ⓐ와 ⓑ는 반의어 관계이다. 따라서 정답은 ③이다.

10 ④

① 대면(對面) : 서로 얼굴을 마주 보고 대함

② 간주(看做) : 그러한 것으로 여김 또는 그렇다고 침

③ 대두(擡頭) : (어떤 현상이) 일어남. 고개를 듦

④ 결합(結合) : 둘 이상(以上)이 서로 관계(關係)를 맺고 합치어 하나가 됨

11 ③

불량품 체크 전 생산라인 A의 일률= $\frac{100}{4}$ =25개/시간, B의 일률은 $\frac{100}{2}$ =50개/시간

불량률을 감안한 생산일률 A= $25 \times 0.8 = 20$ 개/시간, B= $50 \times 0.9 = 45$ 개/시간

A, B를 동시에 가동하면 생산량이 20% 상승한다고 하였으므로 이 때의 일률을 구하면

$(20 + 45) \times 1.2 = 78$ 개/시간

A를 먼저 32시간 가동하면 생산량= $20 \times 32 = 640$

A, B를 동시에 가동했을 때 $10,000 - 640 = 9,360$ 개의 정상제품이 만들어 지므로 일률이 78을 넣어 시간을 구하면

$\frac{9,360}{78} = 120$ 시간

처음 32시간과 120시간을 더하면 총 가동시간인 152시간을 구할 수 있다.

12 ③

제품 케이스의 경우 2kg 이하이므로 서울은 4,000원, 지방은 5,000원

서울만 12곳이라고 하면 48,000원이므로 성립 안 된다.

총 비용이 46,000원 들었으므로 서울만 본다면 최대 11곳인 44,000원이 성립되나 2,000원이 부족하게 되므로 서울 9곳, 지방 2곳으로 하면 36,000원, 10,000원이 되면 46,000원이 성립된다.

그러나 서울에 5개 보내는 비용과 지방에 4개 보내는 비용이 동일하므로 서울 4곳(16,000원), 지방 6곳(30,000원)이라는 경우도 성립한다.

전자 제품의 경우를 위의 두 경우에 대입하면

서울 4곳(20,000원), 지방 6곳(36,000원)으로 총 56,000원이 성립된다.

서울 9곳(45,000원), 지방 2곳(12,000원)으로 총 57,000원으로 성립되지 않는다.

그러므로 총 10곳이 된다.

13 ①

거리=속력×시간

$\frac{1}{5} \times 8 = \frac{16}{10} = 1.6$

12분간 1.6km를 달렸고, 48분 이내에 8.4km를 달려야 하므로

평균 속력을 a라 하면,

$a \times \frac{48}{60} = \frac{84}{10}$

$a = \frac{84}{8} = \frac{21}{2} = \frac{105}{10} = 10.5 \text{(km)}$

14 ③

$300g \times 0.05 = 15g$ 즉, $300g$의 설탕물 안에 $15g$의 설탕이 녹아 있다는 말이 되므로 10%의 설탕물이 되기 위해서는 $\frac{15}{300-x} = 0.1$이 되어야 한다.

각 항에 $(300-x)$곱하면 $15 = 30 - 0.1x$, $15 = 0.1x$이므로 $x = 150\,(g)$

15 ③

기준 타수가 36개이므로

갑은 기준 타수보다 2개 적으므로

$34 - 36 = -2$

x가 두 개 있으므로 $x = -1$

병은 타수 합계가 36이고 x가 1개, y도 1개 있으므로 $x = -1$이므로 $y = 1$이 되어 기준 타수＝개인 타수

을은 x가 1개, y가 2개이므로 기준타수에 $+1$을 해야 하므로 37타가 된다.

㉠ $x = -1$이므로 1타 적게 친 것을 의미한다.

㉡ 9개 홀의 타수의 합은 갑은 34, 을은 37이므로 다르다.

㉢ 세 선수 중에서 타수의 합이 가장 적은 선수는 갑이 맞다.

16 ③

$\frac{x}{1,721} \times 100 = 62.4$

$x = \frac{62.4 \times 1,721}{100} ≒ 1,074$

17 ④

④ 집행비율이 가장 낮은 나라는 41.3%인 스페인이다.

18 ①

부지 용도가 단독주택용지이고 토지사용 가능시기가 '즉시'라는 공고를 통해 계약만 이루어지면 즉시 이용이 가능한 토지임을 알 수 있다.

② 계약 체결 후 총 납입해야 할 금액은 계약금을 제외한 33,250,095,000원이다.

③ 규모 400m² 의 단독주택용지를 주택건설업자에게 분양하는 공고이다.

④ 계약금은 공급가격의 10%로 보증금이 더 적다. 표의 단위를 기억해야 한다.

19 ④

설문조사지는 내가 의도한 분석 목적에 사용이 가능한 답변을 유도할 수 있도록 작성되어야 할 것이다. 제시된 설문조사의 목적은 보다 나은 제품과 서비스 공급을 위하여 브랜드 인지도를 조사하는 것이므로, 자사의 제품이 얼마나 고객들에게 인지되어 있는지, 어떻게 인지되었는지, 전자제품의 품목별 선호 브랜드가 동일한지 여부 등과 설문에 응한 응답자가 전자제품을 얼마나 자주 구매하는지 등은 브랜드 인지도 향상을 위한 T전자회사의 전략 수립에 사용이 가능한 자료라고 할 수 있다. 그러나 ④와 같은 질문은 특정 제품의 필요성을 묻고 있으므로 자사의 브랜드 인지도 제고와의 연관성이 낮아 설문조사 항목으로 가장 적절하지 않은 것으로 볼 수 있다.

20 ③

주택보수비용 지원 내용은 항목별 비용이 모두 3단계로 구분되어 있으며 핵심 구분점은 내장, 배관, 외관으로 나뉘어져 있다. 이에 따른 비용 한계는 350만 원을 기본으로 단계별 300만 원씩 증액하는 것으로 나타나 있다.

소득인정액에 따른 차등지원 내역을 보면 지원액은 80 ~ 100%이다.

상황을 보면 중위소득 40%에 해당하므로 지원액은 80%이며, 노후도평가에서 대보수에 해당한다고 했으므로 최대 950만 원을 받을 수 있다.

그러므로 950만 원의 80%를 계산하면 760만 원이 된다.

21 ②

㉡ 갑 = 을

㉢ 을 ∩ 병, 갑 ×

㉣ 갑 ×, 정 ×

㉤ 정 ×, 병 ×, 갑 ○

ⓑ 갑 ×, 무 ×

ⓢ 무 ○, 병 ×

이것을 정리해 보면 ㉣㉤에 의해 갑 가담, 갑이 가담
하면 을도 가담

㉢에 의해 을이 가담했으므로 병도 가담

㉤에 의해 정도 가담

무만 가담하지 않음을 알 수 있다.

22 ③

사례 3은 기업 조직의 내·외부 자원에 대한 효과적
인 활용이 중요하다는 것을 나타내고 있다.

① 사례 1의 경우에 발상의 전환이 필요함을 의미하는
사례로서, B회사가 고정관념에 사로잡혀 발상의
전환을 못하기 때문에 발생하는 문제점을 보여주
고 있다.

② 사례 2의 경우에 전략적 사고의 필요성을 나타내
는 사례로서, A회사가 국제 금융위기라는 현 상황
만을 보고 철수하는 것은 향후 환경변화에 대한
전략적인 사고가 부족하다는 것을 보여주고 있다.

③ 사례 3의 경우에 조직 내·외부 자원의 효과적인
활용이 중요하다는 것을 의미하는 사례로서, 조직
의 내·외부 자원의 활용을 효과적으로 하지 못하
는 회사의 모습을 보여주고 있다.

④ 사례 4의 경우에 분석적 사고가 필요함을 나타내
는 사례로, C가 분석적인 사고를 통해서 제출한
보고서를 회사가 수용하지 못한 문제점을 보여주
고 있다.

23 ④

윗글은 문제해결과정 중 문제인식 단계에서 중요성에
대해 말하고 있다. 사례에서 A공장장은 처음에 문제
를 인식하지 못하다가 상황이 점점 악화되자 문제가
있다는 것을 알게 되었다. 만약 A공장장이 초기에 문
제의 상황을 인식하였다면, 초기에 문제의 상황에 시
기 적절하게 대처함으로써 비용과 시간의 소비를 최
소화할 수 있었을 것이다. 결국 문제인식은 해결해야
할 전체 문제를 파악하고, 문제에 대한 목표를 명확히
하는 활동임을 알 수 있다.

24 ④

① B→D→F→E→A→C→4시간 36분
신남역 출발→B(8)→D(15) + 10분→F(17)→E(20)
+ 10분→A(3)→C(19) + 10분

② C→E→A→D→F→B→4시간 54분
신남역 출발→C(10)→E(22) + 10분→A(3)→D(18)
+ 10분→F(17)→B(18) + 10분

③ F→E→A→C→B→D→4시간 45분
신남역 출발→F(10)→E(20) + 10분→A(3)→C(19)
+ 10분→B(18)→D(15) + 10분

④ D→F→E→A→C→B→4시간 32분
신남역 출발→D(7)→F(17)→E(20) + 10분→A(3)
→C(19) + 10분→B(18)

25 ②

① 엘디스 리젠트 호텔→2, 3호선 신남역에 위치하
므로 14정거장, 환승하므로 10분 소요→52분

② 노보텔 엠베서더 호텔→1호선 중앙로역에 위치하
므로 14정거장→42분

③ 그랜드 호텔→2호선 범어역에 위치하므로 16정거
장, 환승하므로 10분 소요→58분

④ 인터불고 호텔→1호선 아양교역에 위치하므로 20
정거장→60분

26 ①

① E→A(3)→C(19) + 10분→B(18)→D(15) + 10분
→F(17)
3시간 56분

② B→D(15) + 10분→C(17) + 10분→E(22) + 10분
→A(3)→F(17) + 10분
4시간 22분

③ F→E(20) + 10분→A(3)→B(19) + 10분→D(15)
+ 10분→C(17) + 10분
4시간 22분

④ C→F(20) + 10분→E(20) + 10분→A(3)→B(19)
+ 10분→D(15) + 10분
4시간 31분

27 ④

출발지와 도착지는 경도가 다른 지역이므로 주어진 설명의 3번에 해당된다. 따라서 두 지점의 시차를 계산해 보면 (135+120)÷15=17시간이 된다.

또한, 인천이 로스앤젤레스보다 더 동쪽에 위치하므로 인천이 로스앤젤레스보다 17시간이 빠르게 된다. 다시 말해, 로스앤젤레스가 인천보다 17시간이 느리다. 따라서 최 과장이 도착지에 7월 10일 오전 11시까지 도착하기 위해서는 비행시간이 12시간이므로 도착지 시간 기준 늦어도 7월 9일 오후 11시에는 출발지에서의 탑승이 이루어져야 한다. 그러므로 7월 9일 오후 11시를 출발지 시간으로 환산하면, 7월 10일 오후 4시가 된다. 따라서 최 과장이 탑승할 수 있는 가장 늦은 항공편은 KR204임을 알 수 있다.

28 ②

연면적 5,000제곱미터의 절반이면 100분의 50인 2,500제곱미터를 증축하는 것이며 이것은 2,000제곱미터 이상이 되므로 적용예외 규정에 해당되지 않는다고 명시하고 있다.

④ 연면적의 합계가 500제곱미터 이상이고 2,000제곱미터 미만인 단독 건축물의 개별 동 연면적이 500제곱미터 미만인 경우에 해당하므로 적용예외 대상이 된다.

29 ①

임 사원을 제외한 모두가 2년에 1일 씩 연차가 추가되므로 각 직원의 연차발생과 남은 연차일, 통상임금, 연차수당은 다음과 같다.

김 부장 : 25일, 6일, 500÷200×8=20만 원, 6×20=120만 원

정 차장 : 22일, 15일, 420÷200×8=16만 원, 15×16=240만 원

곽 과장 : 18일, 4일, 350÷200×8=14만 원, 4×14=56만 원

남 대리 : 16일, 11일, 300÷200×8=12만 원, 11×12=132만 원

임 사원 : 15일, 12일, 270÷200×8=10만 원, 12×10=120만 원

따라서 김 부장과 임 사원의 연차수당 지급액이 동일하다.

30 ④

1980년까지는 초등학교 졸업자인 범죄자의 비중이 가장 컸으나 이후부터는 고등학교 졸업자인 범죄자의 비중이 가장 크게 나타나고 있음을 알 수 있다.

① 1985년 이후부터는 중학교 졸업자와 고등학교 졸업자인 범죄자 비중이 매 시기 50%를 넘고 있다.

② 해당 시기의 전체 범죄자의 수가 증가하여, 초등학교 졸업자인 범죄자의 비중은 낮아졌으나 그 수는 지속 증가하였다.

③ 해당 시기의 전체 범죄자의 수가 증가하여, 비중은 약 3배가 조금 못 되게 증가하였으나 그 수는 55,711명에서 251,765명으로 약 4.5배 이상 증가하였다.

31 ④

각 여행지별 2명의 하루 평균 가격을 도표로 정리하면 다음과 같다.

관광지	일정	2명의 하루 평균 가격
갑지	5일	599,000 ÷ 5 × 2=239,600원
을지	6일	799,000 ÷ 6 × 2 = 266,333원, 월~금은 주중 할인이 적용되어 하루 평균 266,333 × 0.8=213,066원 따라서 월~토 일정 동안의 전체 금액[(213,066 × 5) +266,333]에서 하루 평균 가격을 구하면 221,943원
병지	8일	999,000 ÷ 8 = 124,875원(1명), 999,000 ÷ 8 × 0.8 = 99,900원(1명) 따라서 2명은 124,875 +99,900 = 224,775원
정지	10일	1,999,000 ÷ 10 = 199,900원(1명), 1,999,000 ÷ 10 × 0.5 = 99,950원(1명) 따라서 2명은 199,900+99,950 = 299,850원

따라서 가장 비싼 여행지부터의 순위는 정지-갑지-병지-을지이다.

32 ④

박 대리의 지난주와 이번 주의 소비 지출액은 각각 2만×7+3만×3+2만×6=35만 원과 3만×5+2만×4+3만×4=35만 원으로 같다. 만일 이번 주의 소비(외식 5회, 책 4회, 의류 구입 5회)를 지난주에 선택하였다면 2만×5+3만×4+2만×4=30만 원이 들게 되므로 35만 원으로 소비가 가능하다. 그런데도 지난주에 이번 주와 같은 소비를 하지 않은 이유는 지난주 소비(외식 7회, 책 3회, 의류 구입 6회)의 만족도가 이번 주 소비의 만족도보다 높거나 같기 때문이라는 추론이 가능하다. 반면, 이번 주에 지난주처럼 소비하려면 3만×7+2만×3+3만×6=45만 원이 필요하므로 정해진 금액 35만 원으로는 불가능하다. 따라서 박 대리는 지난주처럼 소비하고 싶었지만, 가격 변화로 구매할 수 없게 되어 포기했다고 추론할 수 있다. 따라서 박 대리는 지난주에 비해 이번 주에 만족도가 떨어졌다는 추론이 가능하다.

33 ②

'일본은 후쿠시마 사고 이후 악화된 에너지자립도 향상과 온실가스 감축을 목표로 삼고, 이를 달성하기 위해 신재생을 확대함과 동시에 원자력의 과거 역할을 상당부분 회복시키려는 계획을 갖고 있다. 이 과정에서 후쿠시마 원전사태 이후 급증한 석탄, 석유, 천연가스 등의 화석연료는 자연스럽게 비중이 축소될 것으로 보인다. 과거에 비해 대폭 강화된 안전기준을 바탕으로 후쿠시마 원전사태 직후 제로 상태였던 원전 가동을 조금씩 재개하고 있는 중이다.'고 언급되어 있는 부분에서 일본의 원전 사태 이후 에너지 정책에 대한 방향을 엿볼 수 있다.

34 ②

재작년과 작년에 적립된 마일리지를 구하면 다음과 같다.
재작년 : 45×12=540, 540×40=21,600
작년 : 65×12=780, 780×50=39,000
총 60,600마일리지
따라서 올해의 카드 결제 금액이 월 평균 60만 원이라면, 60×12=720, 720×50=36,000이 되어 총 96,600마일리지가 되므로 120,000마일리지가 필요한 광주 일등석을 이용할 수 없다.

① 80×12=960, 960×70=67,200마일리지이므로 총 127,800마일리지로 제주 일등석을 이용할 수 없다.
③ 60,600마일리지가 되므로 울산 일반석을 이용할 수 없다.
④ 70×12=840, 840×70=58,800마일리지이므로 총 119,400마일리지로 제주 프레스티지석 이용이 가능하다.

35 ②

그린석(외야)에 무료입장할 수 있는 대상은 어린이 회원이다. 7세 이하 미취학 아동은 보호자 동반 시 무료입당이 가능하나, 좌석은 제공되진 않는다고 언급되어 있다.
① 익일 취소 시 수수료가 발생하며, 예매일과 취소일이 같을 경우 수수료가 청구되지 않는다고 규정되어 있다.
③ 금, 토, 일, 월요일 4일 간 주말 요금이 적용된다.
④ 주중 성인회원 레드석 입장료는 8,000원이나, K팀 L카드 3,000원 할인이 적용되어 5,000원이 되며 할인은 결제 시에 반영된다.

36 ④

금요일이므로 주말 가격이 적용되며, 블루석 기준 각 인원의 입장료를 지불 방법에 따라 구분하여 정리하면 다음과 같다.
〈K팀 L카드로 결제〉
김 과장 : 13,000-3,000=10,000원
아내 : 15,000-3,000=12,000원
노부 : 15,000-3,000=12,000원(경로우대자이나, 외야석이 아니므로 할인 대상에서 제외됨)
큰 아들 : 15,000-3,000=12,000원
작은 아들 : 7,500-3,000=4,500원
총 : 50,500원
〈S카드로 결제〉
작은 아들 친구 2명 : 7,500×2=15,000원(청구 시에 할인 반영되므로, 결제 시에는 할인 없이 1인당 7,500원을 결제하게 된다.)
따라서 7명의 총 입장료는 50,500원+15,000=65,500원이 된다.

37 ③

출발시각을 한국 시간으로 먼저 바꾼 다음 소요시간을 더해서 도착 시간을 확인해 보면 다음과 같다.

	출발시각 (현지시간)	출발시각 (한국시간)	소요 시간	도착시간
H상무	12월 12일 17:20	12월 13일 01:20	13시간	12월 13일 14:20
P전무	12월 12일 08:30	12월 12일 22:30	14시간	12월 13일 12:30
E전무	12월 12일 09:15	12월 13일 01:15	11시간	12월 13일 12:15
M이사	12월 12일 22:30	12월 13일 04:30	9시간	12월 13일 13:30

따라서 도착 시간이 빠른 순서는 E전무 – P전무 – M이사 – H상무가 된다.

38 ④

- 갑 $= (145 \times 3) + (72 \times 4) = 435 + 288 = 723\$$
- 을 $= (170 \times 3 \times 0.8) + (72 \times 4 \times 1.2)$
  $= 408 + 345.6 = 753.6\$$
- 병 $= (110 \times 3) + (60 \times 5 \times 1.2) = 330 + 360$
  $= 690\$$
- 정 $= (100 \times 4 \times 0.8) + (45 \times 6) = 320 + 270$
  $= 590\$$
- 무 $= (75 \times 5) + (35 \times 6 \times 1.2) = 375 + 252 = 627\$$

순서대로 나열하면 을, 갑, 병, 무, 정

39 ④

직접비에는 인건비, 재료비, 원료와 장비비, 여행 및 잡비, 시설비 등이 포함되며, 간접비에는 보험료, 건물관리비, 광고비, 통신비, 사무비품비, 각종 공과금 등이 포함된다. 따라서 제시된 예산 집행 및 배정 현황을 직접비와 간접비를 구분하여 다음과 같이 나누어 볼 수 있다.

항목	2분기		3분기	
	직접비	간접비	직접비	간접비
직원급여	200,850,000		195,000,000	
상여금	6,700,000		5,700,000	
보험료		1,850,000		1,850,000
세금과 공과금		1,500,000		1,350,000
수도광열비		750,000		800,000
잡비	1,000,000		1,250,000	
사무용품비		230,000		180,000
여비교통비	7,650,000		5,350,000	
퇴직급여 충당금	15,300,000		13,500,000	
통신비		460,000		620,000
광고선전비		530,000		770,000
합계	231,500,000	5,320,000	220,800,000	5,570,000

따라서 2분기보다 3분기에 직접비의 배정 금액은 더 감소하였으며, 간접비의 배정 금액은 더 증가하였음을 알 수 있다.

40 ④

세 직원의 수당을 표로 만들어 보면 다음과 같다.

직원	시간외 수당	야간 수당	휴일 수당	계
갑	?	200만 원 $\times \frac{0.5}{200} \times 6$ $=30,000$원	200만 원 $\times \frac{0.5}{200} \times 15$ $=75,000$원	
을	160만 원 $\times \frac{1.5}{200} \times 16$ $=192,000$원	160만 원 $\times \frac{0.5}{200} \times 5$ $=20,000$원	160만 원 $\times \frac{0.5}{200} \times 14$ $=56,000$원	268,000원
병	180만 원 $\times \frac{1.5}{200} \times 20$ $=270,000$원	180만 원 $\times \frac{0.5}{200} \times 3$ $=13,500$원	180만 원 $\times \frac{0.5}{200} \times 10$ $=45,000$원	328,500원

갑의 시간외 근무시간이 20시간이 되면 합계액이 100만 원을 넘게 되므로 가능한 최대 시간외 근무시간은 19시간이 되며, 이 경우 합계액은 986,500원이 된다.

41 ②

기업 조직의 아이디어 찾는 방법 중 하나인 브레인스토밍의 특징을 이해하고 있는지를 묻는 문항이다.

브레인스토밍 기법은 아이디어의 질보다 양에 초점을 맞춘 것으로서 집단 구성원들은 즉각적으로 생각나는 아이디어를 제시할 수 있으며, 그로 인해 브레인스토밍은 다량의 아이디어를 도출해낼 수 있다. 또한, 구성원들은 자신이 가지고 있던 기존 아이디어를 개선해 더욱 더 발전된 형태의 아이디어를 창출할 수 있는데, 이는 다른 사람의 의견을 참고해서 창의적으로 조합할 수 있기 때문이다.

42 ③

스태프 라인조직은 라인 및 스태프의 분화에 의한 전문화의 이점을 살릴 수 있는 형태의 조직이다.

43 ④

사업부제 조직은 부문 간의 조정이 용이한 형태의 조직이다.

44 ④

각 조직마다 명칭상의 차이는 조금씩 있으나, 인력 충원, 교육, 업무 평가, 모집, 선발, 고용, 직무배치, 종업원 후생복리, 교육훈련 등은 인사관리부(인사부, 인사팀, 인재개발팀 등)의 고유 업무이며, 조직의 매출을 분석하여 손익계산서, 대차대조표 등의 재무제표를 작성하는 업무는 회계관리부(회계부, 회계팀 등)의 업무이다.

45 ④

경영전략을 수립하고 각종 경영정보를 수집/분석하는 업무를 하는 기획팀에서 요구되는 자질은 재무/회계/경제/경영 지식, 창의력, 분석력, 전략적 사고 등이다.

46 ④

지원본부의 역할은 생산이나 영업 등 자체의 활동보다 출장이나 교육 등 타 팀이나 전사 공통의 업무 활동에 있어 해당 조직 자체적인 역량으로 해결하기 어렵거나 곤란한 업무를 원활히 지원해 주는 일이 주된 업무 내용이 된다.

제시된 팀은 지원본부(기획, 총무, 인사/교육, 홍보/광고), 사업본부(마케팅, 영업, 영업관리), 생산본부(생산관리, 생산기술, 연구개발) 등으로 구분하여 볼 수 있다.

47 ②

조직문화는 조직의 방향을 결정하고 존속하게 하는데 중요한 요인이지만, 개성 있고 강한 조직 문화는 다양한 조직구성원들의 의견을 받아들일 수 없거나, 조직이 변화해야 할 시기에 장애요인으로 작용하기도 한다.

48 ③

일반적으로 메뉴를 선택할 때 여성의 경우 남성에게 일임하거나 또는 무조건 "똑같은 것으로 하겠다."라고 하는 것은 적절한 매너가 아니다.
② 초청자 측의 가장 윗사람 바로 옆에 상대방 측의 가장 윗사람의 자리를 마련한다.

49 ④

대리 직급 시에 있었던 휴직과 포상 내역은 모두 과장 직급의 경력평정에 포함되지 않으므로 과장 1년의 근무만 적용되어 $0.5 \times 12 = 6$점이 된다.
① 당해직급에 적용되는 것이므로 과장 직책인 자는 과장 직급의 근무경력으로만 근무평정이 이루어진다.
② 4년차인 경우, 3년간은 월 0.5점씩 가산되어 18점이 되며, 4년째에는 $0.4 \times 12 = 4.8$점이 되어 도합 22.8점이 되므로 23점이 될 수 없다.
③ $0.5 \times 24 + 2 = 14$점이 된다.

50 ④

규정에 따라 각 인원의 경력평정 점수를 계산하면 다음과 같다.

- 조 과장 : 기본경력 0.5×24=12점, 자격증 2점, 국무총리 포상 2점 → 16점
- 남 대리 : 기본경력 0.5×36=18점, 초과경력 0.4×(12−1)=4.4점, 사장 포상 1점 → 23.4점
- 권 부장 : 기본경력 0.5×36=18점, 초과경력 0.4×(24−3)=8.4점 → 26.4점
- 강 대리 : 기본경력 0.5×36=18점, 장관 포상 1점 → 19점 따라서 경력평정 점수가 가장 높은 직원인 권 부장과 가장 낮은 직원인 조 과장의 점수 차이는 26.4−16=10.4점이 된다.

제2회 정답 및 해설

1 ②

노동을 더 해도 추가되는 임금이 없게 되므로 무제한 노동을 하게 부추기는 결과가 된다고 볼 수 있다. 따라서 '바람직하지 않은 일을 더 심해지도록 부추김'의 의미인 '조장'이 가장 적절하다.

2 ①

문맥으로 보아 전염률, 점유율, 질병률은 전혀 관계가 없다.

유병률과 발병률은 다른 의미이며, 이 차이를 구분하는 것이 문제 해결의 관건이 될 수 있다. 유병률은 전체 인구 중 특정한 장애나 질병 또는 심리신체적 상태를 지니고 있는 사람들의 분율로서, 어느 시점 또는 어느 기간에 해당 장애나 질병, 심리신체적 상태를 지니고 있는 사람의 수를 전체 인구 수로 나누어 계산한다. 유병률은 이전부터 해당 장애가 있었든 아니면 해당 장애가 새로 생겼든 간에 현재 그 장애를 앓고 있는 모든 사람을 뜻하는 반면, 발병률 또는 발생률(incidence rate 또는 incidence)은 일정 기간 동안에 모집단 내에서 특정 질병을 새롭게 지니게 된 사람의 분율을 뜻한다. 유병은 집단 내의 개체 간 차이를 반영하는 현상이라는 점에서 발생과 구별된다. 발생은 한 개체 내에서 일어난 특정 상태의 변화를 말한다.

3 ④

'구별하지 못하고 뒤섞어서 생각하다.'의 '혼동'은 올바르게 사용된 단어이며, '혼돈'으로 잘못 쓰지 않도록 주의한다.

① 최저임금 인상이 자영업자의 추가적인 인건비 인상을 발생시키는 원인이 된다는 내용이므로 '표출'이 아닌 '초래'하는 것이라고 표현해야 한다.

② 앞의 내용으로 보아 급하고 과도한 최저임금인상에 대한 수식어가 될 것이므로 '급격한'이 올바른 표현이다.

③ 최저임금인상 대신 그만큼에 해당하는 근로 장려세제를 '확대'하는 것의 의미를 갖는 문장이다.

4 ①

철도 차량 소재의 변천 과정을 설명하고 있는 글로서, 최초의 목재에서 안전을 위한 철제 재료가 사용되었음을 언급하는 (다) 단락이 가장 처음에 위치한다. 이러한 철제 재료가 부식 방지와 강도 보강을 목적으로 비금속 재료로 대체 사용되기도 하였으며, 이후 강도 보강에 이은 경량화를 목적으로 소재가 바뀌게 되었고, 다시 하이브리드형 소재의 출현으로 부위별 다양한 소재의 병용 사용을 통한 우수한 기계적 특성 구현이 가능하게 되었다. 따라서 이러한 소재의 변천 과정을 순서대로 나열한 (다) – (라) – (가) – (나)가 가장 자연스러운 문맥의 흐름이다.

5 ④

'참여'는 '어떤 일에 끼어들어 관계함', '참석'은 '모임이나 회의 따위의 자리에 참여함', '참가'는 '모임이나 단체 또는 일에 관계하여 들어감'의 뜻을 지닌다. 이를 보면 각각 그 의미의 초점의 다르다는 것을 알 수 있는데, '참여'는 '어떤 일에 관계하다'의 의미로서 쓰여 그 일의 진행 과정에 개입해 있는 경우를 드러내는 데에 쓰이는 것인데 반해서, '참석'은 모임이나 회의에 출석하는 것의 의미를 지니는 경우에 사용되며, '참가'는 단순한 출석의 의미가 아니라 '참여'의 단계로 들어가는 과정을 나타내는 것으로 이해하여 볼 수 있다. '참견'은 '자기와 별로 관계없는 일이나 말 따위에 끼어들어 쓸데없이 아는 체하거나 이래라저래라 함'을 의미하며, '참관'은 '어떤 자리에 직접 나아가서 봄'의 의미이다.

6 ④

종전 6개 직종에서 산재보험 가입 특례가 적용되고 있었다.

① '법적 의무사항인 2년 이상 근무한 비정규직 근로자의 정규직 전환률도 높지 않은 상황이다'에서 알 수 있다.

② 상시 업무에 정규직 고용관행을 정착시키면 상시 업무에 정규직 직원만 고용되는 것이 아니라 비정규직 직원들의 정규직 전환 후 계속고용도 늘어나게 된다.

③ 서포터스 활동 결과, 2016년에는 194개 업체와 가이드라인 준수협약을 체결하는 성과를 이루었다.

7 ①

공공기관의 안내문이라는 점과 첫 문단의 마지막 부분에서 미세먼지의 인체 위해성과 함께 미세먼지를 피하고 미세먼지의 발생을 줄이는 것이 절실하다고 언급한 점으로 보아 미세먼지의 예방과 발생 시의 행동요령에 관한 내용이 이어지는 것이 가장 적절하다.

8 ③

비교우위에 의한 자유무역의 이득은 한 나라 내의 모든 경제주체가 혜택을 본다는 것을 뜻하지 않는다. 자유무역의 결과 어느 나라가 특정 재화를 수입하게 되면, 소비자는 보다 싼 가격으로 이 재화를 사용할 수 있게 되므로 이득을 보지만 이 재화의 국내 생산자는 손실을 입게 된다.

① 동일한 종류의 재화라 하더라도 나라마다 독특한 특색이 있게 마련이다. 따라서 자유무역은 각국 소비자들에게 다양한 소비 기회를 제공한다.

② 어느 나라가 비교우위가 있는 재화를 수출하게 되면 이 재화의 생산량은 세계시장을 상대로 크게 늘어난다. 이 경우 규모의 경제를 통해 생산비를 절감할 수 있게 된다.

④ 독과점의 폐해를 방지하려면 진입장벽을 없애 경쟁을 촉진하여야 한다. 따라서 자유무역은 경쟁을 활성화하여 경제 전체의 후생 수준을 높일 수 있다.

9 ④

국제석유시장에 대한 전망은 제시문의 도입부에 요약되어 있다고 볼 수 있다. 글의 전반부에서는 석유를 둘러싼 주요 이해국들의 경기회복세가 이어질 것으로 전망하고 있으나, 이러한 기조에도 불구하고 탈석유 움직임에 따라 석유 수요의 증가는 둔화될 것으로 전망한다. 또한, 전기차의 등장과 연비규제 등의 조치들로 내연기관의 대체가 확대될 것이라는 점도 이러한

전망을 뒷받침한다. 따라서 세계경제 회복에도 불구, 탈석유 움직임에 따라 석유 수요의 증가세가 둔화될 것이라는 전망이 전체 글의 내용을 가장 적절하게 요약한 것이라고 할 수 있다.

10 ③

'화재안전평가제도'를 전면 도입하여 안전등급이 낮은 시장이 전통시장 지원사업에 선정되는 일이 없도록 하는 것은 사업의 취지에 맞는다고 볼 수 없고, 안전등급을 높이기 위한 구체적인 사업계획 수립을 유도하는 것이 적절한 실행 계획이라고 보아야 한다.

한편, 주차장, 시설현대화 등을 한 번도 지원받지 못한 성장가능성이 높은 시장을 대상으로 '첫걸음 컨설팅'을 실시하는 것도 세부 특징에 근거한 적절한 실행 계획으로 볼 수 있다.

11 ②

우선 H사의 차량을 2년 사용 했을 때의 경비를 구해 보면 다음과 같다.

$40,000 \div 13 \times 800 =$ 약 246만 원

구매가격 2,000만 원

총 2,246만 원

따라서 F사의 경비를 구하는 공식에서 2,246만 원이 되는 시점의 주행 거리를 알아보면 정답을 구할 수 있다.

차량 구매 가격이 2,100만 원이므로 주행 거리가 x일 때, $x \div 10 \times 1,500$이 146만 원이 되는 값을 구하면 된다. 계산해 보면 $x =$ 약 9,733km가 되므로 1년에 20,000km를 주행할 경우 1개월에 약 1,667km이므로 $9,733 \div 1,667 =$ 약 5.8개월이 된다.

따라서 F사 차량을 5개월 째 이용하는 시점이 정답이 된다.

12 ④

생물다양성 파악정도가 가장 낮은 서식처는 농경생태계이다.

비용합계에서 차지하는 장기관찰비용의 비중이 가장 큰 서식처는 국립공원이며, 장기관찰비용이 가장 크다.

13 ②

금융보험업의 경우는 52÷327×100=15.9%이며, 전기
가스업은 9÷59×100=15.3%이다.

① 각 업종의 기업이 어떤 분야의 4차 산업 기술을
활용하고 있는지를 알 근거는 없다.

③ 1,014개로 제시되어 있으며, 1,993개와의 차이는
복수응답에 의한 차이이다.

④ 5G 모바일, 빅데이터, 클라우드이다.

14 ①

㈎ 종사자 규모 변동에 따른 사업체수의 증감은 두
해 모두 규모가 커질수록 적어지는 동일한 추이를
보이고 있으며, 종사자수 역시 사업체의 규모가
커짐에 따라 증가→감소→증가의 동일한 패턴을
보이고 있음을 알 수 있다. (×)

㈏ 구성비는 해당 수치를 전체 수치로 나누어 백분율로
나타낸 값을 의미하는데 주어진 기여율은 그러한 백
분율 산식에 의한 수치와 다르다. 기여율은 '해당 항
목의 전년대비 증감분÷전체 수치의 전년대비 증감
분×100'의 산식에 의해 계산된 수치이다. (×)

㈐ 종사자수를 사업체수로 나누어 보면 두 해 모두
종사자 규모가 큰 사업체일수록 평균 종사자수가
커지는 것을 확인할 수 있다. (○)

㈑ 모든 규모의 사업체에서 전년보다 종사자수가 더
많아졌음을 확인할 수 있다. (○)

15 ②

65세 이상 인구의 수를 알고 있으므로 노년부양비를
계산하기 위해서는 15~64세 인구를 알아야 한다. 전
체 인구에서 0~14세 인구와 65세 이상 인구를 제외
하면 15~64세 인구가 될 것이므로 다음과 같이 계산
할 수 있다.

0~14세 인구를 x라 하면, (18,536÷x)×100=434.6이
되므로 이를 계산하면 x는 약 4,265천 명이 된다. 따라
서 15~64세 인구는 45,246-18,536-4,265=22,454천
명이 된다. 그런데 노년부양비는 해당인구 100명 당 명
을 의미하므로 이를 감안하여 계산하면 노년부양비는
18,536÷224.5=약 82.6이 됨을 알 수 있다.

16 ③

전체 인구의 수에서 65세 이상 인구가 차지하는 비율
은 단순한 '고령인구 비율'이며, 노령화지수는 전체 인
구가 아닌 0~14세 인구의 수에서 65세 이상 인구가
차지하는 비율을 의미한다.

① 노년부양비를 의미하므로 1990년 7.4명에서 2050
년 72.6명으로 10배 가까이 증가할 것으로 전망하
고 있다.

② 부양능력이 있는 인구 대비 고령인구의 수를 측정
하는 것이 노년부양비이므로 부양능력이 없다고
판단하는 0~14세 인구의 수는 제외한다.

④ 303.2→330으로 증가한 것이므로

(330-303.2)÷303.2×100=약 31.6%로 30% 이상
증가한 것이 된다.

17 ③

모두 8시에 출발하였으므로, 교통수단별 30분 내에
갈 수 있는 거리를 계산해 보면, 버스, 전철, 승용차
가 각각 20km, 50km, 30km가 된다. 이 경우, 갑은
18km 거리에서 이동하므로 어떠한 경우에도 지각을
하지 않게 되며, 무는 55km 거리에서 이동하므로 어
떠한 경우에도 지각을 하게 된다.

따라서 을이 승용차를 이용했다면 30km보다 가까운
거리를 이동한 것이므로 지각을 하지 않게 되어 병과
정 중 한 명만 지각을 했다는 것이 된다. 병과 정이
모두 버스를 이용했다면, 둘 다 20km보다 먼 거리를
이동해야 하므로 지각을 한 사람은 병, 정, 무가 되므
로 올바른 설명이 되지 않는다.

18 ④

A사원은 150분에 30장을 작업할 수 있으므로 1분당 작
업량이 0.2장이다. B사원은 240분에 30장을 작업할 수
있으므로 1분당 작업량은 30÷240=0.125장이 된다.
따라서 주어진 조건에 의해 다음과 같은 등식이 성립
한다.

0.2 : 0.125=x : 60

따라서 x=60×1.6=96장이 된다.

19 ②

복리후생비 성격을 가진 식대와 가족수당, 그리고 시간 외 수당은 최저임금 계산에서 제외되어야 한다. 따라서 기본급+직무수당인 1,400,000원이 계산된다. 월 209시간 근무하였으므로 이것을 기준으로 시급을 구해 보면 1,400,000÷209=6,698원이 된다.

따라서 최저임금 지급 규정에 따른 시급인 7,530원과는 7,530-6,698=832원의 차이가 난다.

20 ④

세 종류의 도로(차로) 노선 수의 합은 2009년부터 4,647km, 5,392km, 5,489km, 6,391km, 6,969km, 9,188km로 해마다 증가하였음을 알 수 있다.

① 해마다 노선 수가 지속 증가한 것은 자전거-보행자 겸용도로 뿐임을 확인할 수 있다.

② 자전거 전용도로의 총 길이가 가장 크게 증가한 해는 2,975-2,353=622km가 증가한 2012년이다.

③ 2013년의 평균 길이는 14,233÷5,766=약 2.47km이며, 2014년의 경우엔 14,912÷7,936=약 1.88km로 약 0.59km 줄어들었다.

21 ③

ⓛ에 따라, 두 번째로 멀기 위해서는 편의점과 식당 중 하나가 맨 끝에 위치하고 다른 하나는 반대쪽의 끝에서 두 번째에 위치해야 한다는 것을 알 수 있다.

ⓔ를 통해서는 왼쪽에서 두 번째에 편의점이나 식당이 위치할 수 없음을 알 수 있으므로 이 두 상점은 맨 왼쪽과 오른쪽에서 두 번째에 나누어 위치해야 한다.

ⓜ을 통해서 맨 왼쪽은 식당이 아닌 편의점의 위치임을 알 수 있다. 동시에, 맨 오른쪽은 부동산, 그 옆은 식당이라는 것도 알 수 있다.

ⓒ을 통해서는 커피 전문점이 왼쪽에서 세 번째 상점이라는 것을 알 수 있다.

따라서 이를 종합하면, 왼쪽부터 편의점, 통신사, 커피전문점, 은행, 식당, 부동산의 순으로 상점들이 이어져 있으며 오른쪽에서 세 번째 상점은 은행이 된다.

22 ②

첫 번째 조건에서 서 과장 선정 시 이 대리는 반드시 선정되어야 한다. 또한 두 번째 조건에서 이 대리가 선정되면 엄 대리는 선정되지 않으므로 결국 이 대리와 엄 대리, 서 과장과 엄 대리는 함께 선정될 수 없다.

세 번째 조건에서 최 사원 선정 시 서 과장은 반드시 참여해야 한다. 네 번째 조건의 대우 명제를 살펴보면, 엄 대리가 선정될 때 조 사원도 선정된다는 것을 알 수 있다.

따라서 서 과장과 이 대리, 최 사원과 서 과장은 반드시 함께 선정되어야 하므로 서 과장+이 대리+최 사원 세 명이 반드시 함께 선정되어야만 하며, 엄 대리와 조 사원 역시 함께 선정된다는 사실을 알 수 있다.

따라서 2명을 선정할 경우, 항상 함께 선정되어야만 하는 인원과 제한 인원 2명과의 모순 관계가 없는 엄 대리와 조 사원이 선정되어야 하는 것을 알 수 있다.

23 ③

중국이 한해 수입하는 1억 톤의 대두가 세계시장의 60%라고 했으므로 세계 대두시장의 총량은 1억 톤÷60×100=약 1.67톤이 된다. 또한 중국은 총 대두 수입량인 1억 톤 중 3분의 1을 미국으로부터 들여오므로 미국이 한해 중국으로 수출하는 대두의 총량은 약 3천3백만 톤 정도가 된다. 따라서 3천3백만 톤이 세계 대두시장의 총량인 1.67톤에서 차지하는 비중은 0.33÷1.67×100=약 19.8%가 된다.

5월의 데이터 총 사용량이 365,034TB이며, 4G 가입자들의 사용량이 364,407TB이므로 3G 가입자들의 사용량은 365,034-364,407=627TB가 된다. 또한 3G와 4G 전체 이동전화 가입자가 6,506만8,680명이며, 4G 가입자가 5,262만4,352명이므로 3G 가입자는 6,506만8,680명-5,262만4,352명=1,244만4,328명이 된다.

따라서 3G 가입자의 5월의 데이터 사용량은 627÷12,444,328×1,000×1,024=약 52MB가 된다.
(1TB=1,000GB 이며, 1GB=1,024MB이므로 1TB=1,024,000MB가 된다.)

따라서 약 19.8%와 약 52MB가 정답이 된다.

24 ④

오름차순으로 정리되어 있으므로 마지막 숫자가 8이다. 따라서 앞의 세 개의 숫자는 1~7까지의 숫자들이며, 이를 더해 12가 나와야 한다. 8을 제외한 세 개의 숫자가 4 이하의 숫자만으로 구성되어 있다면 12가 나올 수 없으므로 5, 6, 7중 하나 이상의 숫자는 반드시 사용되어야 한다. 또한 짝수와 홀수가 각각 2개씩이어야 한다.

세 번째 숫자가 7일 경우 앞 두 개의 숫자의 합은 5가 되어야 하므로 1, 4 또는 2, 3이 가능하여 1478, 2378의 비밀번호가 가능하다.

세 번째 숫자가 6일 경우 앞 두 개의 숫자는 모두 홀수이면서 합이 6이 되어야 하므로 1, 5가 가능하나, 이 경우 1568의 네 자리는 짝수가 연이은 자릿수에 쓰였으므로 비밀번호 생성이 불가능하다.

세 번째 숫자가 5일 경우 앞 두 개의 숫자의 합은 7이어야 하며 홀수와 짝수가 한 개씩 이어야 한다. 따라서 3458이 가능하다.

결국 가능한 비밀번호는 1478, 2378, 3458의 세 가지가 되어 이 비밀번호에 쓰일 수 없는 숫자는 6이 되는 것을 알 수 있다.

25 ②

정 대리와 서 대리 상호 간의 성적이 네 시기 모두 8승 8패라는 의미가 되므로 나머지 승수는 각각 홍 대리에게 거둔 것이 된다. 따라서 홍 대리에 대한 이들의 성적을 시기별로 정리해 보면 다음과 같다.

봄 : 정 대리 11승, 서 대리 6승

여름 : 정 대리 2승, 서 대리 12승

가을 : 정 대리 9승, 서 대리 6승

겨울 : 정 대리 9승, 서 대리 13승

따라서 8승보다 많은 승수를 나타낸 시기가 우세를 보인 시기가 되므로, 정 대리는 봄, 가을, 겨울로 3회, 서 대리는 여름, 겨울로 2회가 되는 것을 알 수 있다.

① 정 대리가 거둔 19승 중 서 대리에게 8승을 거둔 것이므로 나머지 11승은 홍 대리에게 거둔 승수가 된다.

③ 홍 대리가 서 대리에게 네 시기에 거둔 승수는 시기별로 총 16번의 대국에서 서 대리가 홍 대리에게 거둔 승수를 뺀 값이 될 것이다. 따라서 시기별로 각각 10승, 4승, 10승, 3승이 되어 총 27승으로 30승을 넘지 않는다.

④ 홍 대리는 봄에 정 대리에게 11패, 서 대리에게 6패를 당한 것이 된다. 그러나 겨울에는 정 대리에게 9패, 서 대리에게 13패를 당하였으므로 한 사람에게 가장 많은 패를 당한 시기는 겨울이 된다.

26 ③

각 제품의 점수를 환산하여 총점을 구하면 다음과 같다. 다른 기능은 고려하지 않는다 했으므로 제시된 세 개 항목에만 가중치를 부여하여 점수화한다.

구분	A	B	C	D
크기	153.2×76.1×7.6	154.4×76×7.8	154.4×75.8×6.9	139.2×68.5×8.9
무게	171g	181g	165g	150g
RAM	4GB	3GB	4GB	3GB
저장공간	64GB	64GB	32GB	32GB
카메라	16Mp	16Mp	8Mp	16Mp
배터리	3,000mAh	3,000mAh	3,000mAh	3,000mAh
가격	653,000원	616,000원	599,000원	549,000원
가중치 부여	20×1.3+18×1.2+20×1.1=69.6	20×1.3+16×1.2+20×1.1=67.2	18×1.3+18×1.2+8×1.1=53.8	18×1.3+20×1.2+0×1.1=69.4

따라서 가장 가중치 점수가 높은 것은 A제품이며, 가장 낮은 것은 C제품이므로 정답은 A제품과 C제품이 된다.

27 ④

주어진 설명에 따라 10진법과 16진법의 표기를 표로 나타내면 다음과 같다.

10 진법	0	1	2	3	4	5	6	7	8	9	10	11	12	13	14	15
16 진법	0	1	2	3	4	5	6	7	8	9	A	B	C	D	E	F

10 진법	16	17	18	19	20	21	22	23	24	25	26	27	28	29	30	31
16 진법	10	11	12	13	14	15	16	17	18	19	1A	1B	1C	1D	1E	1F

10 진법	32	33	34	35	36	37	38	39	40	41	42	43	44	45	46	47
16 진법	20	21	22	23	24	25	26	27	28	29	2A	2B	2C	2D	2E	2F

따라서 10진법의 45는 16진법으로 2D로 표기된다.

28 ④

다음과 같이 유형을 구분할 수 있다.

(가), (나) - 노조가입·조직, 정당한 조합활동·단체행동 등을 이유로 한 불이익 취급

(다) - 정당한 이유 없는 단체교섭 거부

(라), (마) - 노동조합의 조직·운영에 대한 지배·개입 및 운영비 원조

29 ①

제시된 네 개의 의견이 모두 올바른 판단이다.

(가) 수소 이온 농도 지수(pH)는 5.5 → 8.3으로 변하였으므로 산성에서 알칼리성으로 바뀐 것이 되어 A 지점의 산성이 더 강하다. (○)

(나). 용존 산소량(DO)의 수치는 수질이 나쁠수록 낮아지게 되므로 6.0인 A 지점이 4.6인 C 지점보다 맑고 깨끗한 물이다. (○)

(다) 생화학적 산소 요구량(BOD)은 수질이 나쁠수록 그 값이 증가하므로 5.0의 수치를 보인 B 지점의 수질이 가장 나쁘다. (○)

(라) 화학적 산소 요구량(COD)은 곧, 생물학적으로 분해할 수 없는 유기물의 양을 의미하므로 4.5 → 4.9 → 4.3으로 수치가 변한 것은 생물학적으로 분해할 수 없는 유기물의 양이 증가하다가 감소하였음을 의미한다. (○)

30 ④

주어진 조건에 의해 가능한 날짜와 연회장을 알아보면 다음과 같다.

우선, 백 대리가 원하는 날은 월, 수, 금요일이며 오후 6시~8시까지 사용을 원한다. 또한 인원수로 보아 A, B, C 연회장만 가능하다. 기 예약된 현황과 연회장 측의 직원들 퇴근 시간과 시작 전후 필요한 1시간씩을 감안하여 예약이 가능한 연회장과 날짜를 표시하면 다음과 같다.

일	월	화	수	목	금	토
			1 A, C	2 B 19시 D 18시	3 A, B	4 A 11시 B 12시
5	6 A	7	8 B, C	9 C 15시	10 A, B	11
12	13 A, B	14 A 16시	15 B, C	16	17 A, C	18

따라서 A, B 연회장은 원하는 날짜에 언제든 가능하지 않다.

① 가능한 연회장 중 가장 저렴한 C 연회장은 월요일에 사용이 불가능하다.

② 6일은 가장 비싼 A 연회장만 사용이 가능하다.

③ 인원이 200명을 넘지 않으면 가장 저렴한 C 연회장을 1, 8, 15, 17일에 사용할 수 있다.

31 ④

각 항목별 부여된 2개의 점수 중 고점을 적용한다고 하였으므로 이를 계산해 보면 다음과 같다.

A직원 : 8+8+8=24

B직원 : 9+9+7=25

C직원 : 9+9+8=26

D직원 : 7+7+8=22

E직원 : 8+8+7=23

F직원 : 8+8+9=25

따라서 가장 점수가 높은 C직원은 승진이 되며, 다음으로 높은 B직원과 F직원 중 한 명이 추가로 승진자가 된다. 제시된 기준에 의하면 동점자일 경우, 팀장 부여 점수가 높은 직원이 승진자가 된다고 하였으나, B직원과 F직원은 모두 팀장의 부여 점수가 9, 8, 7점과 7, 8, 9점으로 동일하다. 따라서 마지막 기준을 적용하면, 팀장이 부여한 매출실적 점수에서 B직원이 더 높으므로 결국 최종 승진자는 C직원과 B직원이 됨을 알 수 있다.

32 ④

차 과장은 매월 개강하는 유산소 운동A와 홀수 달 개강하는 구기 종목B가 10월 개인 일정과 겹치지 않으므로 원하는 강좌를 수강할 수 있다.

① 강 대리의 경우 자전거A는 매월 개강으로 신청 가능하나, 구기 종목B는 홀수 달에 개강하므로 개인 일정과 겹치게 된다.

② 엄 과장은 근력강화B는 신청 가능하나, 유산소 운동B가 개인 일정과 겹치게 된다.

③ 변 사원은 6월에 일정이 있으므로 매 짝수 달에 개강하는 근력강화C를 신청할 수 없다.

33 ②

PF상품 : 200만 원 투자, 수익률 9%로 1년 후 18만 원의 수익이 발생한다.

JR상품 : 400만 원 투자(그 중 200만 원은 연리 5%로 대출받음. 따라서 10만 원의 비용이 발생한다.)

따라서 JR상품을 선택하려면, 적어도 28만 원보다 많은 수익이 발생하여야 한다. 400만 원 중 수익이 28만 원보다 많으려면, 수익률이 적어도 7%보다 높아야 하며 따라서 7.1%가 연간 예상 수익률의 최저 수준이 됨을 알 수 있다.

34 ①

주어진 조건으로 6월의 달력을 표시해 보면 다음과 같다.

일	월	화	수	목	금	토
			1	2	3	4
5	6	7	8	9	10	11
12	13	14	15	16	17	18
19	20	21	22	23	24	25
26	27	28	29	30		

따라서 정 과장이 연차를 사용할 수 있는 시기는 1~3일과 28~30일이 되어 화, 수, 목, 금요일은 연차 휴가에 속할 수 있는 요일이 된다.

35 ④

이자비용은 금융비용부담률과 이자보상비율의 산식에서 각각 분자와 분모가 되므로 이자비용의 변동으로 금융비용부담률과 이자보상비율이 동일하게 변동될 수 없다.

① 두 가지 지표는 모두 A 사업부가 5억 원과 2.5억 원으로 4억 원과 1.8억 원인 B 사업부보다 높다.

② 산식에 의해 두 사업부 모두 6.0%로 동일하다.

③ 167%인 A 사업부가 100%인 B 사업부보다 더 높다.

36 ④

대한 무역의 경우, 세트 판매를 감안할 때 A물품을 210개, B물품을 160개 구매하여야 한다. A물품이 13,000원, B물품 22,000원이므로 할인 전 금액은

$(13,000 \times 210) + (22,000 \times 160)$

$= 2,730,000 + 3,520,000 = 6,250,000$원

3%의 할인을 적용하면 6,062,500원이 최종 금액이 된다.

한국 물산의 경우, 개별 구매가 가능하므로 정해진 수량을 구매할 경우 A물품이 15,000원, B물품이 25,000원이므로 할인 전 금액은

$(15,000 \times 200) + (25,000 \times 150) = 3,000,000 + 3,750,000$

$= 6,750,000$원

10%의 할인을 적용하면 6,075,000원이 최종 금액이 된다.

따라서 ㈐와 ㈑만이 올바른 설명이 된다.

37 ①

철도운임이 적용되는 구간에 전철요금이 따로 책정되어 있는 때에는 철도운임에 갈음하여 전철요금을 지급한다는 규정(제13조 제1항)에 의해 18,000원을 신청하여야 한다.

② 숙박비를 지출하지 않은 인원에 대해 1일 숙박당 20,000원을 지급할 수 있다는 규정(제13조 제6항)에 따라 출장자가 숙박비를 지불하지 않은 경우에도 일정 금액은 숙박비로 지급될 수 있다.

③ 도착일로부터 15일까지는 40,000원의 일비가 적용되며, 16~30일까지는 36,000원, 31~35일까지는 32,000원의 일비가 적용된다. 따라서 총 일비는 $(40,000 \times 15) + (36,000 \times 15) + (32,000 \times 5) = 600,000 + 540,000 + 160,000 = 1,300,000$원이 된다.

④ 과장인 경우 숙박비 상한액이 40,000원이며, 부득이한 사유로 이를 초과할 경우 최대 상한액의 10분의 3을 추가로 지급받을 수 있으므로(제13조 제4항) 12,000원을 추가 지급받을 수 있다. 따라서 1박당 8,000원(=60,000-52,000)의 자비 부담액이 발생하게 된다.

38 ③

2박 3일의 일정이므로 세 명에게 지급될 일비는 3일 분이 되며, 지사에서 차량이 지원되므로 세 명 모두에게 일비의 2분의 1만 지급하면 된다(제13조 제5항). 따라서 직급별 일비를 고려하여 일비의 총 지급액을 구하면 187,500원이다.
[$= (50,000 + 40,000 + 35,000) \times 3 \times 0.5$]

39 ③

	영업 1팀	영업 2팀	영업 3팀	영업 4팀	영업 5팀
수익 달성률	90×0.4 $=36.0$	93×0.4 $=37.2$	72×0.4 $=28.8$	85×0.4 $=34$	83×0.4 $=33.2$
매출 실적	92×0.4 $=36.8$	78×0.4 $=31.2$	90×0.4 $=36$	88×0.4 $=35.2$	87×0.4 $=34.8$
근태 및 부서 평가	90×0.2 $=18$	89×0.2 $=17.8$	82×0.2 $=16.4$	77×0.2 $=15.4$	93×0.2 $=18.6$
종합 점수	90.8	86.2	81.2	84.6	86.6

주어진 규정에 의해 항목별 평가 종합점수를 계산해 보면 다음과 같다.
따라서 항목별 평가 종합점수가 두 번째로 높은 팀은 영업5팀, 세 번째로 높은 팀은 영업2팀이 된다.

40 ③

영업1팀과 영업3팀은 항목별 평가 종합점수(90.8점, 81.2점)에 의해 성과 등급이 각각 A등급과 C등급이 된다. 따라서 곽 대리는 210만 원의 25%, 신 차장은 320만 원의 15%를 각각 성과급으로 지급받게 된다.
이를 계산하면, 곽 대리는 52만 5천 원, 신 차장은 48만 원이 된다.

41 ④

용역비 2천만 원의 수탁과제는 1천만 원이 넘으므로 기본과제로 인정받아 100점이 부과되며, 1천만 원당 10점을 합산하여 총 20점이 아닌 120점이 부여된다.
① 기획과제는 150점이 배점되며, 연구원의 기여율에

따라 점수가 배분되므로 $150 \times 0.4 = 60$점이 해당 연구원의 평정 점수가 된다.
② 현안과제이므로 100p를 넘는 경우 70점이 부여되나, 20일이 늦었으므로 10% 감점을 반영하여 63점이 된다.
③ 기획과제일지라도 타 기관과 공동 작업한 경우이므로 현안과제로 인정되어 100p가 넘는 보고서의 경우인 70점이 부여된다.

42 ④

A : 외부 기관으로부터 의뢰받은 경우이므로 수탁과제에 해당된다. 용역비가 1천만 원을 넘으므로 보고서 분량에 관계없이 기본과제로 인정되어 100점을 얻게 되며, '1천만 원당 10점' 기준에 의해 30점이 추가되므로 총 130점을 얻게 되는 경우이다.
B : 100p 미만의 현안과제이므로 기본 50점이 부여되며, 1개월 미만의 기한 미준수가 발생되어 10%가 감점되므로 45점이 된다. 여기에 강 책임연구원의 기여율이 70%이므로 총 $45 \times 0.7 = 31.5$점이 된다.
C : 기획과제이므로 보고서 분량에 관계없이 150점이 부여된다. 여기에 기한 미준수에 따른 감점은 강 책임연구원에 대해서만 적용되므로, 150점에 대한 강 책임연구원의 기여율을 먼저 계산해 보면 $150 \times 0.5 = 75$점이 된다. 또한 기한 미준수에 따른 30% 감점을 적용하면 강 책임연구원의 평정 점수는 $75 \times 0.7 = 52.5$점이 된다.

43 ④

임직원행동강령에서는 '그 밖에 지역관할 행동강령책임관이 공정한 직무수행이 어려운 관계에 있다고 정한 자가 직무관련자인 경우'라고 규정하고 있으므로 지역관할 행동강령책임관의 판단으로 결정할 수 있다.
① 이전 직장 퇴직 후 2년이 경과하지 않으면 직무관련성이 남아 있는 것으로 간주한다.
② '지역관할 행동강령책임관이 그 권한의 범위에서 그 임직원의 직무를 일시적으로 재배정할 수 있는 경우에는 그 직무를 재배정하고 본사 행동강령책임관에게 보고하지 아니할 수 있다.'고 규정하고 있다.
③ 규정되어 있는 '사적인 접촉'은 어떠한 경우에도 사전에 보고되어야 하며, 보고받는 자가 부재 시에는 사후에 반드시 보고하도록 규정하고 있다.

44 ②

ⓒ → 강력하고 견고한 유통망이 있을 경우, 고객을 세분화하여 제품 차별화 전략을 활용할 수 있다.

ⓔ → 차별화를 이루게 되면 경험과 노하우에 따른 더욱 특화된 제품이나 서비스가 제공되므로 신규기업 진입에 대한 효과적인 억제가 가능하게 된다.

ⓐ, ⓒ → 차별화에는 많은 비용이 소요되므로 반드시 비용측면을 고려해야 하며 일정 부분의 경영상 제약이 생길 수 있다.

45 ④

ⓒ 노동조합의 기능이 다양하게 확대됨에 따라 근로자의 경영참가를 자연스럽게 받아들일 수밖에 없는 사회 전반적인 분위기 확산도 경영참가제도의 발전 배경으로 볼 수 있다.

ⓗ 노사 양측의 조직규모는 지속적으로 거대화 되었으며, 이에 따른 사회적 책임이 증대되었고 노사 관계가 국민경제에 미치는 영향이 커짐으로 인해 분쟁을 가능한 한 회피하고 평화적으로 해결하기 위한 필요성도 경영참가제도를 발전시킨 배경으로 볼 수 있다.

ⓔ 기술혁신은 인력의 절감효과를 가져와 격렬한 노사분쟁을 유발하고 생산성 향상에 오히려 역효과를 초래하게 되어, 결국 이러한 문제 해결을 위해 노사 간의 충분한 대화가 필요해지며 이런 대화의 장을 마련하기 위한 방안으로 경영참가제도가 발전하였다고 볼 수 있다.

46 ④

오 대리가 들러야 하는 조직과 업무 내용은 다음과 같이 정리할 수 있다.

• 보고 서류 전달 – 비서실
• 계약서 검토 확인 – 법무팀
• 배차 현황 확인 – 총무팀
• 통관 작업 확인 – 물류팀

47 ④

공동 숙박에 의해 숙박비를 지출하지 않은 인원에 대해서는 1일 숙박 당 20,000원을 지급할 수 있다고 규정하고 있으므로 처음 지급된 4만 원의 숙박비에서 2만 원을 제외한 나머지 2만 원을 회사에 반납하여야 한다.

① '철도운임에 갈음하여 전철요금을 지급할 수 있다.'고 규정하고 있으므로 전철요금이 더 비싸도 철도운임 대신 전철요금이 지급된다.

② 유류대, 도로사용료, 주차료에 해당되는 지출이므로 모두 귀임 후 정산이 된다.

③ 부득이한 경우에도 숙박비 상한액의 10분의 3을 넘지 아니하는 범위에서 추가로 지급할 수 있다고 규정하고 있으므로 숙박비 상한액 5만 원의 10분의 3인 1만 5천 원이 추가되어 6만 5천 원만 지급하는 것이므로 3만 5천 원은 자비로 지불한 것이 된다.

48 ②

법인카드 사용의 경우이므로 문서의 명칭은 예산사용계획서가 된다. 또한 규정상 부사장의 전결 사항이므로 최고결재권자는 부사장이 된다. 따라서 부사장 결재란에 '전결'이라고 쓴 후 본래의 최고결재권자인 사장 결재란에 '부사장'을 기입하여야 한다.

결재가 불필요한 사람은 없으므로 상향대각선은 사용하지 않는다.

49 ①

기능의 다양화는 자사의 강점에 해당되며, 신흥시장의 잠재 수요를 기대할 수 있어 이를 연결한 전략으로 적절한 ST 전략이라고 할 수 있다.

② 휴대기기의 대중화(O)에 힘입어 MP3폰의 성능 강화(T)

③ 다양한 기능을 추가(S)한 판매 신장으로 이익 확대(W)

④ 휴대용 기기 보급 확대(O)에 따라 디지털기기와 차별화된 제품 개발(T)

50 ③

충전소 건설 및 개인용 충전기 보급은 결국 자사가 확보한 전기차용 전지의 경쟁력(S)을 바탕으로 수행할 수 있는 일일 것이며, 이를 통해 시장을 개척하는 것은 불확실한 시장성(T)을 스스로 극복할 수 있는 적절한 전략이 될 것이다.

① 충분한 개발비용(S)을 이용해 경쟁력 있는 소재 개발(T)

② 환경오염을 우려하는 시대적 분위기(O)에 맞춰 전기차 시장 활성화를 위한 홍보 강화(T)

④ 저개발 지역에 구축한 자사의 설비 인프라를 활용(S)하여 생산기지 국내 이전(W) 시도

제3회 정답 및 해설

1 ④

'달변(達辯)'은 '능숙하여 막힘이 없는 말'이라는 의미로, '말을 능숙하게 잘함. 또는 그 말'을 뜻하는 '능언(能言)'과 유의관계이다.

④ 유의관계
- 유린(蹂躪/蹂躙/蹂躪) : 남의 권리나 인격을 짓밟음
- 침손(侵損) : 침범하여 해를 끼침

① 반의관계
- 굴종(屈從) : 제 뜻을 굽혀 남에게 복종함
- 불복(不服) : 남의 명령 · 결정 따위에 대하여 복종 · 항복 · 복죄(服罪) 따위를 하지 아니함

② 반의관계
- 가녘 : 둘레나 끝에 해당되는 부분
- 고갱이 : 사물의 중심이 되는 부분을 비유적으로 이르는 말

③ 반의관계
- 한데 : 사방, 상하를 덮거나 가리지 아니한 곳. 곧 집채의 바깥을 이른다.
- 옥내(屋內) : 집 또는 건물의 안

2 ②

'잠정(暫定)'은 '임시로 정함'이라는 의미로, '일정한 상태로 계속하여 변동이 없음'을 뜻하는 '경상(經常)'과 반의관계이다.

② 반의관계
- 상망(喪亡) : 망하여 없어짐. 또는 잃어버림
- 획득(獲得) : 얻어 내거나 얻어 가짐

① 유의관계
- 재건(再建) : 허물어진 건물이나 조직 따위를 다시 일으켜 세움
- 회복(回復/恢復) : 원래의 상태로 돌이키거나 원래의 상태를 되찾음

③ 유의관계
- 고착(固着) : 어떤 상황이나 현상이 굳어져 변하지 않음
- 불변(不變) : 사물의 모양이나 성질이 변하지 아니함

④ 유의관계

- 외지(外地) : 자기가 사는 곳 밖의 다른 고장
- 타방(他方) : 다른 지방

3 ④

제시된 문장에서 '차다'는 '날쌔게 빼앗거나 움켜 가지다'의 의미로 사용되었다. 따라서 같은 의미로 사용된 것은 ④이다.

① (비유적으로) 자기에게 베풀어지거나 차례가 오는 것을 받아들이지 않다.
② 발을 힘껏 뻗어 사람을 치다.
③ 발로 힘 있게 밀어젖히다.

4 ①

'천경지위(天經地緯)'는 '하늘이 정하고 땅이 받드는 길'이라는 뜻으로, 영원히 변하지 않는 진리나 법칙을 이른다. 나머지는 모두 '거침없는 기세나 높은 사기'를 나타내는 한자성어이다.

② 사기충천(士氣衝天) : 하늘을 찌를 듯 높은 사기를 이른다.
③ 석권지세(席卷之勢) : '돗자리를 마는 기세'라는 뜻으로, 세력이 빠르고 거침없이 휩쓸어 나가는 기세를 이른다.
④ 파죽지세(破竹之勢) : '대를 쪼개는 기세'라는 뜻으로, 적을 거침없이 물리치고 쳐들어가는 기세를 이른다.

5 ②

문서를 작성하는 데 있어 근거 자료의 제시는 정보의 신뢰성을 높여 준다.

6 ④

이 글이 주제는 마지막 문단에 '그러므로 ∼' 뒤로 이어지는 부분이라고 할 수 있다.

7 ④

④ 4문단에 따르면 매체를 통한 관계 맺기에서 얻은 지지나 소속감은 피상적이거나 위선적 관계에 기반한 경우가 많다. 따라서 매체를 통한 관계 맺기는 개인이 느끼는 소외감과 고립감을 극복할 수 있게 하는 근본적인 방법으로 볼 수 없다.

8 ③

㉠의 '높다'는 '값이나 비율 따위가 보통보다 위에 있다'는 의미로 사용되었다. 따라서 유사한 의미로 사용된 것은 ③이다.
① 수치로 나타낼 수 있는 온도, 습도, 압력 따위가 기준치보다 위에 있다.
② 지위나 신분 따위가 보통보다 위에 있다.
④ 아래에서 위까지의 길이가 길다.

9 ③

③ 청색광의 유해성과 관련하여 눈 건강에 해롭다는 관점에 대해서만 제시되고 있다.

10 ④

④ 해당 문맥에서 '저하(低下)'는 정도, 수준, 능률 따위가 떨어져 낮아짐'의 뜻을 가진다.

11 ④

제시된 수열에서 1~4항의 계차를 구하면 −6, 0, 6이 된다. 이는 초항 −6이고 공차가 6인 등차수열이므로 빈칸에 들어갈 수는 11 + 12 = 23이 되고, 이어서 23 + 18 = 41이 성립한다.

12 ④

두 번째와 네 번째 항의 곱에다 첫 번째 항을 더하면 세 번째 항이 된다.
따라서 빈칸에 들어갈 수는 1 × 23 + 4 = 27이다.

13 ③

25m/s의 속력을 시속으로 환산하면 90km/h이다. 집에서 부산항까지의 거리가 450km이므로 90km/h 속력으로 이동할 시 5시간이 걸린다. 이때 부산항 도착 후 제주행 배의 승선권을 구매하고 배를 타기까지 20분이 소요된다고 하였으므로, 부산항에서 오후 12시에 출발하는 제주행 배를 타기 위해서는 집에서 적어도 오전 6시 40분에는 출발해야 한다. 보기 중 적절한 것은 ③이다.

14 ②

거리 = 속력 × 시간, 속력 = $\dfrac{거리}{시간}$, 시간 = $\dfrac{거리}{속력}$ 이므로 올라갈 때와 내려올 때의 거·속·시를 구하면 다음과 같다.

구분	올라갈 때	내려올 때
거리(km)	x	y (이때, $y = x + 5$)
속력(km/h)	3	4
시간(시)	$\dfrac{x}{3}$	$\dfrac{y}{4}$

이를 바탕으로 연립방적식을 세우면

$y = x + 5 \cdots$ ㉠

$\dfrac{x}{3} + \dfrac{y}{4} = 3$ (∵ 총 시간에서 쉬는 시간은 제외) ⋯ ㉡

㉠, ㉡을 연립하여 풀면 $x = 3$, $y = 8$이므로 서원이가 걸은 거리는 총 11km이다.

15 ④

$$AB + C = (x^2 + x)(2x - 3) + 2x^2 + 3x - 5$$
$$= 2x^3 - 3x^2 + 2x^2 - 3x + 2x^2 + 3x - 5$$
$$= 2x^3 + x^2 - 5$$

16 ③

연이자율을 r, 납입 개월 수를 n이라고 할 때

[甲이 받을 수 있는 총 금액]

- 원금 : $200,000 \times 24 = 4,800,000$원

- 이자 : $200,000 \times \dfrac{n(n+1)}{2} \times \dfrac{r}{12} = 200,000 \times$

  $\dfrac{24(24+1)}{2} \times \dfrac{0.05}{12} = 250,000$원

∴ $4,800,000 + 250,000 = 5,050,000$원

[乙이 받을 수 있는 총 금액]

- 만기 수령액 = 원금 $\times \left(1 + r \times \dfrac{n}{12}\right) = 5,000,000$

  $\times \left(1 + 0.02 \times \dfrac{24}{12}\right) = 5,200,000$원

따라서 2년 뒤 甲과 乙이 받을 수 있는 금액의 차이는 150,000원이다.

17 ①

표를 채우면 다음과 같다.

응답자의 종교 / 후보	불교	개신교	가톨릭	기타	합
A	130	(가) 130	60	300	(620)
B	260	(100)	30	350	740
C	(195)	(나) 130	45	300	(670)
D	65	40	15	(50)	(170)
계	650	400	150	1,000	2,200

18 ④

A사를 이용하는 것이 B사를 이용하는 것보다 택배비가 더 저렴해지는 구간은 총 무게가 1,500g 초과 ~ 2,000g 이하에 해당할 때이다. 여기서 상자 한 개의 무게가 100g이므로 꿀 10병의 무게만 고려하면 1,400g 초과 ~ 1,900g 이하가 된다. 따라서 꿀 한 병의 무게인 x의 최댓값은 190g이다.

19 ③

일평균 기온이 26℃ 이상인 날은 4일, 5일, 7일로, 이날의 일평균 미세먼지 농도는 48, 35, 54이다. 따라서 이 3일의 일평균 미세먼지 농도의 평균을 구하면 $\dfrac{48+35+54}{3} = 45.666\cdots$이므로, 약 $45.7\mu g/m^3$ 이다.

20 ④

1주일 중 일평균 기온이 가장 높은 날은 4일로, 이날의 일평균 미세먼지 농도는 $48\mu g/m^3$이다. 또, 1주일 중 일평균 미세먼지 농도가 가장 낮은 날은 1일로, 이날의 일평균 기온은 25.1℃이다. 따라서 이 둘의 차는 $48 - 25.1 = 22.9$이다.

21 ④

명제 2와 명제 1을 이용해 결론을 얻기 위해서는, '밤이 오면 해가 들어간다 → (해가 들어가면 밝지 않다) → 밝지 않으면 별이 뜬다'로 연결할 수 있다. 따라서 필요한 명제 3은 '해가 들어가면 밝지 않다' 또는 그 대우인 '밝으면 해가 들어가지 않는다'가 된다.

22 ③

세 사람 중 한 사람만 사실을 말하고 있으므로 각각의 경우를 대입하여, 논리적 오류가 없는 것이 정답이 된다.

- 甲이 사실을 말하고 있는 경우 : 조건에 따라 乙과 丙은 거짓말이 되는데, 이는 甲이 먹은 사탕의 개수가 5개일 때만 논리적으로 성립이 가능하다.

- 乙이 사실을 말하고 있는 경우 : 조건에 따라 甲과 丙은 거짓말이 되는데, 乙이 사실일 경우 甲도 사실이 되므로 조건에 모순된다.

- 丙이 사실을 말하고 있는 경우 : 조건에 따라 甲과 乙은 거짓말이 되는데, 丙이 사실일 경우 甲도 사실이 되므로 조건에 모순된다.

따라서 甲이 사실을 말하고 있으면서 사탕을 5개 먹은 경우에만 전제 조건이 성립하므로, 정답은 ③이다.

23 ④

보기의 내용을 바탕으로 5Why 단계를 구성해 보면 다음과 같다.

[문제] 최종 육안 검사 시 간과하는 점이 많다.

- 1Why : 왜 간과하는 점이 많은가? → 제대로 보지 못하는 경우가 많다.
- 2Why : 왜 제대로 보지 못하는가? → 잘 보이지 않을 때가 있다.
- 3Why : 왜 잘 보이지 않는가? → 작업장 조명이 어둡다.
- 4Why : 왜 작업장 조명이 어두운가? → 조명의 위치가 좋지 않다.
- 5Why : 왜 조명의 위치가 좋지 않은가? → 작업장 조명에 대한 기준이 없다.

[해결책] 작업장 조명에 대한 기준을 표준화한다.

24 ④

④ 30~50대 여성이 90%를 차지하는 고객 구성의 상황에서 남성 고객 유치를 위해 남성적인 브랜드 이미지를 구축하는 것은 주 고객층의 외면을 불러올 수 있다.

25 ②

② 생산원가 절감은 약점에 해당하는 높은 가격대를 조정하기 위한 해결책으로 WT 전략에 해당한다.

26 ④

④ 노조와 경영진 간의 대립 심화는 내부환경요인으로 약점에 해당한다.

27 ②

[질문 1-2-3]에 따른 조사 결과를 바탕으로 '시민들의 이용 행태' 개선을 위해 취할 수 있는 방법을 생각할 수 있다.

② 시설물의 질과 양은 공원 이용에 만족하는 가장 큰 원인이다.

28 ③

버스 정류장 위치의 좌표 값을 x 라고 할 때, 주어진 조건에 따라 버스 정류장에서 도서관까지의 거리 $x-30$와 버스 정류장에서 영화관까지의 거리 $x-70$의 합이 80 이하여야 한다.

이를 부등식으로 표현하면 $|x-30|+|x-70| \leq 80$이다. (∵ 정류장이 위치하는 좌우, 가운데 어디든 될 수 있으므로)

따라서 $-80 \leq (x-30)+(x-70) \leq 80$이고, 버스 정류장의 위치는 $10 \leq x \leq 90$ 사이가 된다. 즉, 버스 정류장은 도서관으로부터 좌표상 최대 60만큼 떨어진 곳에 설치할 수 있다.

29 ③

방송광고와 방송연설로 구분하여 계산해 볼 수 있다.

구분		최대 시간
방송광고		15회 × 1분 × 2매체 = 30분
방송연설	비례대표	대표 2인 × 10분 × 2매체 = 40분
	지역구	후보자 100명 × 10분 × 2매체 × 2회 = 4,000분

따라서 甲정당과 그 소속 후보자들이 최대로 실시할 수 있는 선거방송 시간의 총합은 4,070분이다.

30 ④

두 차례의 시험 조종으로 로봇이 이동한 경로를 정리하면,

- 1회차 : (0, 0) → (3, 0) → (3, 5)
- 2회차 : (0, 0) → (0, 5) → (−1, 5) → (−1, −1)

따라서 1회차 시범 조종의 최종 위치인 (3, 5)와 2회차 시범 조종의 최종 위치인 (−1, −1) 사이의 직선거리를 구하면 밑변이 4, 높이가 6인 직각삼각형의 빗변의 길이가 되므로,

빗변의 길이를 x 라고 할 때,

$4^2 + 6^2 = x^2$, $x = 2\sqrt{13}$ 이다.

31 ①

① 사용 물품과 보관 물품을 구분하여 관리할 경우 반복 작업이 방지된다.

32 ④

E가 말하고 있는 것은 능력주의에 해당한다. 인력배치의 원칙으로는 적재적소주의, 능력주의, 균형주의가 있다.

33 ①

정해진 기한 내에 인적, 물적, 금전적 자원 한도 내에서 작업이 완료되는 경우 프로젝트 수행 결과에 대한 평가가 좋게 이루어진다. 따라서 乙, 丙, 丁, 戊는 좋은 평가를 받게 되고 완료 기한을 넘긴 甲이 가장 나쁜 평가를 받게 된다.

34 ④

집행 금액이 신청 금액을 초과할 수 없는 상황에서 집행 금액이 가장 많기 위해서는 신청 금액을 100% 집행해야 한다. 유통팀 다음으로 신청 금액이 많은 물류팀이 100% 집행할 경우, 유통팀은 30백만 원보다 더 많은 금액을 집행해야 하는데, 6월 말 현재 유통팀이 집행한 금액은 $31 \times 0.5 = 15.5$백만 원이므로 12월 말까지 적어도 14.5백만 원을 초과하는 금액을 집행해야 한다.

35 ④

도시락의 개수를 x라고 할 때, A 상점과 B 상점에서 도시락 구입 가격은 다음과 같다.

- A 상점 : $5,000x$
- B 상점 : $4,850x + 2,000$

이때, A 상점보다 B 상점에서 구입할 때 드는 비용이 더 적어야 하므로

$5,000x < 4,850x + 2,000$이 성립하고

$150x < 2,000$

$x < 13.333\cdots$이므로 적어도 14개 이상의 도시락을 구입해야 한다.

36 ④

④ 戊가 영어를 선택할 경우와 중국어를 선택할 경우에 따라 받을 수 있는 자기개발 지원금을 정리하면 다음과 같다.

- 영어 선택 : (1안) 6만 원 < (3안) 10만 원
- 중국어 선택 : (1안) 6만 원 > (3안) 5만 원

따라서 戊가 3안 채택 시 받을 수 있는 자기개발 지원금이 1안 채택 시 받을 수 있는 자기개발 지원금보다 커지기 위해서는 반드시 영어를 선택해야 한다.

37 ④

- A : 구성원이 6명 미만으로 지원금을 받을 수 없다.
- B : 기본지원금 1,500 + 추가지원금 600 = 2,100천 원
- C : 기본지원금 1,500 + 추가지원금 960 + 교류 장려금 738 = 3,198천 원
- D : 기본지원금 2,000 + 추가지원금 700 = 2,700천 원
- E : 기본지원금 1,500 + 추가지원금 630 = 2,130천 원

따라서 가장 많이 받는 동아리인 C와 지원금을 받지 못하는 A 간의 금액 차이는 3,198천 원이다.

38 ①

② 1시간 더 일할 때마다 추가로 발생하는 비용은 일정하지 않다.

③ 로봇으로 대체함으로써 하루에 최대로 얻을 수 있는 순편익은 21,000원이다.

④ 1시간 더 작업할 때마다 추가로 발생하는 편익은 6,000원으로 항상 일정하다.

39 ①

② 실내 공기청정도가 좋거나 보통일 경우 미세먼지와 초미세먼지의 농도가 같아질 수 있음을 명시하고 있다.

③ 미세먼지 숫자란에 54가 표시되어있다면 '보통'상태로, 초록색 표시등이 켜져야 한다.

④ $09\mu g/m^3$는 (초)미세먼지 최저수준으로 아무리 날이 좋아도 숫자가 09 미만으로 내려갈 수 없다.

40 ④

(가) $10 + 5 = 15$

(나) $10 + 10 = 20$

(다) $10 + 10 + 5 = 25$

(라) 10

41 ④

임직원 출장비, 여비관련 업무와 조경 및 조경시설물 유지보수 등의 업무는 일반적으로 총무부에서 포괄적으로 담당하거나 재무부와 시설부에서 각각 담당한다. ㉠, ㉢, ㉣ 이외에 인사부의 업무로는 채용, 배치, 승진, 교육, 퇴직 등 인사관리와 인사평가, 급여, 복지후생 관련 업무 등이 있다.

42 ④

업무량의 변동이 심하거나 원자재의 공급이 불안정한 경우, 업무를 세분화하기 어려워 분업을 유지하기 어렵다.

43 ③

③ 비공식적인 의사소통이 원활한 것은 유기적 조직의 특성이다. 나머지는 모두 기계적 조직의 특성에 해당한다.

44 ③

③ 악수는 한 손으로 하는 것이 국제 매너에 해당한다.

45 ④

해외출장의 출장계획서는 팀장의 전결사항이나, 출장비신청서는 '각종신청서'에 속하므로 사장의 결재사항으로 규정되어 있다.
③ 팀장 전결 사항일 경우, 팀장 결재란에 '전결'이, 사장 결재란에 '팀장'이 표시되며, 본부장은 결재가 필요하지 않으므로 상향대각선을 표시하게 된다.

46 ①

50만 원 이하의 법인카드 사용의 건이므로 본부장을 전결권자로 하는 법인카드신청서가 필요한 경우가 된다. 따라서 본부장 결재란에 '전결'을 표시하여야 하며, 최종 결재권자란에 '본부장'을 표시한다. 상향대각선이 필요하지 않은 결재 건이다.

47 ④

회의실을 빌리기 위해서는 회의실 및 사무 공간 관리를 담당하고 있는 총무팀의 협조가 필요하다. 휴가는 복리후생제도에 해당하므로 그 지원 업무를 담당하고 있는 인사팀의 협조가 필요하다. 경영실적 자료를 입수하는 것은 회계팀에 요청하거나 회계팀의 확인 작업을 거쳐야 공식적인 자료로 간주될 수 있을 것이다. 외환업무 관련 교육은 외환팀에서 주관할 것이다.

48 ③

③ 15일 미만의 경력은 산입되지 않으므로 14일을 제외한 4년만이 경력평정에 들어간다. 따라서 기본경력 3년, 초과경력 1년으로 경력평정을 계산하면 $0.5 \times 36 + 0.4 \times 12 = 22.8$점이 된다.
① 과장 직급으로 3년간 근무한 것에 정부 포상을 계산하면 $0.5 \times 36 + 3 = 21$점
② 주임 직급 시 있었던 정직기간과 포상 내역은 모두 대리 직급의 경력평정에 포함되지 않으므로 대리 2년의 근무만 적용되어 $0.5 \times 24 = 12$점이다.
④ 당해직급에 적용되는 것이므로 차장 직책인 자는 차장 직급의 근무경력으로만 근무평정이 이루어진다.

49 ④

④ 이솔아는 생일로 상품권을 지급받았으므로 기타에 속해야 한다.

50 ④

④ 상병 휴가에 대한 지원 금액은 없다.

제4회 정답 및 해설

1 ②

減 덜 감, 免 면할 면

감면(減免) : 매겨야 할 부담 따위를 덜어 주거나 면제함, 등급 따위를 낮추어 면제함.

2 ②

'기쁨 : 즐거움'에서 볼 수 있듯이 유의어를 찾는 문제이다. 따라서 결핍의 유의어인 궁핍이 답이 된다.

3 ②

② '눈을 감고'는 눈꺼풀을 내려 눈동자를 덮는 것을 의미한다. 단어의 본래의 의미가 사용되었으므로 관용적 표현이 아니다.

4 ②

'숫자 등이 얼마일 것으로 미루어 생각하여 판정한다'는 뜻을 가진 '추정'이 적절하게 쓰였다.
① '어디부터 어디까지'의 의미인 '범위'가 아닌, '범주'가 적절한 어휘이다.
③ 불만이나 감정, 문제점 등을 드러내는 의미의 '표출'이 아닌, '제시'가 적절한 어휘이다.
④ 준비되지 못한 '미비'가 아닌, 부족하다는 의미의 '미흡'이 적절한 어휘이다.

5 ④

'얽히고설키다'는 한 단어이므로 붙여 쓰며, 표준어이다.
① '며칠'이 표준어이므로, '몇 날 며칠'과 같이 쓴다.
② '되~'에 '아/어라'가 붙어 '되어야'가 올바른 표현이다. 줄임말로 쓰일 경우에는 '돼야'로 쓴다.
③ '선보이-' + '-었' + '-어도' → 선보이었어도 → 선뵀어도

6 ②

사업 대상자 중 전자상거래사업자, 개인사업자 등에는 '지원자격 및 요건'에서 친환경농식품을 산지에서 직구매할 것을 조건으로 하고 있지 않다.
① 한국농수산식품유통공사에서 친환경농산물직거래지원자금을 지원받고자 하는 업체는 신청제한 된다는 점에서 알 수 있다.

7 ③

'결재(決裁)'는 결정할 권한이 있는 상관이 부하가 제출한 안건을 검토하여 허가하거나 승인함을 뜻하는 단어이다. 경제와 관련하여 '증권 또는 대금을 주고받아 매매 당사자 사이의 거래 관계를 끝맺는 일'을 뜻하는 단어로 '결제(決濟)'를 쓴다.

8 ③

지문의 도입부에서는 식량 확보 실패의 원인이 생산보다 분배임을 언급하고 있다. 생산보다 분배가 문제인 것은 지구의 모든 지역에서의 농작물 수확량 향상 속도가 동일하지 않기 때문이다. 따라서 분배의 불균형 문제에 대한 원인이 되는 것은 보기③의 내용 밖에 없다.

9 ④

④ 기회비용과 매몰비용이라는 경제용어와 에피소드를 통해 경제적인 삶의 방식에 대해서 말하고 있다.

10 ③

'깨진 유리창의 법칙'은 깨진 유리창처럼 사소한 것들을 수리하지 않고 방치해두면, 나중에는 큰 범죄로 이어진다는 범죄 심리학 이론으로, 작은 일을 소홀히 관리하면 나중에는 큰일로 이어질 수 있음을 의미한다.

11 ④

모든 숫자는 시계의 '분'을 의미한다. 왼쪽 사각형의 네 개의 숫자 중 왼쪽 위의 숫자로부터 시작해 시계 방향으로 15분씩을 더하면 다음 칸의 '분'이 된다. 따라서 오른쪽 사각형에는 51분+15분 = 6분, 6분+15분 = 21분, 21분+15분 = 36분이 된다.

12 ②

일의 자리에 온 숫자를 그 항에 더한 값이 그 다음 항의 값이 된다.
78 + 8 = 86, 86 + 6 = 92, 92 + 2 = 94, 94 + 4 = 98, 98 + 8 = 106, 106 + 6 = 112

13 ③

터널을 완전히 통과한다는 것은 터널의 길이에 열차의 길이를 더한 것을 의미한다. 따라서 열차의 길이를 x 라 하면, '거리 = 시간 × 속력'을 이용하여 다음과 같은 공식이 성립한다. $(840 + x) \div 50 = 25$, $x = 410$m가 된다. 이 열차가 1,400m의 터널을 통과하게 되면 $(1,400 + 410) \div 50 = 36.2$초가 걸리게 된다.

14 ①

늘어난 비율을 x 라 하면, 다음 공식이 성립한다.
$20x \times 15x = 432 \rightarrow (5x)^2 = 6^2$, $\therefore x = 1.2$
따라서 x의 비율로 확장된 가로, 세로의 길이는 각각 24m($=20 \times 1.2$), 18m($=15 \times 1.2$)가 된다.

15 ④

칠레와의 교역에서는 세 해 모두 수출액보다 수입액이 크므로 항상 무역적자이다.
① 2008년 수입액 : 이란(9,223) > 칠레(4,127)+이라크(4,227)
② 칠레와 이란은 계속해서 증가율을 보이고 있으나, 1998년 이라크와의 교역에서 수출액, 수입액 모두 1988년에 비해 감소하였다.
③ $\dfrac{706 - 208}{208} \times 100 ≒ 239.4(\%)$

16 ②

이웃을 신뢰하는 사람의 비중은 20대(36.5%)가 10대(38.5%)보다 낮으며, 20대 이후에는 연령이 높아질수록 각 연령대별로 신뢰하는 사람의 비중이 커졌다. 이러한 추이는 연령별 평점의 증감 추이와도 일치하고 있음을 알 수 있다.

17 ④

첫 번째는 직계존속으로부터 증여받은 경우로, 10년 이내의 증여재산가액을 합한 금액에서 5,000만 원만 공제하게 된다.
두 번째 역시 직계존속으로부터 증여받은 경우로, 아버지로부터 증여받은 재산가액과 어머니로부터 증여받은 재산가액의 합계액에서 5,000만 원을 공제하게 된다.
세 번째는 직계존속과 기타친족으로부터 증여받은 경우로, 어머니로부터 증여받은 재산가액에서 5,000만 원을, 이모로부터 증여받은 재산가액에서 1,000만 원을 공제하게 된다.
따라서 세 가지 경우의 증여재산 공제액의 합은 5,000+5,000+6,000=1억 6천만 원이 된다.

18 ④

주어진 자료를 근거로, 다음과 같은 계산 과정을 거쳐 증여세액이 산출될 수 있다.
• 증여재산 공제 : 5천만 원
• 과세표준 : 5억 7천만 원−5천만 원=5억 2천만 원
• 산출세액 : 5억 2천만 원×30%−6천만 원=9천 6백만 원
• 납부할 세액 : 9천 6백만 원×93%=8,928만 원(자진 신고 시 7% 공제)

19 ③

③ 26,178÷976≒26.82로 27배가 안 된다.

20 ④

④ I공장의 2019년 전체 판매율 : $\dfrac{702}{794} \times 100 = 88.4\%$

21 ②

사람＼직업	지은	수정	효미
변호사	×	○	×
사업가	×	○	×
화가	○	×	×
은행원	×	×	○
소설가	×	×	○
교사	○	×	×

위에서 효미는 소설가로 결정되므로 답은 ①, ② 가운데 하나이다.
그런데 지은이는 교사이므로 효미는 은행원, 소설가이다.

22 ③

팀에 들어갈 수 있는 남자 직원 수는 1~4명(첫 번째 조건), 여자 직원 수는 0~2명(두 번째 조건)이 되는데, 4명으로 구성되어야 하는 팀이므로 가능한 조합은 '남자 2명-여자 2명', '남자 3명-여자 1명', '남자 4명-여자 0명'이다. 세 번째 조건과 다섯 번째 조건에 의해 '세현 or 승훈 → 준원 & 진아 → 보라'가 되어, '세현'이나 '승훈'이 팀에 들어가게 되면, '준원-진아-보라'도 함께 들어간다. 따라서, 남자 직원 수를 3명 이상 선발하면 세현 혹은 승훈이 포함되게 되어 여자 직원 수가 1명 혹은 0명이 될 수 없으므로 가능한 조합은 '남자 2명-여자 2명'이고, 모든 조건에 적합한 조합은 '세현-준원-진아-보라' 혹은 '승훈-준원-진아-보라'이다.

23 ④

'무 항공사'의 경우 화물용 가방 2개의 총 무게가 20 × 2＝40kg, 기내 반입용 가방 1개의 최대 허용 무게가 16kg이므로 총 56kg까지 허용되어 '무 항공사'도 이용이 가능하다.
① 기내 반입용 가방의 개수를 2개까지 허용하는 항공사는 '갑 항공사', '병 항공사'밖에 없다.
② 155cm 2개는 화물용으로, 118cm 1개는 기내 반입용으로 운송 가능한 곳은 '무 항공사'이다.
③ '을 항공사'는 총 허용 무게가 23＋23＋12＝58kg이며, '병 항공사'는 20＋12＋12＝44kg이다.

24 ③

남성이 3명, 여성이 2명이라고 했고, B와 D가 방송업계 남녀로 나뉘고, 의사와 간호사가 성별이 같다고 했으므로 의사와 간호사는 남성이다. 또 요리사는 여성(26세)임을 알 수 있다. 요리사와 매칭 되는 라디오작가가 남성이므로 TV드라마감독은 여성이다. 남성과 여성의 평균 나이가 같다고 했으므로 남성 A(32), B, C(28)와 여성 D, E(26)에서 B는 30세, D는 34세임을 알 수 있다.
• A : 32세, 남성, 의사 또는 간호사
• B : 30세, 남성, 라디오 작가
• C : 28세, 남성, 의사 또는 간호사
• D : 34세, 여성, TV드라마감독
• E : 26세, 여성, 요리사

25 ②

• 고객홍보팀장 & IT기획팀장 : 주간 업무계획 보고 4일간 ＋ 스마트상담센터 관련 업무 3일간(8, 9, 25일)
• 기획팀장 & 미래경영연구팀장 : 주간 업무계획 보고 4일 ＋ 스마트농업 관련 업무 1일간(22일)

26 ③

기획팀과 IT기획팀 모두 업무가 없는 날은 1일, 3~4일, 10일, 15~18일, 23~24일, 29~30일이다. 이 중 이틀 연속으로 가능한 날짜여야 하므로 가능한 출발 날짜는 3일, 15일, 16일, 17일, 23일, 29일이다.

27 ①

소요 시간을 서로 조합하여 합이 25분이 되도록 했을 때, 포함될 수 없는 것을 고른다.
• 샤워 ＋ 주스 만들기 : 10＋15
• [머리 감기 & 머리 말리기]＋구두 닦기＋샤워＋양말 신기 : (3＋5)＋5＋10＋2
• [머리 감기 & 머리 말리기]＋몸치장 하기＋샤워 : (3＋5)＋7＋10
4분이 소요되는 '세수'가 포함될 경우 총 걸린 시간 25분을 만들 수 없다.

28 ②

② C와 E는 4회차까지 4장, 5장의 카드를 확보했다. C가 5회차에 2장의 카드를 추가하게 되면 6장으로 4회차의 E보다는 카드가 많지만 E가 5회차에 8점 이상의 점수를 획득할 경우 E의 카드는 6장 이상이 되므로 C가 E보다 추천될 확률이 높다고 할 수 없다.

① 5회차에서 B만 10점을 받는다고 했으므로 D가 9점을 받더라도 B가 추천될 확률이 더 높다.

③ D는 5회차 점수와 상관없이 총점이 40점을 넘지 못하여 추첨함에 카드를 넣을 수 없다.

④ 5회차에 모두 같은 점수를 받는다면 전원이 추가되는 카드 수가 같으므로 4회차까지 획득한 카드의 수가 가장 많은 A가 추천될 확률이 가장 높다.

29 ④

금요일 17시에 회의를 개최할 경우 C, D를 포함하여 A, B, F가 회의에 참여할 수 있다.

① 17:00~19:20 사이에 3명(C, D, F)의 회의가능 시간이 겹치므로 월요일에 회의를 개최할 수 있다.

② 금요일 16시 회의에 참여 가능한 전문가는 A, B, C, F이며 네 명의 회의 장소 선호도는 '가 : 19점', '나 : 28점', '다 : 24점'으로 가장 높은 점수인 '나'가 회의 장소가 된다.

③ 목요일 16시에 회의를 개최하면 참여 가능한 전문가는 A, E 둘뿐이므로 회의개최가 불가능하다.

30 ③

회의시간\구분	화요일 3시	금요일 4시	금요일 5시	금요일 6시
참석인원 수	3명 (A, C, E)	4명 (A, B, C, F)	5명 (A, B, C, D, F)	3명 (C, D, F)
회의 장소	나(22점)	나(28점)	나(34점)	나(22점)

금요일 5시에는 5명이 참석하므로 회의수당으로 50만 원이 든다. '나' 회의장소의 5시 이용 가격 6만 원에 2명 초과 인원의 추가요금 3만 원을 더한 금액에서 10% 할인을 받으므로 (60,000원+30,000원)×0.9 = 81,000원이 회의장소 대여비용이 된다.

① 화요일 3시 : 회의수당 30만 원 + 65,000원 = 365,000원

② 금요일 4시 : 회의수당 40만 원 + (65,000원+15,000원)×0.9 = 472,000원

④ 금요일 6시 : 회의수당 30만 원 + 60,000원×0.9 = 354,000원

31 ③

③은 기업 경영의 목적이다. 기업 경영에 필수적인 네 가지 자원으로는 시간(④), 예산(①), 인적자원, 물적자원(②)이 있으며 물적자원은 다시 인공자원과 천연자원으로 나눌 수 있다.

32 ③

화요일 일정에는 거래처 차량이 지원되므로 5,000원이 차감되며, 금요일 일정에는 거래처 차량 지원과 오후 일정으로 인해 5,000 + 7,000 = 12,000원이 차감된다.

따라서 출장비 총액은 25,000 + 40,000+18,000 = 83,000원이 된다.

33 ②

전략적 인적자원관리는 조직과 개인 목표의 통합을 강조한다.

※ **전략적 인적자원관리** … 조직의 비전 및 목표, 조직 내부 상황, 조직 외부환경을 모두 고려해 가장 적합한 인력을 개발·관리해 조직의 목표를 극대화하고자 하는 인사관리

34 ④

㉠은 공정 보상의 원칙, ㉡은 단결의 원칙에 대한 설명이다.

• 공정 인사의 원칙 : 직무 배당, 승진, 상벌, 근무 성적의 평가, 임금 등을 공정하게 처리

• 종업원 안정의 원칙 : 직장에서의 신분 보장, 계속해서 근무할 수 있다는 믿음으로 근로자의 안정된 회사 생활 보장

35 ②

주어진 설명에 의해 4명의 자질과 가능 업무를 표로 정리하면 다음과 같다.

	오 대리	최 사원	남 대리	조 사원
스페인어	○	×	○	×
국제 감각	○	×	×	○
설득력	×	○	○	○
비판적 사고	×	○	○	×
의사 전달력	○	○	×	○

위 표를 바탕으로 4명의 직원이 수행할 수 있는 업무를 정리하면 다음과 같다.

- 오 대리 : 계약실무, 현장교육
- 최 사원 : 시장조사
- 남 대리 : 협상, 시장조사
- 조 사원 : 현장교육

따라서 필요한 4가지 업무를 모두 수행하기 위해서는 오 대리와 남 대리 2명이 최종 선발되어야만 함을 알 수 있다.

36 ③

'회계학과 전공/인사 프로그램 사용 가능', '경영학과 전공/노무사 관련 지식이 있는' 사람이 인사총무부에 배치되고, IT기획부에는 컴퓨터 계열 전공을 사람이 배치되는 것이 적절하다. 광고심리학 지식 및 창의력 대회 입상 경력이 있는 사람이 홍보실에서 필요로 하는 인재상과 부합한다.

37 ②

- A, B, C, D 구매금액 비교

'갑' 상점	총 243만 원	=(150 + 50 + 50 + 20) × 0.9
'을' 상점	총 239만 원	=130 + 45 + 60×0.8 + 20×0.8

'갑' 상점에서 A와 B를 구매하여 C, D의 상품 금액까지 10% 할인을 받는다고 해도 '을' 상점에서 혜택을 받아 A, B, C, D를 구매하는 것이 유리하다.

- C, D, E 구매금액 비교

'을' 상점 (A 구매 가정)	총 74만 원	=60×0.8+20×0.8+10
'병' 상점	총 75만 원	=50 + 25 + 5

A 금액이 가장 저렴한 '을' 상점에서 C, D제품까지 구매하는 것이 유리하며, E 역시 '을' 상점에서 구매하는 것이 가장 적은 금액이 든다.

B의 경우 '병' 상점에서 40만 원으로 구매하여 A, B, C, D, E를 최소 금액 244만 원으로 구매할 수 있다.

38 ④

C(9시~10시) - A(10시~12시) - B(12시~14시) - F(14시~15시) - G(15~16시) - E(16~18시) - D(18시~)

① E 서점을 들른 후 16시가 되는데, 이 경우 G 미술관에 방문할 수 없다.

② F은행까지 들른 후면 13시가 되는데, B 거래처 대리 약속은 18시에 가능하다.

③ G 미술관 방문을 마치고 나면 11시가 되는데 F은행은 12시에 가야 한다. F은행 방문 후 13시가 되는데, 이럴 경우 B 거래처 대리와의 약속은 18시로 잡아야 한다.

39 ②

㈐ C의 무게와 음악재생시간은 각각 1.1kg, 16H이다. D의 무게와 음악재생시간은 각각 1.2kg, 14H이다. D의 무게가 C보다 더 무겁지만 음악재생시간은 C가 D보다 더 길다. 그러므로 옳지 않다.

㈑ A의 용량과 음악재생시간은 각각 300GB, 15H이다. B의 용량과 음악재생시간은 각각 310GB, 13H이다. B가 용량이 A보다 더 크지만 음악재생시간은 B보다 A가 더 길다. 따라서 용량이 클수록 음악재생시간이 길다는 것은 옳지 않다.

40 ②

L씨는 노트북 무게에 있어서 1kg까지 괜찮다고 했다. 그러므로 후보는 A와 B이다. 그런데 음악재생시간이 긴 제품을 선호한다 했으므로 A와 B중 음악재생시간이 더 많은 A가 가장 적합하다.

선물로는 음악재생시간이 16H, 용량이 320GB 이상의 조건을 충족시키는 C가 가장 적합하다.